文史哲學集成

朱子赤著

詩經關鍵問題異議的求徵

文史哲出版社印行

文史哲學集成 ⑾

詩經關鍵問題異議的求徵

著　者：朱　子　赤
出版者：文　史　哲　出　版　社
登記證字號：行政院新聞局局版臺業字〇七五五號
發行所：文　史　哲　出　版　社
台北市羅斯福路一段七十二巷四號
郵撥〇五一二八八一二彭正雄帳戶
電話：三　五　一　一　〇　二　八
印刷者：文　史　哲　出　版　社
實價新台幣五〇〇元
中華民國七十二年二月初版
中華民國七十五年十二月修訂再版

修訂再版記

這部書問世之後，首先得到多年來教文史哲的同行老師、老教授、老同窗、老同寅、老朋友，以及詩經學諸先輩，和一些期待此書出版的忘年之交，詩學同道的多方鼓勵謬讚，實愧不敢當。尤其是從未謀面的詩經專家王靜芝教授，函協助蒐集材料，吾師劉述先教授，轉來美言指教，頓覺汗顏，方永蒸老院長實愛我至深，以九五高齡細讀本書一過，面予嘉勉，澈日相談，眞不失老教育家風範，因爲他年青時也是詩經狂熱者，頗獲教益，更無以爲報。

經一年二閱月中，不時詳校，發現尚有瑕疵，需要修正彌補，增訂再版，以免遺誤後學，空添心理負擔，不能忠於學術，釀成罪過，爲歷史文化之累贅！

本篇初版時爲避免篇幅過長，再刪減原稿，而不暇多加校訂，在此致歉，此外註解亦應讀者要求酌予增加；因受版面影響，而考據求徵之文，爲了取信，引用必然繁多；祇有在文中已繫出處者，便不克再註，認爲必要協助讀者檢視原說出處、作者、書名、版本、頁數、發行書局、出版年代，均盡量提示在附註中。唯附註中已詳敍原本者，或借註以補學說之不足者，均不再繫書局、版本、章節、頁數了！

爲顧慮海外讀者的需求，以及方便無暇細讀的人，涉獵內容大要計，特在書前添加中英文提要，備用推廣詩學的研究，其餘諸多未盡之處，容在三版時，再予彌補。

同時也要感激文史哲出版社彭正雄先生的一再催促，和在初版時蔡世明先生的協助問世，在此一並以實際埋首行動，爲詩經學研究發展而致力，以酬同好

民國七十五年十二月**朱子赤**誌于千勤百忍齋

自序

詩三百零五篇演變爲詩經傳世，成書的確切年代，應該是在孔子從衞返魯到逝世期間所完成的，時間在東周敬王三十六年至四十一年，魯哀公十一年至十六年（公元前四八四—四七九年）是他六十九歲以後的成聖舉動，目的是在倡導舜禹三王「興於詩、立於禮、成於樂」的傳播詩教運動；以其「聖我不能，學不厭，敎不倦」的自勉自謙，來實踐其「述而不作，信而好古」的史家精神；所以孔子才是眞正第一位集詩、傳詩的偉人，也可以稱他是詩經的宗師，又是無人能夠反對的史實，如此偉大成就，當然是前無古人，後無來者，已是承先啟後的創舉。

迨及秦火焚書的劇變發生，興詩的德意受沮，士子輟學，暴政浸漫，有如長夜；幸及大漢肇基，廣開獻書之門，博士誦詩，校讎傳經，經學始分今古，爭論不休，愈辯愈明。於是說詩始有齊、魯、韓、毛的分別；到三家詩的淪亡，毛詩始得以獨傳。考其所以然，始知三家詩，不但土音不同，訓詁亦殊，此爲異議的開始。

毛詩出於漢武帝時，雖然較晚，源流卻出於子夏，其書義貫穿先秦古書，惟河間獻王好古，博見異書，深知其精，卻又不得立於學官。中興後，謝曼卿、衞宏、賈逵、馬融、鄭衆、鄭玄諸人，皆宗毛詩，學者翕然稱頌。觀其書，所釋鴟鴞與金縢合，釋北山、烝民與孟子合；釋昊天有成命與國語合；釋碩人、清人、皇矣、黃鳥與左氏合。而序由庚六篇與儀禮合。當毛公在世時，左氏傳未出；孟子國語、儀禮未甚行。而毛氏學說能先與吻合，不說導源於子夏行麼？迨至魏晉以左氏、國語、孟子諸書相印證無疑，學者盡捨三家而從毛詩，於是三家亡。然亦有唱反調者，如魏源强尊三家而反毛氏，實乃喜立異說者。究其原因，三家久立學官，多被牽制入緯書雜說而失眞，而不如毛詩純正，傳，箋平實簡要，易於傳習。但魏、王肅又有申毛駁鄭的論調，此漢、魏毛詩的起伏形式。至唐太宗時始詔群儒修五經正義，孔穎達獨取毛詩、鄭箋作疏，終成定論，這就是漢唐訓詁學的形成。

及於北宋學人主張自由研究，不再反漢唐訓詁，歐陽修作毛詩本義，指出「先儒於經不能無失」，而不輕從古說，直探詩人本意。蘇轍、鄭樵諸人，均有反動毛、鄭的著作。下逮南宋朱熹的詩經集傳問世，獨創出詩經的新局面，刪去小序直斷鄭風爲「淫詩」，其說乃採時碩名彥的議論而成，終因朱子名高，後儒論詩，必引朱子以爲據。其時惟有呂祖謙的呂氏家塾讀書記，仍墨守漢儒、毛、鄭的學說。元、明兩代竟已變成爲朱熹獨佔的趨勢，這是當時學術的自然傾向。

有清滿族入主中土，漢人在政治上失去依據，有志之士，皆盡粹於學術的鑽研，於是考據學大興，學派傾向復古，高標漢學，旗幟分明，直與宋學對抗，說詩競尚古義，以乾、嘉爲代表。學者有閻若璩、陳啟源、錢澄之、朱鶴齡、戴震、胡承珙、陳奐諸人，使考據學能往下札根。完全繁延在漢學的平疇沃野中間。

毛詩終成顯學，非部分學者，懷疑所發浩議而能毀損者。詩經於二千多年來的聚訟紛紜，出主入奴，互相攻訐，問題何止千萬，究其焦點所在，又多半不能脫離注疏範圍，不是標新立異，就是牽强附會，甚至運用曲說歪理，圓謊翹舌，强不知而爲知，抑或指鹿爲馬，强古從今。似此種種，在科學時代的考據學理來論，早已方法落伍，怎可全以主觀判斷一以蓋全，最多顯得極其幼稚的自以爲是，門戶之爭，學派、學閥之見，任何不客觀的分析、比較、歸納，其人所論，也已早遠離詩經經文的本義了。一旦別有用心，妄想利用學術制人，爲了揚棄歷史文化，徒見其更加盲目馳騁於學術界中，爲爲眞正治學之人所不齒。斯足引以爲堪憂慮的事。今日的學術講究的就是要根據，要證明，要眞、善、美並重，要落實，詩學始可以免存雜念，此點最堪憂慮。

余自幼喜好讀詩經，逐漸年長興趣也不稍衰，卽或於兵馬倥傯，顚沛流離之際，均手不釋此卷，對詩獨有所鍾愛。在三十八年前，負笈北平時，得聞俞平伯教授講詩經，商頌後，深感頗不以爲然；始知余早年啓蒙經師擧人李聘卿老師的學養淵博可信。嘗爲之興嘆！於是立志必完成一編「詩經關鍵問題異議的求徵」，以匡歷代異說的爲非。而三百零五篇的詩，異議何止千萬？經過長期過濾，濃縮成八大關鍵異說，一一予以求徵，以期詩經能夠反樸歸眞，還其本然面貌爲己任。

所謂詩經八大關鍵問題者！詩教、采詩、刪詩、豳風七月爲夏詩、商頌爲商詩、詩三百篇的流傳、詩經的作者，詩序等異議的求徵，三十多年來的收集各家學說，以科學方法，互相印證，或作分析、或作比較，或作歸納，或作翻案予以昭雪。不斷求徵，不斷易稿，或改寫，反復考證，始得獲問題破解關鍵的鑰匙，而能初探堂奧，深體古人抱一經而終其生的樂趣，然我不能；以教學相長而成此編的快樂，猶樂以忘憂，不知不覺中年已逾花甲了！

今日考據之學，範圍擴大，講求應用地下出土材料之處也多，所以不能離開科學的根據，祇用猜臆的時代已然過去。本文因得盧景貴的高等天文學依據黃道附近星座，二十八宿宮度所證實，堯時天象，與堯典所載合一，堯典中「期三百有六旬，有六日」的紀日法。可以甲骨文中武丁時卜辭紀日法爲證明，以閏月定四時成歲，則以殷曆行四分術而知置閏之法，來源甚古。以及其它科學知識、歲差之說等，實古人所未知，而堯典皆言及其法，所以堯典非古人所能僞造。

夏書、胤征篇「中康日食」亦由天象而知爲實錄，證實該篇當爲夏中康時代的「殘逸史實」，因此古文尚書爲古史眞蹟，所載天象節氣，舜禹倡「詩教」之說爲可靠。孔子興詩、立禮、成樂的理想說爲有根據，相關連鎖問題出現在詩經各篇中，天文知識均屬可信而科學化，且自然成理，連帶人間鎖細習俗也難能作假。胤征篇記有采詩的史事，孔子爲與「詩教」及肆應德行、政事、語言、文學四科弟子教學教材需要有史實證明，删詩果有其事，實不容後人翹舌。

至於豳風七月爲夏詩的求徵，無論從科學的考據觀點，或以曆法驗證，古時農業發展記載及過程的驗證，或文藝形態的比較，華夏文明理想的影響，厚生哲理應用在醫藥植物上的痕跡；在在都可以顯示豳風七月爲夏詩無疑；況史記孔子世家文中指明有夏詩后稷、公劉之教收在詩三百篇中。商頌的爲商詩事今日甲骨之學亦爲顯學，名家備出，如董作賓、孫海波、金祥恆、胡厚宣、李孝定、嚴一萍諸君子的蒐集考證。與古代記載相契合；余又集商頌五篇古文字的切近印證，已知確爲商詩。至於三百篇流傳的說法，是經過作品本身自然流傳，孔子爲集大成，傳予弟子，再經歷代說詩傳詩的人，集體衞護傳播而遺留給後世的。詩經的求徵，因作者牽扯夏、商、周三代，事久年殷，應無從考徵，僅以無名作者爲主體的貴族、平民、男女、老幼的集體心態表徵，一綜合古代詩歌總集，其中祇有少數在詩中表明作者名分的詩爲有作者的詩，然作品本身存在價值已達到超作者存在的境界了。對詩序的認識，依據可靠記載推知詩序與經文，爲同時並傳者。遠在孔子以前已與詩同在，孔子編詩時，以疑者存疑的保存文獻心態予以寬容下來。這種附言記實於詩端文字，爲采詩的遒人獻給太師的詩本事簡介。太師旋以遒人所宣記於詩前，交付國史分別美、刺的不同性質，記於史乘，而形成其序的基礎，再爲歷代說詩傳詩大匠所修飾過者，文字自然是根據遒人的教育程度深淺爲轉移，又有後世學人的考知者再予以增減，而成今日詩經大小序的面貌，允其爲有可信成分。其可信者便用來證詩，其不可信者可以棄置於不用耳。至於如朱子一律揚棄亦深爲可惜！能在浩瀚的古籍中，存得片紙隻字，也足以代表遠古的某種訊息了，因於某種應用場合上，藉詩序爲媒介，也多少能幫助後學體會到該詩的內涵，或可暴露出當時社會的意識形態了，對古史的研究也必有大助益。然淸代中葉以降乃至民國，論詩學者，諸如崔述的强古從今，吳虞的揚棄文化，顧頡剛的扭曲歷史，兪平伯的指鹿爲馬；李辰冬的自以爲是，均爲治詩學或深究古史者所不取，莫如胡適博士所主張的「大膽假設，小心求證」爲正途。爲後來學者所心悅誠服，欣然景從的。

綜合前述諸端的摘要言論，特書於成編以後，捫心自問，實感固陋學淺，不成篇帙，難免窒漏，舛錯橫生，必然仍待有可以商榷的地方，尚祈高明大雅，同愛詩學的先進長者，不吝賜予糾正，則五內銘感，而覺受益不盡，在脫稿的刹那間，實有如釋重負，得了此多年心願。

書成欣逢孔子二千五百三十四年誕辰前夕，謹以此編奉爲獻禮，此序。

中華民國七十三年九月十八日後學關東朱子赤誌於醒園千勤百忍齋南窗下。

詩經關鍵問題異議的求徵提要

自經學有今古爭執以後，學術便有異議的出現；於是漢唐的訓詁，宋明的義理，清季的考據，相繼大興。逮至民國，考據學又受西學的衝激，遂逐漸走向懷疑道路。所謂考據必求根據，今古解經大家派別林立，師承不同、名家又何止萬千；學者所求的根據如無徵信爲標準，必然出主入奴，各說各話，學術則必莫宗一是。幸有胡適及時提出「大膽假設，小心求證」爲治學方法的軌範，始扼止因根據不足任意揚棄歷史文化的行爲。

本文宗旨在爲詩經異議而求徵。然詩經的研究，由古至今異議何止萬千，所以一再歸納濃縮爲八大關鍵問題的異議，以求其徵。在史料運用方面，除重視科學的方法，拋開門戶見解外，更積極使用第一手資料，地下史料，以及古文字的印證，冀破除脆異的古今成說，俾還詩經以本眞面目。

一、詩敎的興起：採用盧景貴的高等天文學推算堯時天象與堯典記事相符說法，董作賓的甲骨文武丁時卜辭紀日法相印證，夏書中康日食，亦由天象推步，得知夏書出自眞古文尚書胤征篇，乃夏中康時殘逸史實，食在房宿的日全食爲西元前二一三七年十月二十二日日全食，條件完全吻合，尚書非古人所能僞，以古文尚書來印證詩敎哲理成立，則舜、禹所倡詩敎：「詩言志，歌永言，聲依永，律和聲，八音克諧，無相奪倫，神人以和。」又以厚生哲理爲中心的宣揚詩教爲可靠。

二、采詩之說：夏書胤征篇既爲實錄，所載采詩之說自然可信。國語周語所記，左傳襄公十四年傳之說，禮記、漢書所載，遒人以木鐸徇于路，采詩、獻詩、陳詩爲有史可循說法，使崔述對采詩異議得解。

三、刪詩之說：始於司馬遷史記孔子世家：「古者詩三千餘篇，及孔子去其重，取可施於禮義，上采契、后稷，中述殷、周之盛，至幽、厲之缺，始於衽席。」說出使二千年來異議衆多，聚訟不止。清人崔述撰「讀風偶識」肯定認爲孔子未刪詩，以後學者應聲附合，致喧囂不已，言司馬遷說不可靠。再考之其晚年洙泗考信錄有關刪詩說臨終修正的結論：「故今於刪詩之說悉不敢載」又完全加以否定。而顧炎武日知錄原抄本言：「孔子刪詩所以存列國之風也，有善有不善，兼而存之，猶古之太師陳詩以觀民風。」所論證極爲詳盡，允爲正說。又朱自清在史記菁華錄讀法指導大概文中力言司馬遷嘗親臨齊、魯之都講學，乃足涉汶泗，得觀遺教者，所以史記所載爲最可信。民國六十一年山東臨沂縣銀雀山的兩處西漢司馬古墓出土孫子兵法、孫臏兵法竹簡、孫武傳及逸文殘簡，考其所載均與史遷所記孫吳列傳相契合。以證史記不欺，孔子刪詩說法也自然可信。

四、豳風七月爲夏詩：毛傳、鄭箋、孔疏、朱注皆言「豳在雍州岐山以北，虞夏之際，棄爲后稷，而封於邰。及夏之衰棄稷不務，子孫失官至戎狄之間，至公劉復修后稷之業，民以富實，乃立國於豳之谷。」周公旦以冢宰攝政，乃傳述后稷、公劉之化，即此豳風七月之詩。此詩當作在公元前一八一八年前，所以證明爲夏衰之世。詩序亦以爲：「周公遭變，故陳先公風化之所由，致王業之艱難。」實非周公所自創作，乃轉述先公敎民蠶農之務，職在使周富強而已。司馬遷亦主「上采契、后稷」之說。崔述也說：「讀七月如入桃源之中，衣冠樸古，天眞爛漫，熙熙乎太古也。然則此詩當爲大王以前之豳舊詩，蓋周公述之以戒成王，而後因誤爲周公所作耳。」梁啓超則斷爲夏代作品七月詩中「所用七月、九月等全用夏正。」再反復考證曆法，詩中稱月純爲夏代民俗稱月之法。再以敎民之義，農業發展過程，以夏字古義爲大的虞，夏化民理想孕育出周先民的詩敎，並兼考出夏代、夏禹皆爲傳說時代所存在的時期及禹爲夏開國人物，實不容後學懷疑，爲無有，爲蟲的謬說。更由七月詩中的名物考出夏民以厚生哲理應用在醫藥植物上的痕跡來，並附以自繪參考插圖四十七幀以求徵。更由詩中「田畯至喜」（卜辭畯作畯或畂）、「獻羔祭酒」、「朋酒斯饗，曰殺羔羊」、「躋彼公堂，稱彼兕觥」四事爲詩本身左證，就已充分知七月非周詩，而爲夏詩無疑。

五、商頌爲商詩：根據禮記樂記所載諸說，其中尤以「宋音燕女溺志」證明殷紂爲女色，嗜殺而亡國。使無好詩可傳於後世。在地下史料中董作賓甲骨六十年記載殷紂嗜殺好田獵及征伐，在殷帝王中禮儀祭法，紂屬祖甲新派，在商頌五篇中稱湯（與暘、唐、卜辭作[illegible]）不稱天乙，已顯屬武丁舊派的作品，所以可定商頌爲商詩。又胡厚宣在殷代𢀛方考文中考得長發篇「小共大共」即指𢀛方新說出現，而更能證明商頌應爲商詩。民國俞平伯指殷武篇爲宋詩異說出現後，一時甚爲流行，經考國語魯語三國，吳、韋昭解爲正確，正考父比宋襄公又早生一百五、六十年，不及宋襄公之世不得爲襄公臣。正考父只是校商頌十二篇者，非爲作者。又指武丁沒伐荊楚，商代更無荊楚之稱及氐、羌方國存在，經考不但竹書紀年有明文記載，再取地下史料甲骨文詳考，發現武丁在位四十九年中，共伐荊楚（下[illegible]）十九次之多，計十勝九敗，終於平定荊楚、氐、羌也來尊殷。至於武丁始至景山取大木建宮室宗廟事不但證實於史事記載，更有董作賓發掘殷墟的柱基和工作實照得以爲證，又有清人詩經傳說彙纂所載編者二十九人共同認定商頌爲商詩。此外作者更以集古字方法，用東、西周文字及殷卜辭甲骨文譯詩商頌五篇以求徵，結果兩周文字得以全譯，而卜辭殷代甲骨文，已識字譯得百分之七十二的高比率成果，實在驚人，商頌可以絕對斷定爲商代作品了。

六、詩三百篇流傳問題：乃民初「非孔、非六經流傳舊說」的吳虞所引燃。稱「六經皆出荀子，漢唐以來，所傳之孔學，皆荀學。」此一強辭奪理說法，經考得知，詩三百篇得以流傳至今，孔子以前爲自由流傳時期，自孔子編成教材，經過刪減整理傳給弟子爲用，再遭秦火焚毀止爲定編時期，漢儒博士傳經及定爲詩經並傳至後世，當爲三百篇復原時期。詩經能傳至今日，絕非一二人所能傳播者。因此使詩三百篇能夠得以流傳，其因素有三：一爲作品本身即有強大傳播性能的存在。二孔子的收集、整理、選材取捨至編成爲詩經，其功居首。三歷代經師及愛好詩經學者群體研究、衛護、發揚光大的精神結合所造成的。

七、詩經的作者問題：這部中國最古老的詩歌總集，是經孔子親手編成用爲教學的詩歌教本。編成的時間是在東周敬王二十六年至四十年間所完成的。孔子六十九至七十四歲（一說爲六十八至七十三歲）所定編者。經考證其中詩篇是以無名作者爲主體的古代詩歌總集。有在詩中表明作者姓名的詩，或其他典籍指明爲某人作者的詩篇，就是有作者詩篇，其餘即爲無名作者的作品。如……民間歌謠，或貴族有目的的作品而未記名，以及古代遺留下的農歌如七月詩，及商、周、魯的頌祭歌辭。因此詩經的作者，有士大夫、有平民、更有男有女，以不同身分、不同時空所受刺激，所表達不同的反應，所形成的多彩多姿且不朽的美好詩篇。

八、詩序的異議：自古因序和詩同傳，又繫於每篇詩前面，以說明該詩宗旨本事。然歷代學人不斷對詩序提出反對意見，並駁斥詩序爲無稽。至宋朱熹撰詩經集傳時，竟斷然删去詩序。而耑以經文爲探討主體，使後世對詩經研究便更加熾烈，致理解也愈深入，當然是好現象。經廣收考證結果，得知毛詩大、小序根本不是一人作品。可以說采詩的遒人，從當地得來的傳說，或太師、國史所收集的一些雜亂無章的官方記事，還有僵化了的美刺評語，或有據，或無據的舊日傳聞。傳詩者隨便書於詩前以方便流傳的解說，遠在孔子以前就有了。有些是眞話，有的是假話。因此詩大小序有的是有參考價値的，若與詩本義相背謬時，就自然喪失其參考作用。因時代詩學研究精神，講究落實還眞，早已走向以詩本義作主體的研究傾向了。

總結前述各項概要歸納，得知本編論文最少已作到除復興中國歷史文化，將詩經異說化解，創見亦繁多，有助於學術發展，亦能使詩經得以反樸歸眞外，經此番詳考求徵更將詩經作品年代提前至夏衰時期，公元前一八一八年以前的作品，而自然發現詩經是中華民族歷史文化的一條主根了。

詩經關鍵問題異議的求徵　目次

壹、緒論

——「詩教」的興起——

虞書舜典記載：「帝曰：『夔、命汝典樂、敎胄子；直而溫，寬而栗，剛而無虐，簡而無傲。詩言志，歌永言，聲依永，律和聲；八音克諧，無相奪倫，神人以和。』夔曰：『於！予擊石拊石，百獸率舞。』」由舜命樂師夔典樂，敎嫡子以德、禮、詩、歌、聲、律、樂、舞躋於和諧的道理，可以推見中國「詩敎」的開端，已見諸於虞舜的治跡中，是正和孔子的「興於詩，立於禮，成於樂（註一）。』的主張完全吻合。鄭玄的詩譜序中也引述：「虞書曰：『詩言志，歌永言，聲依永，律和聲。』詩之道於此乎？」所以中國詩歌的興起實已非常久遠，且中華民族早已自然的習於「詩敎」了！

遠及三代，因先民疏於著述，詩歌散在群籍中的卻屬鮮見，偶爾錄及一二亦不甚完備和可信；在諸典籍中唯一能放異采的，厥爲詩三百零五篇，能長傳於世而無與倫比者，所存之詩，篇篇皆能發乎情，止乎禮，合乎樂的上乘作品。傳至漢代始被立爲「經」，就是五經之一的「詩經」。

詩經中的詩篇在西周初葉，就已經流傳在當時的社會中，其篇數最少也多於現存篇數的三百零五篇，這該是合乎情理的推斷（註二）。而自動的流傳在兩周的社會各階層中，且廣泛的被應用在各種禮儀、社交、盟會、聘問、祭祀、燕饗，以及民間的應對和君臣的處理政事上。詩不僅成爲國與國間，大夫和大夫間的外交或往還的辭令，也是士人們文辭表達主體，交際上的雅言（註三），或者是純粹民間的歌謠。

直到東周春秋末年，魯人孔子周遊列國，自衞返魯，正値魯哀公十一年冬，魯國正當「道衰樂廢」，孔子來還，在杏壇講學，因教學上的需要，爲顧及四科弟子文學、語言、政事、德行在學養上的需要，也是教化社會道德、禮法、詩歌、音樂、舞蹈上的和諧混一需要；而將畢生所收藏的詩篇樂譜，周遊各國所得的詩歌樂理（註四），再配合他一生所追求的崇高理想：「興於詩，立於禮，成於樂。」以垂傳教化於後世子子孫孫。這也就是孔子已知「興禮作樂」推行「詩教」的理想不能行之於自身，但必培植繼起之菁英，造就出無數個文化的傳人，以振興東周在教化上的頹風，進而恢弘西周初創文武成王周公以禮治天下的風尚。毅然整理了三百多篇詩，而遺於後世，陶冶了三千多弟子（註五）。又特別將詩傳於長於文學的子夏、子游，俾不失「詩教」正統之傳（註六），藉免於讓那些珍貴的古老詩歌繼續散軼。

及至秦火焚書，詩亦遭殃，六經全燬；漢興始廢挾書的禁令，廣開獻書之路，有秦博士口誦經文，刻書互相校讎，而今文詩經出現，此乃靠口誦自傳，倖保三百零五篇的存在。漢文帝後，傳詩派別出現，有韓、魯、齊三家，均得列於學官。韓詩起於韓嬰，盛於王吉；魯詩始於申培，盛於韋賢；齊詩始於轅固，盛於匡衡。（註七）

當漢武帝之時，毛詩始出，自以源流出於子夏；其書貫穿先秦古書。惟河間獻王好古，博見異書，深知其精，獨毛詩不得立於學官。時人稱之謂古文詩經。

中興後是謂東漢，謝曼卿、衞宏、賈逵、馬融、鄭衆、鄭康成之徒，皆宗毛詩，學者翕然稱之。據宋人鄭樵論毛詩所以獨盛緣故有云：「齊、魯、燕、趙四詩，土音不同，訓詁亦異，故孔穎達曰：『三家之詩，字與毛詩異者，動以百數，及證之他書，三家之學，非徒字異，亦併與文義俱異矣……』」又云：「今觀其書（毛詩）所釋鴟鴞與金滕合；釋北山、烝民與孟子合；釋昊天有成命與國語合；釋碩人、清人、皇矣、黃鳥與左氏合；而序由庚六篇與儀禮合。當毛公之時，左氏傳未出，孟子、國語、儀禮未甚行。而毛氏之說，先與之合，不謂之源流子夏可乎？漢興三家盛行，世人未知毛氏之密，其說多從齊、魯、韓氏。迨至魏晉，有左氏、國語、孟子諸書證之，然後學者捨三家而從毛氏。故齊詩亡於魏，魯詩亡於晉，韓詩雖存，無傳之者。」（註八）

毛詩獨行之後，自漢平帝將毛詩列於學官之後，因有鄭玄大儒作毛詩箋，衞宏重作詩序，三家詩逐漸沒落不傳，而形成毛詩獨盛及獨佔中國詩學的局面形成。三國魏晉南北朝佛學盛行，「儒家經術」無法振興，學者便沿奉毛傳、鄭箋以習詩經。其間有魏王肅，見毛鄭說也有不同見解，復作毛詩注、毛詩義駁，毛詩奏事，毛詩問難諸書，用以申毛難鄭。晉孫毓繼作毛詩異同評，陳統又作難毛詩異同評，以專中鄭義，百年來學人爲毛鄭兩家之說爭辯不停。唐太宗貞觀年間特詔群儒修五經正義，孔穎達獨排衆說而取毛詩傳，鄭氏箋作疏，而成定論，而形成漢唐訓詁之學。

然宋代學人大多主張自由研究，均走向反對受漢唐訓詁的束縛，以主觀推理來求先民作詩本義，如歐陽修毛詩本義，不用毛鄭及小序說法，直探詩人本意。蘇轍詩集傳，指責小序反覆繁重，非出一人之手。程大昌的議詩序則以南、雅、頌爲樂詩，諸風爲徒詩。鄭樵詩辨妄發前人所未發。至朱熹而開創詩學新猷，著詩經集傳，取消詩序，直斷鄭風爲淫詩。其說廣摘時人之議論，前儒之精蘊。呂祖謙獨尊毛鄭之說而著呂氏家塾讀詩記，先朱熹而逝，致說不張。北宋所破壞的詩學，懷疑小序、毛、鄭、六義、四始、正變諸古說，均得朱熹爲之折衷取捨。致元明成爲朱子詩經集傳獨佔時期。元延祐間行「科舉法」，規定「經義」須用朱註。許謙、劉瑾諸人說詩皆宗朱熹。

清代復古之風大熾，以漢唐訓詁流爲穿鑿，宋明推理弊在空疏。漢人失於政事而盡粹學術，於是考據學大興。說詩尚古義，以乾、嘉爲甚，閻若璩毛朱詩說，陳啟源毛詩稽古編，錢澄之田間詩學，朱鶴齡詩經通義，戴震毛鄭考正，胡承珙毛詩後箋，陳奐毛氏傳疏……概皇清經學大體傾向於漢學，崇尚考據。唯有崔述則獨樹疑古大纛，著有讀風偶識，考信錄…而使詩學又重颳起一陣旋風來。更影響了民國初年以後的疑古學派，對詩經以及經史舊說全面展開翻案及揚棄舉動。其間最顯著者爲蜀人吳虞，論學則疑六經，非孔子非孝、非禮，進而打倒孔家店」其以爲「六經皆出荀子，漢唐以來，所傳之孔學，皆荀學。」可謂荒謬絕倫，對傳統學術產生一種破壞作用，詩經的正確研究途徑，直接間接的被導入歧路，時人不察學者均蒙其害。

在民國十二年到二十年間，以顧頡剛爲首的學者們想要改變學術界的不動（保守）思想，進而造成討論學術的風氣，造成學者們的容受商榷的度量，對自己在學術感到煩悶而要求解決的慾望，運用自己的智慧對問題發表意見，接受他人的切磋而產生自覺以矯正言論的武斷，運用他人批判進而逼出一眞正的是非來。收集了當代的名流學者的討論詩經的五十一篇論文，刋在古史辨第三冊下編上（註九）。其中有完全不同的相反見解，兼收並包了見仁見知的異議，可以激勵學人的研究慾望和深省。作者有：顧頡剛、朱鴻壽、劉澤民、張壽林、鄭振鐸、何定生、胡適、俞平伯、周作人、疑古玄同、王伯祥、張履珍、謝祖瓊、劉大白、郭全和、魏建功、劉復、董作賓、杜子勁、張天廬、鍾敬文、朱自清、何定生，共計二十四人詩學專家。他們對詩經分別作點、線、面的討論。諸如邶風靜女的討論一文作點的討論方式，類似論文就提出十三篇之多。野有死麕的討論就提出七篇。單獨提出的有褰裳、雞鳴……。作線的討論方式論文，提出的如：談談興詩之類，就有四篇。作面的討論方式論文，提出諸如：詩經在春秋戰國間的地位；詩經是不是孔子所刪定的；關于詩經通論；讀毛詩序（類似論文共四篇）；談談詩經之類（共有五篇）；論詩經所錄全爲樂歌之類（共有四篇）；論商頌的年代……恕不一一遍擧；似這種研究探討詩經，是進步的，科學的，最少令人耳目一新，且可以讓後代的學子有膽量來研究詩經，有興趣來研究詩經，有能力來研究詩經，有精神來研究詩經，有時間來研究詩經。從此以後中國學術界就不乏用各種方式或方法來研究詩經了！其間固不乏精益求精，探本求源，得入堂奧，高明賢達君子，而在詩學上頗有成就，加惠學子也自然大有人在，實令人欽敬不已，望塵莫及。但因涉獵不廣，鑽研不深，學養不足，玩弄一時聰明，急於成名，不惜標新立異，道聽途說，人云亦云，竟然强古從今，不知而作；甚至不擇手段，別有用心，揚棄學術眞髓，誠爲學術平添無限困惑，給研究詩經的後學也帶來了更多的災害。於是在詩經探討上異議橫生，由兩漢以降，迄於今日，荒謬不實的說辭，何止千萬，實在令人痛心！尤有甚者，足以造成氾說泛論，乃至衆口鑠金，可化神奇爲腐朽，實有害於詩經在傳統固有文化及學術史上或文學史上的崇高地位。余豈好辯哉？是不得已耳！是不可忍也。於是當仁不讓了。

古人守一經而終其身，我雖不敏，不敢奢求，深愛詩經，探討考辨，仰慕前賢，對良師益友之教益，實無以爲報；無時不在追求突破創新，願將所得於詩經各家中千萬異議，盡己所能，不斷過濾濃縮出八大關鍵問題來，再虛心求徵，俾能一掃詩經千古疑竇，而還其本眞，乃一樂事。如：詩教，采詩問題，刪詩問題，豳風七月爲夏詩問題，商頌爲商詩問題，詩三百篇流傳問題，詩經作者問題，詩序異議問題。作正本清源的討論，一一分別求徵於後，深盼海內大雅先進的不吝指教，以匡不逮，或可有益於我國「詩教」，後學實有餘榮了。

【附　註】

註一　見論語泰伯篇：「子曰：興於詩，立於禮，成於樂。」

註二　見司馬遷史記孔子世家：「古者詩三千餘篇，孔子去其重，取可施於禮義；上采后稷，中述殷、周之盛，至幽、厲之缺；始於衽席，故曰：關雎之亂，以爲風始，鹿鳴爲小雅始，文王爲大雅始，清廟爲頌始，三百五篇，孔子皆弦歌之，以求合韶、武、雅、頌之音，禮、樂自此可得而述，以備王道，成六藝。」

註三　見論語述而篇：「子所雅言：詩、書、執禮皆雅言也。」

註四　見朱熹詩經集傳及語類：「王迹熄而詩亡，其存者謬亂失次，孔子自衛反魯，復得之『它國』以歸，定著爲三百篇。」

註五　見司馬遷史記孔子世家：「孔子以詩、書、禮、樂教弟子，蓋三千焉，身通六藝者，七十有二人，如顏濁鄒之徒，頗受業者甚衆。」

註六　見唐孔穎達毛詩正義序：「唐虞乃見其初，犧、軒莫測其始於後，時經五代，篇有三千成康沒而頌聲寑、陳靈興而變風息；先君宣父釐正遺文，緝其精華，褫其煩重，上從周始，下暨魯僖四百年間，六詩備矣！卜商闡其業，雅頌與金石同和，秦正燎其書，簡牘與煙塵共盡，漢氏之初，詩分爲四，申公騰芳於鄢郢，毛氏光價於河閒，貫長卿傳之於前，鄭康成箋之於後……。」

又見欽定四庫全書總目毛詩正義校刊十三經序：「孔子『刪詩』授卜商，商爲之序，以授魯人曾申，申授魏人李克，克授魯人孟仲子，仲子授根牟子，根牟子授趙人荀卿，荀卿授魯國毛亨，毛亨作訓詁傳以授趙國毛萇；時人謂亨爲大毛公，萇爲小毛公，據是二書則作傳者，乃毛亨、非毛萇，故孔氏正義亦云，大毛公爲其傳，由小毛公而題毛也，隋志所云殊爲舛誤。」

註七　見漢書藝文志及隋書經籍志並本文陸、詩三百篇流傳的求徵的詳敍。

註八　見鄭樵論毛詩。

註九　見顧頡剛民國二十年十一月一日古史辨第三冊自序云：「許多人看書，爲的是獲得智識，所以常喜在短時間內即見結論。但古史辨中提出的問題，多數是沒有結論的，這很足以致人煩悶。我希望大家知道古史辨只是一部材料書，是蒐集一時代的人們的見解的，它不是一部著作。譬如貨物，它只是裝箱的原料而不是工廠裏的製造品。」古史辨全部共載有關詩經辨證論文共八十餘篇。

貳、采詩的求徵

一、略　述（詩經采詩之說是正確的說法）

詩經本名叫做詩，俗稱三百篇，是東周時，春秋末年魯人孔子所整理的。孔子在世的年代，據公洋傳及穀梁傳的說法，生在周靈王二十年，相當於魯襄公二十一年，是公元前五五二年；卒於周敬王四十一年，相當於魯哀公十六年，是公元前四七九年，享年七十四歲。若按左傳及史記的說法，他該生在周靈王二十一年，相當於魯襄公二十二年，是公元前五五一年；卒於周敬王四十一年，相當於魯哀公十六年，是公元前四七九年，享年七十三歲。傳統的年齡大多從後說。（註一）

孔子整理詩經的年代，當在周敬王三十六年至四十一年，相當於魯哀公十一年至十六年間，也是在生前六十九至七十四年間。就是孔子自衞返魯後至死的六年間所整理成功的詩，整理的結果，爲三百一十一篇。是在杏壇講學述傳於後世的遺澤結晶。據論語所載：子曰：「予自衞反魯，然後樂正，雅、頌各得其所。」可以驗證，孔子確實整理過詩經。其他如闕里文獻考及孔子聖蹟圖譜，均有類似的說法。孔子整理過的詩，用做傳授儒術的基礎教材，爲孔門弟子，再傳弟子所珍視傳習，直至後世。惜於其後詩遭秦焚書之難，而散佚六篇，這六篇詩，現在祇留有篇名而無詩句。所以實際上祇存有三百零五篇而已。至於論語等書皆略稱詩經的詩爲「三百」，就是「詩三百」，有時單稱「詩」，後儒將詩納入六經，世始稱爲「詩經」。這三百多篇在中國文學史上，公認是一部最古的中國詩歌總集。所錄雖祇三百餘篇，最少卻代表着周初至東周中葉五百餘年（西元一一二二—五七〇）年間的文學作品；現在的學者，因印刷術的發達，古往不傳之書，前人未讀之秘籍，均得流覽無遺，而能相互印證，解釋存疑。諸如詩豳風七月的考證爲夏詩，商頌的考證又允爲商代先民的遺詩。詩經的年代又推前到周先公公劉自狄遷豳以前，夏衰之世，當在公元前一八一八年之前的詩。因而詩經在中國學術史上的地位又提升了許多，在文、史、哲方面的學術價值，也特別珍貴了。研究西洋文學史的人們，常常把詩經來比做舊約中的雅歌，成爲後世宗教的經典，也是文學的寶藏，所以能在宗教、文藝兩方面的勢力都很大。

關于詩經的起源，在歷史上包括了兩個重要課題：就是「采詩」和「刪詩」。在這裏我們先要探討「采詩」的問題；「刪詩」的問題留待另立專題討論。因爲討論的範圍的限制，和疑問的探討求徵的集中需要而定。好讓讀者對詩經「采詩」之說有正確而肯定的認識。

二、采詩之說的記載

(一)「采詩」之說，始見於漢人者。禮記王制篇所載：「天子五年一巡守，歲二月、東巡守，至于岱宗，柴而望祀山川，覲諸侯，問百年者就見之。命太師陳詩以觀民風，……五月、南巡守，至于南嶽，如東巡守之禮。八月、西巡守，至于西嶽，如南巡守之禮。十有一月、北巡守，至于北嶽，如西巡守之禮。歸假于祖禰，用特。」（註二）

漢鄭玄注及唐孔穎達等疏並陸德明釋文所記：「命大師陳詩以觀民風」，解釋為「『陳詩』謂『采其詩』而視之。」「此謂王巡守，見諸侯畢，乃命其方諸侯大師是掌樂之官，各陳其國風之詩，以觀其政令之善惡。若政善，詩辭亦善，政惡，則詩辭亦惡；觀其詩則知君政善惡。」

宋朱熹注，也是沿襲前人之說而為辭者，如集注所載：「大師，樂官之長。詩以言志，『采錄而觀覽之』；則風俗之美惡可見，政令之得失可知矣。」（註三）

(二)班固漢書藝文志載有：「書曰：詩言志，歌詠言。故哀樂之心感，而歌詠之聲發；誦其言謂之詩，詠其聲謂之歌。故古有采詩之官，王者所以觀風俗，知得失自考正也。孔子純取周詩，上采殷，下取魯（宋祁曰景本取作采），凡三百五篇遭秦焚而全者，以其諷誦不獨在竹帛故也。」（註四）

㈢班固漢書食貨志載有：「男女有不得其所者，因相與歌詠，各言其傷。」顏師古注：「傷、怨刺之詩也。」

㈣班固漢書食貨志載有：「春秋之月，群居者將散，行人振木鐸徇于路，以采詩，獻之大師，比其音律以聞於天子。故曰王者不窺牖戶而知天下，比先王制土處民，富而教之之大略也。故孔子曰：『道千乘之國，敬事而信，節用而愛人，使民以時。』故民皆勸功樂業，先公而後私。其詩曰：『有渰淒淒，興雲祁祁，雨我公田，遂及我私。』」顏師古注指「群居者將散」為「謂各趣農畮也。」又「行人振木鐸徇于路以采詩。」注：「行人、遒人也，主號令之官。鐸、大鈴也。以木為舌，為之木鐸。徇、巡也。采詩，采取怨刺之詩也。」

㈤何休公羊傳注有載：「男年六十，女年五十無子者，官衣食之，使之民間求詩。鄉移于邑，邑移于國，國以聞于天子。」（註五）

㈥始于周人記載「采詩」之說，一見國語周語載有：「召公曰：是障之也。防民之口甚於防川，川壅而潰，傷人必多，民亦如之，是故為川者決之使導，為民者宣之使言。故天子聽政使公卿至於列士獻詩，瞽獻曲，史獻書，師箴，瞍賦，矇誦，百工諫，庶人傳語，近臣盡規，親戚補察，瞽史教誨耆艾修之，而後王斟酌焉。是以事行而不悖，民之有口猶土之有山川也，財用於是乎出……。」（註六）三國吳、韋昭撰的國語韋氏解至周語：「故天子聽政，使公卿至於列士獻詩。」則注以：「獻詩以風也，列士上士也。」「瞽獻曲。」則注以：「無目曰瞽，瞽、樂師也，曲、樂曲也。」「師箴。」

則注以：「師、少師也。箴、箴刺王闕，以正得失。」「瞍賦」則注以：「無眸子曰瞍，賦公卿列士所獻詩也。」「矇誦」則注以：「有眸子而無見曰矇。周禮矇主弦、歌、諷、誦，謂箴、諫之語也。」

㈦再見左傳襄公十四年傳，載有「采詩」之說如：「師曠侍於晉侯，晉侯曰：『衛人出其君不亦甚乎？』對曰：『……自王以下，各有父兄子弟，以補察其政：史爲書，瞽爲詩，工誦箴諫，大夫規誨，士傳言，庶人謗，商旅于市，百工獻藝。故夏書曰：遒人以木鐸徇于路，官師相規，工藝事以諫。正月孟春於是乎有之諫失常也，天之愛民甚矣，豈使一人肆於民上，以從其淫而棄天地之性，必不然矣。』」（註七）

師曠、杜預注：「晉樂大師子野。」補察其政、杜預注：「補其愆過，察其得失。」史爲書，杜預注：「謂大史，君舉則書。」瞽爲詩，杜預注：「瞽、盲者，爲詩以風刺。」孔穎達疏：「正義曰：周禮樂官有太師之屬，有瞽、矇之職。鄭玄云：凡樂之歌，必使瞽、矇爲焉，命其賢知者以爲大師少師。鄭衆云：無目眹謂之瞽，有目眹而無見謂之矇。無目是盲者也。詩者民之所作，采得民詩，乃使瞽人爲歌以風刺，非瞽人自爲詩也。周語云：天子聽政，公卿至於列士獻詩，瞽陳曲。韋昭云：公以下至上士，各獻諷諫之詩，瞽陳樂曲獻之於王，是言瞽爲歌詩之事。」故夏書曰：遒人以木鐸徇于路，杜預注：「逸書，遒人，行人之官也。木鐸、木舌金鈴，徇於路求歌、謠之言。」孔穎達疏：「正義曰：此在胤征之篇。」（眹、瞍俗字）（註八）

㈧三見尚書、夏書、胤征篇，載有「采詩」之說如：「每歲孟春，遒人以木鐸徇于路，官師相規；

工執藝事以諫，其或不恭，邦有常刑。」（註九）

孔安國傳：「遒人，宣令之官，木鐸，金鈴木舌，所以振文教。」孔穎達疏：「惟爲明君明臣言，君當謹愼，以畏天，臣當守職以輔君也，先王恐其不然，大開諫、諍之路；每歲孟春，遒人之官，以木鐸徇于道路，以號令臣下，使在官之衆，更相規闕，百工雖賤，令執其藝能之事，以諫上之失常；其有違諫不恭謹者，國家則有常刑。」又：「正義曰：以執木鐸徇于路，是宣令之事，故言宣令之官，周禮無此官，惟小宰云：正歲帥理官之屬，而觀治象之法，徇以木鐸，曰不用法者，國有常刑。」（註一〇）

三、對采詩之說懷疑的記述

清人崔述在「讀風偶識」中突發異想，是漢、周兩代學者前所未聞的疑議。他說：「余按克商以後，下逮陳靈，近五百年。何以前三百年所采殊少，後二百年所采甚多？周之諸侯千八百國，何以獨此九國有風可采，而其餘皆無之？……則此言出於後人臆度無疑也。」這是直接反對「采詩」之說的第一人。

四、對崔述懷疑采詩之說的附和說法

近人譚正璧的中國文學史，采詩問題中段先引前述崔說的懷疑理論，再加以按語：「經了這樣一問，卽漢人復生，亦必爲之俯首無辭了。」又說：「但凡事必有它的來源，『采詩』之說究竟是怎樣產生的呢？原來漢書郊祀志裏說：武帝時，『立樂府，采詩夜誦，有趙、代、秦、楚、之謳。』所以今人陸侃如說：『在漢代，民間歌謠……大都被采入樂府，故誤認周代也必如此，於是便生出那種『臆度』。其實，照我看來，也不是什麼『臆度』，不過是漢人模仿那春秋戰國時代一般思想家的『托古改制』的老調子而已。」（註一一）

五、對反駁崔述懷疑采詩說最力的劉大捷看法

在劉大捷中國文學發展史裏，他盡了衞護文化傳統的努力。他說：「崔述的懷疑精神，我們一向是欽佩的，但這次所持的理論，却非常薄弱。『前三百年的詩少，後二百年的詩多』。這正是文學發展史上進化的合理現象。他把前三百年的與後三百年的精神文化狀態，看做是相等，把前三百年與後二百年的人類的創作力，也看做是相等；那實在是完全缺乏常識，而發出這種幼稚的理論。

至於說只有九國之風，而未及一千八百國者，那更是可笑了！所謂一千八百國那個數目，是非常不可靠的。我們知道在西周時代，必然存在着不少的部落，在那些部落裏，大半都是淺化民族，還夠不上成爲一個文化單位。當時文化單位的代表，自然是只限於那幾個與周朝封建政治有關係的大國。

加以樂、史之流，編詩正樂時，在文字的選擇，與樂章的配合上，必然要經過嚴厲的淘汰，結果只能取其幾個代表國家的作品的事，並沒有什麼可怪可疑的了。照現在詩經所代表的地域，有陝西、甘肅、河南、山東、河北、湖北這麼廣闊的地帶。凡是周朝及其封建國家權力所及的地方，都包括在內面。如在交通不便的古代，若沒有專人如樂、史之流辦理這種事體，很難得把各地的詩歌集成一本書來。如宗廟、朝廷之樂的雅、頌，大半是樂官、貴族、文士的製作；但國風中那些歌謠，恐怕是非靠「采集」不可了。不過在「采集」的動機上，似乎是屬於音樂的關係，與政治無關。至於那些借此觀民風。知得失的高調理論，把政治和詩歌緊緊結合起來的事，那一定是後代儒家的增飾。我們用這種觀點解釋『采詩』，是比較合乎情理的。就是後來春秋末年以及戰國時代詩歌斷絕的那一個問題，也只好從這一方面來求解答了。」（註一二）

愚以爲劉說對崔說反駁得非常妥當，祇是最後一點，主張「詩歌」與「政治」無關，尤其是說采集的動機上，是屬於音樂的關係。似乎在見解上太過分主觀，微微露出厭政思想來。按中國古代社會，根據前述有關周人、漢人典籍上所記的「采詩」、「獻詩」的史實，處處都鮮明的表現了政教合一的精神。雅、頌是不用提了，就拿風來說吧，如：鄘風載馳，衞風碩人、王風黍離、齊風雞鳴、魏風伐檀、唐風山有樞、秦風無衣、檜風隰有長楚、曹風下泉，甚至豳風七月，沒有不是「詩歌」與「政治」結合的作品，進而與「生活」結合、「風俗」結合的。不如此就不是好詩。這就是說「政治」是一種正道，執政的人要不正，又怎能矯正別人呢？季康子向孔子請教爲政之道，孔子就直接了當的答覆

他說：「政者，正也。子帥以正，孰敢不正？」（註一三）

六、十五國風詩歌產地的地理分佈

所謂國風，是包括周南、召南、邶、鄘、衞、王、鄭、齊、魏、唐、秦、陳、檜、曹、豳等十五國的詩，由各地采集而來的民間歌謠，合稱爲十五國風，共一百六十篇。這些國家的地理分佈，多在中國北部黃河流域一帶，邶、鄘、衞、等相鄰，在今河南河北；周南、召南、在陝西，魏在山西苗城，唐在山西太原，齊在山東青州，秦、豳在陝、甘接壤，陳在河南陳州，王在河南洛陽，曹在山東曹州，檜、鄭在河南新鄭。因此包括了今日河南、河北、山東、山西、陝西、甘肅等省。這些作品全從黃河流域搜羅到的。只有極少一部份，如二南中的江、漢等篇，產生於長江流域，所以詩經又可稱謂北方的文學。易君左著的文學史中說：「因爲這一區域是當時的文化中心區，其時代最早的是豳風的七月和商頌五篇，是夏代和商代的遺作，在全部詩經裏，也非常突出。」此說是據梁啟超說而來。（註一四）

七、任遵時的詩經地理考可以印證采詩之說

任遵時的詩經地理考，是根據王應麟詩地理考，鄭氏詩譜，爾雅、說文、地志、水徑、及先儒之

言。清焦循毛詩地理釋四卷，朱右曾詩地理徵七卷，尹繼美詩地理考略二卷，程大鏞毛詩地理證今十卷，爲基礎，加以對證、斟酌、考信、求徵。志在求地望的準確，共四編計山川、城邑、列國及其他，力求簡明瞭然。以足夠說明詩是采集而來的了。（註一五）

㈠山川部份：

一節、山嶽—周、南山：猱。齊、南山：首陽、終南。曹、南山：東山、敖、岐、旱、嶽、梁山、泰山、龜、蒙、鳧、繹、徂來、新甫、景山。

二節、河川—河、漢、江、汝、涇、渭、泉水、淇、泊、肥水、溱、洧、汶、汾、漆、沮、淮水、洛、洽、土漆、豐水。

㈡城邑部份：

漕、浚、寒泉、中露、泥中、禰、干言、須、新臺、沬、桑中、上宮、虛、楚丘、堂、王、留、清、彭、消、軸、還、茂、昌、箸、魯道、沃、鵠、宛丘、防、邛、株林、豳、方、朔方、焦穫、鎬、方、涇陽、太原、東、甫、敖、宗周、牧野、旅、豐、鎬京、郿、屠、常、許。

㈢列國部份：

召、齊、邶、鄘、陳、宋、許、衞、邢、譚、申、甫、鄭、魏、唐、秦、檜、曹、郇、周、四國、玁狁、褒、向、謝、魯、商、摯、莘、虞、芮、密、阮、共、崇、有邰、韓、燕、徐、荊、舒、有娀、韋、顧、昆吾、荆楚、西戎、蠻荊、混夷、鬼方、百蠻、追貊、淮夷、氐羌、串夷。

㈣其他部份：

渭陽，小東、大東、艽野、滮池、周原、皇澗、過澗、南海、江、漢、九有、九圍。

八、求徵後的結語

詩經是經過魯人孔子所整理的，此一史實，從典籍上和歷代記載上，尚未察覺有人反對過的。他整理詩經的年代，當在周敬王三十六年至四十一年間，相當於魯哀公十一年至十六年間，也是孔子在六九至七四歲時完成的。也是他死前六年間的垂教化工作。而詩經中所蒐集的詩篇，並不是孔子所蒐集的，遠在孔子之前，經長久時間，爲了觀政治的得失，爲了明瞭各地的民風習俗上的狀況，爲了歌頌祖先的功德，或祭祀、朝會、燕飲等需要，以及配合「音樂演奏」的需求等多方目的，而透過當時的中央政府，派遣官員到各封建諸侯邦域的民間所采集歌謠，携回加以整理再獻給天子的詩歌。或者是天子到四嶽巡守，就便覲見諸侯，問候百齡人瑞，命太師陳詩以觀民風的良窳，民心的向背，這樣帶回來的「各邦國民間歌謠」。也有男年六十，女年五十無子的人，官家給衣食，讓他們到民間求詩。因爲民間男女有不得其所的，就互相歌詠，遣懷以各言其傷，就有「怨刺的詩」了。如在善政下生活的百姓，就都能克勤克儉，敎忠敎孝，於是產生「先公後私」的歌謠。如：「雨我公田，遂及我私。」這就是帶有祥和太平的詩歌了。這也就是詩序記有美、刺的由來。這些老人家求來的詩，由鄉移到邑，再由邑傳送到國，邦國再藉大師的口誦聞於天子。

「采詩」見諸周人的典籍者：國語周語有：「天子聽政，使公卿至於列士獻詩，瞽獻曲……瞍賦，矇誦……。」的說法和記載。

見於左傳襄公十四年傳的「采詩」之說如：「自王以下，各有父兄子弟，以補察其政，史爲書，瞽爲詩……故夏書曰：遒人以木鐸徇于路，官師相規……正月孟春於是乎有之諫失常也。」杜預注：「逸書，遒人，行人之官也。木鐸、木舌金鈴，徇於路求歌謠之言。」

見於尙書夏書胤征篇，載有「采詩」之說如：「每歲孟春，遒人以木鐸徇于路，官師相規……」孔安國傳：「遒人、宣令之官，木鐸，金鈴木舌，所以振文教。」

按漢人記載「采詩」之說，當導源於周語爲是。禮記王制篇所載：「天子五年一巡守……覲諸侯，問百年者就見之。命大師陳詩以觀民風。」陳詩就是孔穎達等人所說的「采其詩而視之」。太師就其方諸侯掌樂之官，各陳其國風之詩。

見於漢書藝文志所載有關「采詩」者如：「書曰：詩言志，歌詠言……故古有「采詩」之官，王者所以觀風俗，知得失自考正也。」

見於漢書食貨志載有關「采詩」之說如：「春秋之月，群居者將散，行人振木鐸徇于路，以「采詩」，獻之大師，比其音律以聞於天子。」

見於何休公羊傳注載有關「采詩」之說如：「男六十，女五十無子者，官衣食之，使之民間求詩。

……國以聞于天子。」這種老年男女求詩，就是「行人」、「遒人」之屬了。

由此觀之，「采詩」的措施，不應由周初開始，遠遡自周先公及周先民，均有類似「采詩」的行徑，或者是周民族的傳統風俗，如豳風七月詩就是一例。而造成周的教化，「詩教」。因爲「采詩」在周人的記載尚書夏書胤征篇中已有記敍的史實。然後儒對夏書有僞書的懷疑說法，今經天文學家盧景貴的高等天文學一書所證實，曾據黃道附近星座二十八宿宮度，本七十年歲差一度，推算堯時天象及堯曆對照，夏至秋分方位度數均相符，是堯典之記事時爲眞。（詳見夏詩豳風七月十二求徵，㈠以曆法驗證七月當爲夏詩）以及夏書胤征篇，中康「日食」，推步天象，考證得知夏書出眞古文胤征篇，乃夏中康時代之「殘逸史料」。因此胤征篇載有「采詩」之說尤有可靠的成分了。於是可以斷言周民族「采詩」的舉動也要推前到建周以前夏衰之世，當在公元前一八一八年以前，周先公公劉自狄遷豳以前就有了。否則豳風七月就沒法解釋了。所以周民族是「采詩」的源頭。也是特別注意「詩教」的民族。及至周的建西周，武王統一環宇，周公爲政府行政首長，行周先公的教化及推行「詩教」不遺餘力，因此殘留在周人的記載中纔記有許多「采詩」的說法。

至於清人崔述在「讀風偶識」中突發異想，而產生懷疑，那就是一時聰明現，智慧的本身發生疑問，而沒時間加以考證，就說：「克商以後，下逮陳靈，近五百年。何以前三百年所采殊少，後二百年所采甚多？……則此言出於後人臆度無疑。」因爲他寫的考信錄，對古史懷疑太多了！不知不覺的走上「强古人從今人」的錯路了！至後人譚正璧及陸侃如的不察，二人寫文學史，都隨聲附合起來。

還好劉大捷的中國文學發展史，及時予以有力的反駁，甚爲客觀而有據，深入淺出，允爲妥當，使「采詩」之說得伸張而爲正確。再加以十五國風、詩歌產地的地理分佈證明，任遵時先生的詩經地理考一書的問世，在三百零五篇中，出現的山川、城邑、列國、其他部落的稱謂，都一一考釋，也足以確定詩經是「采集而來的」。

由三百篇詩的采集，得知中國確是黃河流域文化基礎，文化的垂傳及推行，實是一件艱難困苦的事，有了可靠的記載，又遭後代學人的懷疑，而後代學人至今皆因典籍的汗牛充棟，識古能力的薄弱，崇洋卑古的思想、言語、行爲的作祟，於是就强不知爲知，大膽妄作；雖心無揚棄歷史文化的打算，卻因不知和一時急於發表的衝動，而造成抵觸以及破壞歷史文化的事實，於是在學術界中產生了「乖戾失實現象」；這和崔述沒加考證而提出「懷疑論說」一樣不對。所以孔子爲後世尊爲大史學家，實在是因爲他有「述而不作」、「信而好古」、「知之卽知之，不知卽不知」的偉大「史家精神」，而能堅守原則，不爲勢屈，不爲利誘，爲中國歷史文化而盡瘁。那種「文不在斯乎」的衞道「崇高而超常入聖」理想，實在是後學治史者的榜樣。關於「采詩」之說的探疑求徵功夫作到這裏，歷代相傳無疑采詩之說，也該承認它是正確的說法了。

九、參考圖

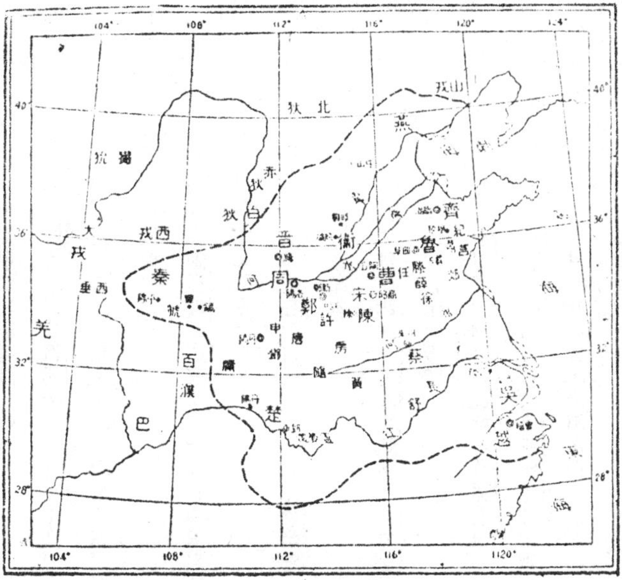

春秋時代略圖

孔子一生大致當春秋時代（西元前七四〇至四七三年）最後三分之一。在本國史上這是一個極重要的轉變時期，蓋前此西周與後此之戰國，全爲兩個不同之世界，而孔子學說卽爲此轉捩時局的原動力。

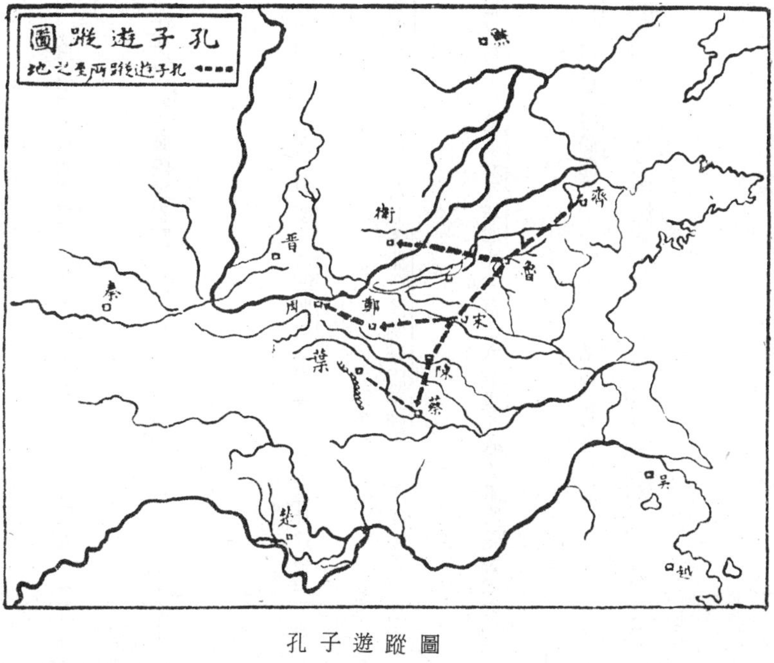

孔子遊蹤圖

註：孔子不是寫字台上聖人，他的遊歷在他觀念中對采詩、刪詩都有幫助。

孔子五十五歲起，率領弟子，周遊列國，一共十四年，才應魯哀公之召返國，他已經六十九歲了。但魯終不能用孔子，孔子亦不求仕。

【附註】

註一　朱子赤著孔子學術思想述要，八、孔子年表所載者，頁八一—八六，臺南市擎天印刷公司印行，民國五十一年版，敍事編年經考證可信。

註二　鄭氏注，孔穎達疏，陸德明釋文，十三經注疏重刊宋本禮記注疏附校勘記，王制第五，記疏卷十一，頁二十九—三十二，臺北藝文印書館影印本，民國五十年版。

註三　同前注。

註四　班固撰顏師古注，二十五史漢書卷三十、藝文志第十、頁〇四三三，臺北市開明書店，民國二十三年鑄版，五十年影印本。

註五　班固撰顏師古注、二十五史漢書卷二十四上，食貨志第四，頁〇三八七臺北市開明書店民國二十三年鑄版，五十年影印本。

又見何休注十三經注疏重刊宋本公羊注疏附校勘記，卷十六宣公十五年傳注，頁十六，臺北藝文印書館影印本，民國五十年版。

註六　韋昭撰，國語韋氏解、國語卷第一上，頁十三，台北市世界書局印行，天聖道本民國四十五年初版。

註七　杜預注孔穎達疏、十三經注疏，重刊宋本左傳注疏附校勘記春秋左傳注疏卷第三十二，襄十四年傳，頁十八—二十，臺北藝文印書館影印本。

註八　同前註。

註　九　孔安國傳、孔穎達疏十三經注疏夏書，重刊宋本尚書注疏附校勘記第四書疏七，頁九—十，台北藝文印書館影印本民國五十年版。

註一〇　同前註

註一一　見譚正璧中國文學史，第一章詩經第一節引論，采詩問題，頁九—十，上海市光明書局印行，民國三十七年新一版。

註一二　劉大杰中國文學發展史第二章周詩發展的趨勢頁三十八—三十九，臺北市中華書局印行，民國四十五年臺一版，編輯部。

註一三　朱熹四書集注，四部刊要本乙種本論語集注卷六顏淵篇第十二，季康子問政於孔子。頁五十二，臺北市世界書局印行，民國四十六年版。

註一四　易君左編著大學用書中國文學史第一章詩經，二、詩經本身，「風」。頁八。臺北市華聯出版社出版，民國六十二年出版。

又見梁啓超等著中國文學研究釋四詩名義，頁一—四。臺北市明倫出版社印行，民國六十年三版。

註一五　任遵時著詩經地理考，前言及目次，頁二、頁一—十一。臺北市三民書局民國六十九年初版。

參、刪詩的求徵

一、概　述

「刪詩」之說，始于漢代大史家司馬遷的史記、孔子世家；此說一出，在二千年來的學者，無論是經學家，或者史學家均各有異議，可謂見仁見智，一直聚訟不止，有的客觀分析，有的主觀論斷；客觀者則允爲「刪詩」可有其事，主觀者則直指孔子未嘗「刪詩」，是司馬遷誤讀「正樂」爲「刪詩」，也有隨聲附合他說者，以强不知爲知，甚而不知所云爲何？爲研究詩經的人解除此一迷惑，必須溯本求源，排除不實的異議，以求徵信，俾使學術落實，以澄清喧囂，藉免强古人而從今人的見解過分囂張，而誣古人，至抹殺史實，遺患無窮。

二、從原始的記載看正樂和刪詩的關連性

司馬遷在史記孔子世家中說：「吾自衛反魯，然後樂正，雅、頌各得其所。」鄭玄注：「反魯、魯哀公十一年冬，是時『道衰樂廢』，孔子來還乃正之，故雅、頌各得其所。」（註一）從此節的記載可以證明，詩和樂兩者是互相配合的，因樂的不講求，而使各種典禮中所用的詩歌—大雅、小雅，及三頌都無法表達其眞情的流露和歌、誦上的作用了。因爲孔子的正樂，使詩的雅、頌皆恢復舊觀，這是說正樂兼及詩的雅、頌的整理，方使其各得其所。也說明了詩和樂在孔子以前就該是相互爲用，相得益彰的。所以要正樂，就必須正詩，否則就無法「和聲歌誦」了。由於是「樂正、雅頌各得其所。」當然該說是按樂而正詩了，於是雅頌也被加以適當的整理，而後才能發揮詩的「音樂性」來，再用樂來補禮之不足是正確的看法和說法。至於先有音樂後有詩，再將此配合運用在禮制上是學者公認的事實和史事。

司馬遷在史記孔子世家中緊接着就說：「古者詩三千餘篇，孔子去其重，取可施於禮義，上采后稷，中述殷、周之盛，至幽、厲之缺；始於衽席，故曰：關雎之亂，以爲風始，鹿鳴爲小雅始，文王爲大雅始，清廟爲頌始。三百五篇，孔子皆弦歌之，以求合韶武雅頌之音，禮樂自此可得而述，以備王道，成六藝。」……又「孔子以詩、書、禮、樂教弟子，蓋三千焉，身通六藝者，七十有二人，如

顏濁鄒之徒，頗受業者甚衆。」（註二）這兩節的本意，首先一節是說明孔子刪詩和編詩，都按照作品的先後層次，興禮作樂的「先王教化」正道，而求完成六藝教育的理想。第二節就在說明，孔子用詩、書、禮、樂作教材，來教導他的學生；及門的學生大概有三千多人，眞正能通曉六藝的賢者，祇有七十二位；像顏濁鄒這種很有一些學習基礎的人，還是很多呢。

若按「刪詩」的原意來說，司馬遷很明白的講出，古時候詩搜集到的總共有三千多篇，很繁重，很複雜，孔子因爲要拿來做「教材」教弟子，除去那些繁重的篇章，和重複的、或累贅的、雷同的部分篇章，取用了那些合乎作「詩教」的，能行在禮義上的好詩；那些詩包括了上古周先祖后稷以後傳下來的詩，中間傳述殷、周兩代盛世的遺詩，到幽王、厲王時的詩就比較少，剩下都是常見的東周衰微到春秋的詩了！比如開始從正人倫美教化的衽席詩，描寫天理人性的婚姻有關的關睢篇，是十五國風的開始；宴群臣嘉賓所用的詩鹿鳴篇，是小雅的開始；文王作周受天命，有功於民的「歌功頌德詩」文王篇，是大雅的開始；周公旣成雒邑，朝諸侯時，率以祀文王，在配天之祭時，所用的頌詩清廟篇，就是三頌的開始。到了漢代還能看到的這三百零五篇詩，據說孔子都能鼓琴瑟和聲而歌唱呢。而且還是拿舜所作的韶樂，周武王所作的武樂來相配合來唱那些詩篇，使大雅小雅三頌都有了可用的音樂，「興禮作樂」從此可以傳述了！先王的善道教化可以稱之完備！也完成六藝的教育理想。所以司馬遷也深深的明白音樂和詩歌不可分離的原理，絕不是誤讀「正樂」爲「刪詩」的。

對於音樂詩歌不可分割的理論，在典籍所載也很多。例如：堯典虞書記有：「詩言志，歌永言。

」班固漢書藝文志載有：「誦其言謂之詩，詠其聲謂之歌。」(註三)鄭玄詩箋也說：「詩者、弦歌諷喻之聲也。唐虞始造其初，至周分為六詩。」孔穎達詩疏也說：「舜典命樂，已道歌詩。經典言詩，無先此者。」又「上古之時，徒有謳歌吟詠，縱令土鼓葦籥，必無文字雅、頌之聲，如此則時雖有樂，容或無詩。」又「名為詩者，內則注云：『詩之言承也。』春秋說題辭云：『詩之為言志也。』詩緯云：『詩者，持也。』然則詩有三訓；承也，志也；持也。作者，承君政，述己志，而為詩；所以持人之行。故一名而三訓也。」黃櫄曰：「有天地，有萬物，而詩之理已具；雷之動，風之偃，萬物之鼓舞，皆有詩之理而未著也。嬰孩之嘻笑，童子之謳吟，皆有詩之情，而未動也，桴以蕢，鼓以土，籥以葦。皆有詩之用而未文也。康衢順則之謠，元首股肱之歌，詩之義已備矣。」所以研究「刪詩」，也不能忽視詩樂的關係。

三、對司馬遷著史記背景的探討

朱自清嘗寫過「史記菁華錄」讀法指導大概一文，發覺到他對研究史記下了很深的功夫，而且他的白話文造詣，可以說是民國以來第一流高手，從他這篇文章裏找出他的文章奧密，說理深入淺出；敘事的白描手法，平易近人，有如行雲流水，而切合實際；抒情皆能發自人心，出於性靈的深處，感人亦深，觀察也入微。這些好處也都是得自史記的長處，所以他受司馬遷的影響非常大。因此要藉重他的對史記背景研究，摘錄幾點以解除人們對司馬遷史記產生的懷疑，也可以說明史記每篇文章都是有根據的史事。

朱自清一開頭就說：「讀史記菁華錄，不可不知道史記的大概。史記的作者司馬遷的傳敍，有史記的末篇自序。那篇歷敍他的家世，傳敍他父親的學術見解和著述志願，又記載他自己的遊覽各地和繼承先志，然後說到史記的編例和內容。漢書裏的司馬遷傳，就直鈔那篇的原文，不過加入了遷報任安的一封書信罷了。」（註四）

又說：「司馬遷，字子長，生於龍門。他的生年有兩說；一說是漢景帝中元五年（公元前一四五年），一說是漢武帝建元六年（公元前一三五年）相差十年，據近人考證，前一說是。他的父親談，於各派學術無所不窺，當武帝建元、元封之間，爲太史令。談死於元封初年（元封元年當公元前一一〇年），遷卽繼職爲太史令。因此，史記中稱父親，稱自己，都作『太史公』。」（註五）

再引「自序」的話，來描寫一段司馬遷在年青時的遊覽生活：「二十而南遊江、淮，上會稽，探禹穴，闚九疑，浮於沅、湘，北涉汶、泗，講業齊、魯之都，觀孔子之遺風，鄉射鄒、嶧，戹困鄱、薛、彭城，過梁、楚以歸。」又指出：「黃河、長江流域的大部分，他都到過，回來之後，作郎中的官。元封元年，『奉使西征巴蜀以南，南略邛、笮昆明，』便又遊覽了西南地方。及繼任了太史令，於太初元年（公元前一〇四年）開始他的著作。自序裏說：『余嘗掌其官，廢明聖盛德不載，滅功臣世家賢大夫之業不述，墮先人所言，罪莫大焉。…於是論次其文』，可見他從事著作的是『繼承先志』。

『論次其文』是就舊聞舊文加以整理編排的意思；他既受了父親的薰陶，又讀遍了皇室的藏書，觀察了各地的山川，風俗，接觸了在朝在野的許多人物，自然能夠取精用宏，肆應不窮。」（註六）

再說「到天漢二年（公元前九九年），李陵與匈奴戰，矢盡力竭，便投降了匈奴。消息傳來，一班朝臣都說陵罪很重；武帝問到遷，遷替李陵辯白。他說：『陵事親孝，與士信，常奮不顧身，以殉國家之急，其素所蓄積也，有國士之風。今舉事一不幸，全軀保妻子之臣，隨而媒蘗其短，誠可痛也！且陵提步卒不滿五千，深輮戎馬之地，抑數萬之師，虜救死扶傷不暇，悉舉引弓之民，共攻圍之。轉鬪千里，矢盡道窮，士張空拳，冒白刃，北首爭死敵，得人之死力，雖古名將不過也。身雖陷敗，然其所摧敗，亦足暴於天下。彼之不死，宜欲得當以報漢也。』這是說李陵人品既好，將才又出衆，戰敗是不得已，投降是有所待。武帝以爲遷誣罔，意在毀謗貳師將軍李廣利，並替李陵說好話；便治他的罪，處以最殘酷的腐刑（割去生殖器）。這不但殘傷了他的身體，同時也打擊了他的精神。報任安書中說：『禍莫憯於欲利，悲莫痛於傷心，行莫醜於辱先，而詬莫大於宮刑。刑餘之人，無所比數，非一世也，所從來遠矣！昔衞靈公與雍渠載，孔子適陳；商鞅因景監見，趙良寒心，同子參乘，爰絲變色：自古而恥之。夫中材之人，事關於宦豎，莫不傷氣，況忼慨之士乎！』從這些話，可知他的羞憤和傷心達到了何等程度。受刑之後不久，他又作中書令的官。對於著作事業，還是繼續努力；報任安書中有『所以隱忍苟活，函糞土之中而不辭者，恨私心有所不盡，鄙沒世而文采不表於後也。古者富貴而名摩滅，不可勝記，唯俶儻非常之人稱焉。蓋西伯拘而演周易；仲尼戹而作春秋；屈原放逐，乃賦離騷；左丘失明，厥有國語；孫子臏脚，兵法修列；不韋遷蜀，世傳呂覽；韓非囚秦，說難孤憤；詩三百篇，大抵賢聖發憤之所爲作也；此人皆意有所鬱結，不得通其道，故述往事，思來者。及如左丘明無目，孫子斷足，終不可用，退論書策，以舒其憤思，垂空文以自見』的話，說明了他在痛苦之中，希望立言傳世，垂於久遠的心理。接着就說：『僕竊不遜，近自託於無能之辭，網羅天下放失舊聞，考之行事，稽其成敗興壞之理，凡百三十篇；亦「欲以究天下之際，通古今之變，成一家言。草創未就，適會此禍；惜其不成，是以就極刑而無慍色。』寫這封書信的時候，既說了「近自託於無能之辭」的話，又有了「百三十篇」的總數，他的初稿大概已經完成了。這封書信，據近人考證，作於征和二年（公元前九一年）：其時遷從武帝幸甘泉。……他的著作，從開始著手到初稿完成，共佔了十幾年的時間，一部開創的大著作，十幾年的工夫自然是要的。他的死年不可知，大概在武帝末年或昭帝初年；年六十歲左右。」（註七）

這就是要借朱自清文章所引，司馬遷自敘「網羅天下放失舊聞，考之行事，稽其成敗興壞之理，凡百三十篇；亦欲以究天人之際，通古今之變。」的有所本，有所據的文章，以答覆懷疑史記、懷疑孔子世家，以及孔子删詩之說爲無根據。甚至三千篇爲無有；三千門弟子爲虛構。司馬遷究竟根據什麼而寫成史記者。

四、以地下出土史料證明史記記載是信而有徵的

民國以來，學者疑古之風大熾，標新立異已不足爲奇，一部分人在喊「打倒孔家店」，一部分人則以行動來「推翻司馬遷」。因此學術界「翻案文章」便大行其道，史記一書被批評的千瘡百孔，無一是處；甚至寫文章的人也不敢再引用史記作證了；就如當代名史學家錢穆先生，早年寫的先秦諸子繫年孫武辨一文，以及孫臏考一文；前文言其人與書，蓋皆出後人僞託。又引葉水心習學記言辨爲，凡爲穰苴、孫武者，皆辨士妄相標指，非事實。孫子十三篇，洵非春秋時書，其人則自齊之孫臏而談。（註八）後文則考爲孫臏之稱，以其臏脚而無名，則武殆卽臏名耳，結論則指史公亦誤分以爲二人。（註九）

攷之史記原載：「孫子武者齊人也，以兵法見於吳王闔廬。闔廬曰：『子之十三篇吾盡觀之矣，可以小試勒兵乎？』…闔廬知孫子能用兵，卒以爲『將』，西破彊楚入郢，北威齊、晉，名顯諸侯，孫子與有力焉。孫武既死，後百餘歲，有孫臏，臏生阿、鄄之間，臏亦孫武之後世子孫也。……齊因乘勝盡破其軍，虜魏太子申以歸，孫臏以此名顯天下世傳其兵法。」（註一〇）

孫子兵法是中國兵家的寶典，二位孫子更是兵學上的巨人；但是錢穆先生對兩位孫子一辨一攷，無緣無故的把他們二位推到五里雲霧中而不顧，也使史記的可靠性大打折扣，世人雖心有不甘，但因

無左證可以推翻錢說，一時之間也莫可奈何於他。民國六十一年四月，山東臨沂縣銀雀山的兩處西漢以前古墓出土，才給我們兩種確定的答案。一、出土的孫子兵法六千餘字，證明了今本孫子是孫武；二、另一捆出土的竹簡都一萬一千餘字，共三十篇，就是失傳的孫臏兵法。以上二書之外尚有逸出今本十三篇以外的殘簡釋文，孫子傳殘簡。也證實了司馬遷的史記所載完全可靠。確定司馬遷寫史記時曾用了第一手原始資料而無誤。使後人全憑猜測臆度，斷章取義，武斷懷疑所成新說爲不實。

這一批竹簡的成書是在隨葬的漆木器、陶器、銅器、漆木器的間隙中發現的。從這些器物的形制、紋飾、風格等特點看來，可以斷定這是兩座西漢前期的墓葬，特別是由同墓中的鼎、盒、壺、罐等陶器組合的出現，證明了這一點，尤其從綴在竹簡的繩上，當作裝飾用的兩枚「半兩錢」和一枚「三銖錢」，更是有力的證據。從「漢書武帝紀」記載，建元元年（公元前一四〇年），始鑄「三銖錢」，到建元五年（公元前一三六年）「停罷」，流通的時間很短，由此可以進一步斷定，竹簡的成書年代，上限不會早於建元元年。又因爲從墓中發現「半兩錢」，而沒有發現武帝元狩五年（公元前一一八年）始鑄的「五銖錢」，似乎可以推斷竹簡的成書下限，不會晚於元狩五年。另外，有一說法，是從簡文中提出的，認爲竹簡兵法，最近在漢文帝即位（公元前一七九年）以前，甚至還可能在秦漢之際（公元前二〇九—二〇三年）。簡文雖是隸書，但仍保留了一些篆書的風格。（註一一）因而以地下「出土史料」證明，史記記載是信而有徵的。

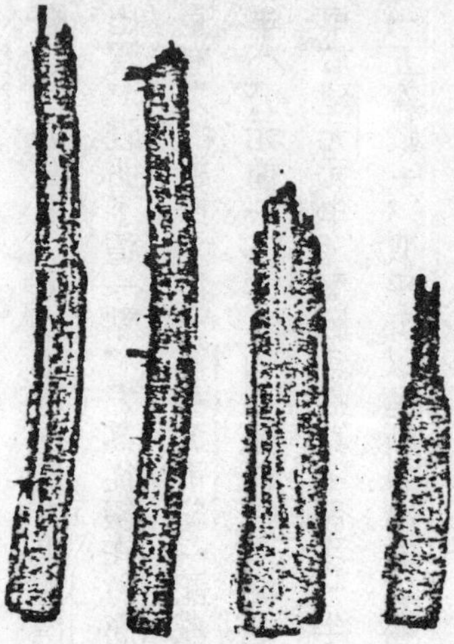

部分竹簡和淤泥膠結在一起的情況

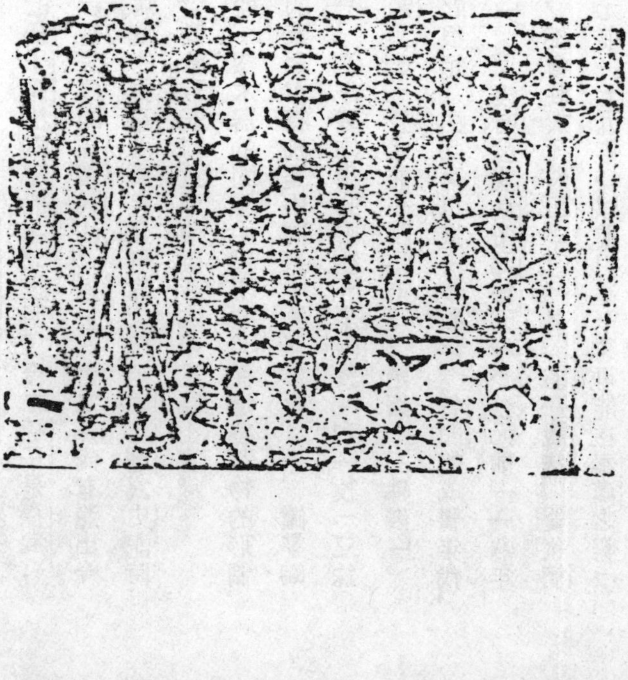

竹簡出土時和泥沙摻合在一起的情況

五、由司馬遷使用數字認眞看出史記確有古史料可據

衆所皆知的孔子刪詩說，起自司馬遷史記孔子世家：「古者詩三千餘篇，及孔子去其重，取可施於禮義，上采契后稷，中述殷周之盛，至幽厲之缺……。」中的三千篇爲人所懷疑，歷代學人均有詳盡解釋，然疑者仍疑存之。又同篇載之數字也爲後代疑古學人懷疑的如：「孔子以詩書禮樂教弟子，蓋三千焉，身通六藝者七十有二人，如顏濁鄒之徒，頗受業者甚衆。」（註一二）中的三千弟子也爲人所存疑，認爲孔子時代那有那麼多人跟孔子念書？以爲不可靠。

今略擧一家之言作解，宋歐陽修說：「司馬遷謂古詩三千餘篇，孔子刪存三百，鄭學之徒以遷爲謬，予考之，遷說然也，今書傳所載逸詩，何可數也。以詩譜推之，有更十君而取一篇者，有二十餘君而取一篇者，由是言之何啻三千。刪詩云者，非止全篇刪去，或篇刪其章，章刪其句，句刪其字。如：『唐棣之華，偏其反而，豈不爾思，室是遠而。』此小雅常棣之詩，夫子謂其『以室爲遠』，由於兄弟之義，故篇刪其章也。『衣錦尙絅，文之著也，』此鄘風君子偕老之詩，夫子謂其盡飾之過，恐其流而不返，故章刪其句也。『誰能秉國成，不自爲政，卒勞百姓。』此小雅節南山之詩，夫子以能字爲意之害，故句刪其字也。」（註一三）

有關三千弟子之說，究得自何處？最直接答案，見司馬遷史記孔子世家贊：「太史公曰：詩有之：

高山仰止，景行行止，雖不能至，然心鄉往之。余讀孔氏書，想見其為人；適魯觀仲尼廟堂，車服禮器，諸生以時習禮其家，余祇回留之不能去云！天下君王至于賢人衆矣，當時則榮，沒則已焉，孔子布衣傳十餘世，學者宗之，自天子王侯中國言六藝者，折中於夫子，可謂至聖矣！」（註一四）以此觀之，司馬遷不但讀孔子書，更親臨魯國孔子廟堂，瞻仰文物禮器，漢諸生按時於孔宅習禮實況，自然孔子入門弟子之數不能不有追察；於是在世家中才有「孔子以詩書禮樂教弟子，蓋三千焉，身通六藝者，七十有二人，如顏濁鄒之徒頗受業者甚衆。」以孔子當時之聲譽學養，又主張「有教無類」，因人因事因物因地因時而施教於人，週遊列國十四年，所到之處皆有及門弟子，所到之處均有虛心受教之人，返魯杏壇受徒據孔子年譜所載：「時弟子三千，身通六藝者七十二人。」（註一五）再觀孔子死後葬魯城北泗上，所有靠近的弟子，都為他服心喪三年，所謂心喪者，喪如父母之喪，而無服；喪畢，相訣而去，則哭，各復盡哀。唯獨子貢，築廬於冢上三年，共六年始離去。凡有生民以來，尊師未有如是之甚者，其道德感人之深如此。後弟子和魯人往從冢安家的有百多家，因而命名為「孔里」，魯國世世相傳以歲時奉祠孔子冢，而諸儒亦講禮、鄉飲、大射於孔子冢，身後哀榮也從未有如孔子的人。魯哀公因孔子喪，特為作誄辭並哭之。所以少見多怪懷疑孔子有三千弟子的人，眞小看了孔子，把孔子看成私塾的冬烘先生了。

前敘各節，使人不能不發深省的問題，凡是熟讀司馬遷史記的人，在一百三十篇文章中，不斷記載了許許多多的數字，細察詳究，都是無據不書的史實。此言「古詩三千餘篇」，為什麽不說「古詩三千、或少於三千篇呢？」又於刪後，偏說「三百五篇」，為什麼不說「三百一十一篇呢？」這就是史公為史，據實而論無徵不書的直接說明。

譬如史記所敍戰國初葉「四大公子」及呂不韋，皆以養客出名，在一般傳說中，他們養客的人數均以三千客來說明其好客；可是在司馬遷的史記中，卻各有不同的數字記載，是非常認眞的，盡情合理，不違史實爲尚。諸如：「致食客三千人」（註一六），「食客數千人」（註一七），「賓客蓋至者數千人」（註一八），「春申君客三千餘人」（註一九），「招致賓客遊士」（註二〇）等程度的記載差別。由此得知史記記敍的數字是有「古史料」可據的，是眞實性的，是可靠的。

六、由司馬遷敍史事記人名的不苟不濫知其有史可徵

㈠在項羽本記中　竟然不書其父名，祇記其季父項梁之名，及其季父之父項燕均明言之，實在是怪異的書史手法，嘗令人費解，究其實不過是原始史料不足而已。史公曰：「項籍者，下相人也，字羽。初起時，年二十四。其季父項梁，梁父即楚將項燕，爲秦將王翦所戮者也。項氏世世爲楚將，封於項，故姓項氏。項籍少時，學書不成，去學劍，又不成。項梁怒之。籍曰：『書足以記名姓而已。劍，一人敵，不足學；學萬人敵。』於是項梁乃教籍兵法。籍大喜略知其意，又不肯竟學。」（註二一）直到文章結尾都沒有提到項羽父親或祖父的名號，後世也不得其傳？概非司馬遷有意的而不書其父祖

名號，實史料不足徵的緣故。

㈡在項羽本記中敍「侯公」事，又不舉名。「漢王復使侯公往說項王，項王乃與漢約，中分天下，割鴻溝以西爲漢，鴻溝而東者爲楚。項王許之，即歸漢王父母妻子，軍皆呼萬歲；漢王乃封侯公爲平國君。匿，弗肯復見。曰：『此天下辯士，所居傾國，故號爲平國君。』（註二二）」侯公雖稱高士，亦非馬遷不願直書其名號也，實乃無史料可資查考而已。

㈢在高祖本紀中　記高祖父曰：「太公」，母曰：「劉媼」，高祖名「季」；又記其；岳父曰：「呂公」，岳母曰：「呂媼」；以及爲呂后相面的老人稱曰：「老父」。皆非眞名，考其故，乃因「史料失傳」所致，非不舉名也。（註二三）

㈣馬遷於曹相國世家中　有關「蓋公」的記事也沒擧名，但言：「聞膠西有蓋公，善治黃老言，使人厚幣請之。既見蓋公，蓋公爲言治道貴清靜，而民自定，推此類具言之。參於是避正堂，舍蓋公焉。其治要用黃老術，故相齊九年，齊國安集，大稱賢相。」非不記名，乃「史料不足徵」也。（註二四）

㈤在留侯世家中　張良說嘗東漸倉海君，得力士；其「倉海君」及「力士」，實不知何許人物，即索穩、集解言「倉海君」也不過說：「或曰：東夷君長？」而已，至於「力士」自然是無名士了。張良亡匿下邳，游圯上遇老父，也不知姓名，祇以「十三年孺子見我濟北，穀城、山下『黃石』即我矣！」（註二五）代表「圯上老父」的名號，概皆「史料不足」的緣故了。

㈥在孟嘗君列傳中　有一段寫道：「孟嘗君曾待客夜食，有一人蔽火光。客怒，以飯不等，輟食

辭去。孟嘗君起，自持其飯比之。客慚，自刭。」此客究爲何人？史無可考。（註二六）

㈦在信陵君列傳中　敍述信陵君在魏時，所結納的上客，一爲看守夷門的侯嬴，一爲市場殺猪的朱亥，概有原始史料可本，便直指其名了。及公子至趙後，又結交二客；一爲賭徒毛公，一爲賣豆漿的薛公，在傳中但記：「毛公藏於博徒，薛公藏於賣漿家。」然二人嘗力勸信陵君歸國救魏，而成美名。概毛、薛二公的不擧名，又是「史之不傳而軼名」了。至於秦求「晉鄙客」，令毀公子於魏王，的「客」又爲何人？也是「史料不載」的原因。（註二七）

㈧在廉頗藺相如列傳中　記相如奉璧西入秦，於章臺面秦王，知秦王圖以空言求璧，無意償城企圖後，便用詐術復取璧，「乃使其從者衣褐，懷其璧，從徑道亡，歸璧於趙。」這段記載中，所使的「從者」，究竟又爲何人？依然是「史料未能詳載」，於是記事但言「從者」云云。（註二八）

㈨在刺客列傳中　記荆軻既至燕，愛燕之狗屠及善擊筑者高漸離。荆軻嗜酒，日與狗屠，及高漸離飲於燕市。」其所謂「愛燕之狗屠」，又是「缺乏史料」的原因，否則在一句話中，前半句不記名，後半句則詳加擧用姓名，一代宗師爲文絕無此理。及至高漸離變名姓爲人庸保，匿於宋子。「家丈人」就是「主人」，依然不能道出姓名來，自然是「史料不足」的緣故。（註二九）

㈩在李將軍列傳中　記李廣爲上郡太守時言「匈奴大入上郡，天子使「中貴人」從廣勒習兵擊匈奴。」一事，「中貴人」爲匈奴射雕者所傷，此一「朝中貴人」來習軍事的何以不直指其名，概「史料不足徵」也，但以「中貴人」名之與敍史無傷。其他如殺一匈奴「白馬將」；又敍斬一「覇陵尉」

事，皆不舉名，然均與敍史事無妨，非不願書名，實乃「史料不足」而已。（註三〇）

史記一書概括來說，前舉十條爲例證，以說明司馬遷在敍史事記人名時，必須有史料所本，絕對不苟、不濫，非常嚴謹，「知之卽知之，不知卽不知。」絕不杜撰製作姓名，也不因所敍人物在當時的政治地位高下，均能一視同寅，所以行文流暢無碍而自然平實穩妥。於是在本紀、世家、列傳中所記，出現了許多有姓無名的人物：如項羽無父、侯公、太公、劉媼、呂公、呂媼、蓋公、毛公、薛公諸人。也出現了許多無姓無名人物，如：倉海君、力士、圯上老父、自剄之客、晉鄙客、從者、狗屠、家丈人、中貴人、匈奴白馬將、覇陵尉等不可少的關鍵人豪。而這些有姓無名、無姓無名的人物人豪，也正直接印證了「太史公自序」中言所闡明著史記是有據的。司馬遷的父親臨死前的交待的一段話：「余死，汝必爲太史，無忘吾所欲論著矣！……自獲麟以來，四百有餘歲，而諸侯相兼，史記放絕。今漢興，海內一統，明主賢君忠臣死義之士，余爲太史而弗論載，廢天下之史文；余甚懼焉！汝其念哉！」司馬遷俯首流涕答應修史的一段話，愈法是坦白明確，篤實可靠，果然是照着「先人集論舊說次序」而修的史記。那一段話是如此說的：「小子不敏，請悉論先人所次舊聞，弗敢闕。」接着又在自序中說道：「卒三歲而遷爲太史令，紬（同抽）史記石室金匱之書。五年而當太初元年，十一月甲子朔旦冬至，天歷始改，建於明堂，諸神受紀。」又說：「且余嘗掌其官，廢明聖盛德不載，滅功臣世家賢大夫之業不述，墮先人所言，罪莫大焉！余所謂故事，整齊其世傳，非所謂作也。」司馬遷自己說的話不信，還信什麼？所以說史記一書是根據先人舊聞陳史印證而作。（註三一）

至於敘事規範更是組織嚴正有條，比次排連，合成一氣，無法分割。百三十篇共成五類：本紀、表、書、世家、列傳。本紀，記載帝王的事蹟。表，以編排各代的大事，分世表、年表、月表，並列漢興以來侯、王的封立，將相的任免。書，敘文化流變，禮節、曆法、祭祀、水利、財政等分門別類的系統知識。世家，乃按國按家，依年代世系，載述重要封建侯王事蹟。列傳，記敘歷代重要人物，疆域內外邦國狀況；有分傳、合傳、雜傳三類。

史記中本紀、世家、列傳，這三類文章，都是用來敘述人物事蹟的文章，這些篇章却不是各自獨立的，史遷把百三十篇縱橫連貫在一起，讓一部書成爲是最完整的敘述；若瞭解一人一事的原委，必須從相關連的許多篇章中去體會，才能得到一人一事的全面知識。例如：敘「鴻門之會」，在項羽本紀中，不憚其詳的細說；到高祖本紀中，便輕描淡寫的一帶卽過。「漢三傑」事蹟，在世家、列傳中就不再贅敘高祖本紀中所記相關事蹟。史遷最不屑衞青、霍去病行爲，然又專爲衞、霍立傳，表揚其對漢室之貢獻。其敘事可謂公正無私，允不愧爲良史行徑。這種文章敘述層次，首先講求「互見」，次講「比較」，再談「嚴正」。目的在避免重複，方便「褒貶」，顧全「整體性」，以及「鏡鑑作用」及「史學精神」。人的善惡，事的是非，理的直曲，都能深切注意；使敘事論人評理標準，均能達到不偏不依，不過不不及，不苟不濫的地步，必至有憑有據而後已。絕非後世懷疑派史學家的過分主觀，往往斷章取義，以偏蓋全，强人從已，强古從今，武斷揚棄，鑿空杜撰，不知而作者，所能望其項背的。知此，民國以來的「打倒孔家店」，「推翻司馬遷」謬論便不攻自破了！

七、相信孔子刪詩的說法

㈠班固說：「古有采詩之官，王者所以觀風俗，知得失，自考正也。孔子純取周詩，上采殷，下取魯，凡三百五篇。」（註三二）

㈡王通說：「詩、上明三綱，下達五常，於是徵存亡，辯得失。故小人歌之以貢其俗，君子賦之以見其志；聖人采之以觀其變。」（註三三）

㈢歐陽修說：「馬遷謂古詩三千餘篇，孔子刪存三百。鄭學之徒，以遷爲謬。予考之，遷說然也。今書傳所載逸詩，何可數也。以詩譜推之，有更十君而取一篇者，有二十餘君而取一篇者，由是言之何啻三千。「刪詩」云者，非止全篇刪去，或篇刪其章，章刪其句，句刪其字。如：『唐棣之華，偏其反而，豈不爾思，室是遠而。』此小雅常棣之詩。夫子謂其以室爲遠，害於兄弟之義，故篇刪其章也。『衣錦尚絅，文之著也。』此鄘風君子偕老之詩，夫子謂其盡飾之過，恐其流而不返。故章刪其句也。『誰能秉國成，不自爲政，卒勞百姓。』此小雅節南山之詩。夫子以『能』字爲意之害，故句刪其字也。」（註三四）

㈣邵雍說：「仲尼刪詩十去其九，諸侯千有餘國，風取十五，西周十有二王，雅取其六，蓋善惡明著者存焉耳。」（註三五）

㈤程顥說：「虞之君臣，迭相賡和，始見於書，夏、殷之世其傳鮮矣！至周而益文，所傳者多，夫子刪之，得三百篇，可以垂世立教。」（註三六）

㈥朱熹說：「王迹熄而詩亡，其存者謬亂失次，孔子自衛反魯，復得之它國以歸，定著爲三百篇。（註三七）

㈦唐、陸德明說：「孔子刪錄周詩，上兼商頌，以授子夏，子夏遂作序焉，以口相傳未有章句。戰國之世，專任武力，雅頌之聲，爲鄭、衛所亂，其廢絕亦可知矣！遭秦焚書而得全者，以其人所諷誦，不專在竹帛故也，漢興傳者有四家。」（註三八）

㈧蘇轍說：「孔子刪詩，三百五篇，其亡者六焉！經師不得見矣！其存者，將以解之，故從而附益之，其言反覆煩重，類非一人之詞者，凡此皆「毛氏之學」，而衛宏之所集錄也。」（註三九）

㈨顧炎武日知錄原抄本，經章太炎披閱，黃季剛持與通行本校刋，張溥泉持與山東省立圖書館藏另抄本校刋。有關「孔子刪詩」一節，可謂定論。顧炎武說：「孔子刪詩所以存列國之風也。有善有不善，兼而存之，猶古之太師陳詩以觀民風。而季札聽之，以知其國之興衰。正以二者之竝陳，故可以觀可以聽。世非二帝，時非上古，固不能使四方之風有『貞』而無『淫』，有『治』而無『亂』也。文王之化被于南國，而北鄙殺伐之聲，文王不能化也。使其詩尚存而入夫子之刪，必將存南音以繫文王之風，存北音以繫紂之風，而不容于沒一也。是以桑中之篇，溱、洧之作，夫子不刪，志淫風也。叔于田爲譽殷之辭，揚之水椒聊爲從沃之語，夫子不刪，著『亂本』也。『淫奔』之詩錄之不一而止者，所以志其風之『甚』也。一國皆淫，而中有不衺者焉，則亟錄之。將仲子畏人言也。女曰鷄鳴相鶩以勸生也。出其東門不慕乎色也。衡門不願外也。選其辭比其音去其『煩且濫』者，此夫子之所謂刪也。後之拘儒不達此旨，凡謂『淫奔之作』不當錄于聖人之經，是何異唐太子弘謂商臣弒君，不當載于春秋之策乎？

眞希元文章正宗，其所選詩一掃千古之陋，歸之正旨。然病其以理爲宗，不得詩人之趣。且如古詩十九首雖非一人之作，而漢代之風略具乎此。今以希元之所刪者讀之，不如飲美酒，被服紈與素。何以異乎唐詩山有樞之篇？良人惟古歡，枉駕惠前綏，蓋亦邶詩雄雉于飛之義。牽牛織女，意仿大東，兔絲女蘿，情同車舝。十九作中無甚優劣。必以防淫正俗之旨嚴爲繩削，雖矯昭明之枉，恐失國風之義。六代浮華固當芟落，使徐庾不得爲人，陳隋不得爲代，無乃太甚！豈非執禮之過乎？」（註四〇）

余讀顧炎武先生的論刪詩，實得孔子刪詩之大旨，可見其熟解三百五篇之詩，有異於未讀詩而妄論刪詩之人。

(十)元、馬端臨文獻通考說：「孔子刪詩，於其可知者，雖比興深遠，詞旨迂晦者，亦所不廢，如芣苢、鶴鳴、蒹葭之類是也。於其所不知者，雖直陳其事，文義明白者，亦不果錄，如『翹翹車乘，招我以弓；豈不欲往，畏我友朋』之類是也。（註四一）

(十一)宋、王應麟困學紀聞云：「朱子發曰：『詩全篇削去者，二千六百九十四首，如『狸首』『曾孫』之類是也。篇中刪章者，如『唐棣之華，偏其反而，豈不爾思，室是遠而』之類是也。」（註四二）

(十二)王崧說緯云：「刪詩云者，非止全篇刪去；或篇刪其章，或章刪其句，或句刪其字。」（註四三）

㈢西漢、司馬遷史記孔子世家原載：「古詩三千餘篇，及至孔子，去其重，取可施於禮義，上采契、后稷，中述殷商之盛，至於幽、厲之缺，三百五篇，孔子皆弦歌之，以求合韶、武、雅、頌之音，禮樂自此可得而述，以備王道，成六藝。……孔子以詩、書、禮、樂教弟子，蓋三千焉，身通六藝者，七十有二人；如顏濁鄒之徒，頗受業者，甚衆。……」（註四四）上述一段刪詩史實，本事詳明簡要；但未記有明顯「刪詩」二字，而後儒如鄭玄、孔穎達、鄭樵、崔述、葉適、朱彝尊，卻硬說「刪詩」一辭爲司馬遷史記孔子世家所說。愚以爲史記確嘗如前所引那麼一大段的歷史，只是可以說那是刪詩的史實，卻沒提到「刪詩」的字樣；反而「刪詩」一辭是唐、宋人後學輩所濃縮出來的語彙，代代相因而引用，直沿用到今天，就連崔述也沒弄清楚，眞怪？

八、不信孔子刪詩說法的商榷

（甲）鄭、孔之徒不信刪詩的波及

秦火之後毛氏傳詩，至司馬遷始有孔子刪詩之說，而東漢班固言有刪詩之事，及鄭玄則不言刪詩，但說：「詩者，弦歌諷喻之聲也，唐虞始造其初，至周分爲六詩。」至唐孔穎達則說：「案書傳所引之詩，見在者多，亡逸者少，則孔子所錄，不容十分去九，遷言未可信也。據今者及亡詩六篇，凡三百一十一篇，而史記漢書云，三百五篇者，以見在爲數也。」（註四五）

如印證以宋歐陽修的刪詩說「馬遷謂古詩三千餘篇，孔子刪存三百，鄭學之徒以遷為謬，予考之遷說然也。今書傳所載逸詩，何可數也。以詩譜推之，有更十君而取一篇者，有二十餘君而取一篇者，由是言之，何啻三千？刪詩云者，非止全篇刪云，或篇刪其章，章刪其句，句刪其字。……（餘見六㈢所引全部）」正好答覆孔穎達之疑難所及。及史遷所稱三百五篇之數，正是現在的實有篇數，可見馬遷著文踏實有據。歐陽修又論稱：「梅堯臣、周堯卿，學長於毛氏詩。毛鄭二學，其說熾辯，固已廣博，然不合於經者，亦不為少，予欲志鄭學之妄，益毛氏疏略而不至者，合之於經云。」歐氏治學論詩向以緻密見稱於宋代，亦宋學術巨擘也。到了鄭樵也和孔穎達說略同而已，不再引述。

（乙）崔述前後矛盾之論的分析（文中特插入作者眉批）

這種「刪詩」的爭論一直延至清代，異議突然大熾，而有彗星掃地般的發展，反對「孔子刪詩說」以為不可信，那就是名史學家崔述，他在盛年時代，寫了一部讀風偶識，在卷三鄭風中說：「孔子刪詩孰言之？孔子未嘗自言之也，史記言之耳。孔子曰：『鄭聲淫』是鄭多淫詩也。孔子曰：『誦詩三百』，是詩止有三百，孔子未嘗刪也。學者不信孔子所自言而信他人之言，甚矣其可怪也。」崔述這段話本來就是記在讀風偶識裏的，顧名思義，就是因讀詩中的國風時偶然的靈感一動想到的問題，在崔述的當年心理活動狀態，正是一時聰明現，智慧的本身發生了疑問，而認為「孔子刪詩」是不可能的事，於是產生了一連串的疑問來。就算一件沒有問題的史實，連問幾個為什麼？這個史實也就成了問題了。就是因為有了這一假想的先入，而變成了他對刪詩問題的主觀思想，任何有利於刪詩的史實，他都視若罔睹，聽若罔聞的向着主觀意識而發展下去，推演下去，而絕對傾向反理性的保護自我看法，這是治學問最危險盲動行爲。是眞正有學養的人是不會憑一時衝動而陷於反理性的自以爲是和自我保護。所以在論語子罕篇載有：「子絕四：毋意、毋必、毋固、毋我。」崔述盛年就沒有這份素養。

首先推敲「孔子刪詩孰言之？孔子未嘗自言之也，史記言之耳。」這段話，就沒經思考和驗證，所以話就有毛病。「孔子刪詩」這四個字，或者是這句話，孔子是未嘗自言之，就算孔子刪詩也用不着自己說「孔子刪詩」了，或者是「我刪詩」了。「史記言之耳！」誰說史記說的？司馬遷在寫「孔子世家」這篇文章中根本沒有「孔子刪詩」這四個字，就連「刪詩」兩個字也找不到。而且孔子也沒說過「未刪詩」；可是司馬遷也在文章裏沒說過「孔子未刪詩」的話，就連班固在漢書藝文志裏也沒提到「孔子刪詩」字樣，眞正提到「刪詩」一辭始於唐、宋諸儒文中。崔述這種先發制人，嚇阻栽贓式的一箭雙鵰辦法，對着死人發威，求得死人口無對證的勝利。不外乎是要一面打倒孔子的立言，一面推翻司馬遷的史記，以完成他的異議。但不能否認的是孔子確有刪詩的「史實」，司馬遷也確曾敍述了「刪詩類似的史實」；何況司馬遷是太史令，嘗讀過所謂「舊聞、舊文庫藏史料」；又親適魯觀仲尼廟堂，居服禮器，諸生以時習禮其家，嘗逗留而不能離去，定有所聞，書史則必有所據了。至於「孔子曰：『鄭聲淫』是鄭多淫詩也。」這段解釋沒錯。「孔子曰：『誦詩三百』，是詩止有三百，孔子未嘗刪也。」這是斷章取義，原文見論語子路篇：「子曰：誦詩三百，授之以政，不達，使於四方不能專對，雖多亦奚以爲？」這一章孔穎達疏：「學貴於適用，若多學而不能用，則如不學也……諷誦雖多，亦何以爲言，無所益也。」大意是子路對學詩頗感興趣，以爲三百篇還不滿足，大有要求孔子增多篇數的意思。（可見所教教材裏的詩以外，孔子一定還藏有大量詩篇，被子路看到了。）所以孔子才答他多學無益，其實三百篇詩也滿能包括一切了，太夠用了，三百篇都學不通，國家一旦把政事交給你，或者是出使到四方各國，不能夠對一個專門事務來應對，就是詩讀的再多又有什麼用處？（從這章中也可證孔子刪詩行為存在。）而崔述又利用斷章取義「誦詩三百」來更說詩祇有三百篇，孔子未嘗刪，眞是南轅北轍，風馬牛不相及了。致使「學者不信孔子所自言，而信他人之言，甚矣其可怪也。」一段話變成了不折不扣的強辭奪理，混淆視聽而已，令人徒增厭煩，立論刻薄少義，是拿大帽子壓人的說法。

好！就按崔述的立論，司馬遷「孔子刪詩」說不可信，崔述「孔子未刪詩」說就可信嗎？司馬遷生在西漢武帝時，太初元年作史記，相當公元前一〇四年，距孔子死周敬王四十一年，公元前四七九年，得三百七十五年，春秋時的舊文史獻可得鑽研，方能寫出孔子世家舊事、舊聞，孔子一生始可傳垂後世，可謂有助孔子成爲至聖，馬遷也成一家言，後世學者也信有其事，比較來說馬遷，孔子在世年代接近。相反崔述在世年代，生在滿清乾隆五年、公元一七四〇年，死在嘉慶二十一年，公元一八一六年，以其寫偶識年論距孔子死約二千二百九十五年減去三十五年，得二千二百六十年，這一沒法挽救的年代的差距，竟使崔述無法看到孔子身世舊文、舊聞，也寫不出一百三十篇舊聞類似的史記來，至多到他臨死前不久才完成的崔氏遺書，最後定稿本的考信錄，所以他說「孔子未删詩」除了別有用心的學人外，沒人相信。況前文言民國六十一年山東臨沂銀雀山出土西漢前期古墓中竹簡兵書，有孫武傳殘本與司馬遷史記所載大致相同，也出土了世間失傳的孫臏兵法，以及半兩錢和三銖錢來，更直接間接證實司馬遷史記一百三十篇允稱信史了。

再談崔述在他讀風偶識卷二通論十三國風中又說：「舊說周太史掌列國之風，今自邶、鄘以下十二國風，皆周太史巡行之所采也。余按克商以後，下逮陳靈，近五百年；何以前三百年所采殊少，後二百年所采甚多？周之諸侯千八百國，何以獨此九國有風可采，而其餘皆無之？曰孔子所删也；然成康之世；治化大行，刑措不用，諸侯賢者多，其民豈無稱功頌德之詞，何爲盡删其盛，而獨存其衰？伯禽之治，郇伯之功，亦卓卓者；豈尚不如鄭、衞？而反删此存，意何居焉。且十二國中，東遷以後之詩，居其大半，而春秋之策，雖微賤無不書者，何以絕不見『采風之使』？乃至左傳之廣搜采而亦無之，則此言出於後人臆度無疑也。蓋凡文章一道，美斯愛，愛斯傳，乃天下人之常理。故有作者，即有傳者，但世近人多誦習；世遠則就湮沒。其國崇尚文學而鮮忌諱則傳者多；反是則傳者少，小邦弱國，偶遇文學之士，錄而傳之，亦有行於世者，否則遂失傳耳。不然，兩漢、六朝、唐、宋以來，並無『采風太史』，何以其詩亦傳於後世也。」此節懷疑「采詩」事，在拙著前篇「采詩說求徵一文五一中，反駁崔述懷疑「采詩」說最力的劉大捷看法一章裏，論述最詳，引劉著中國文學發展史的話：「崔述的懷疑精神，我們一向是欽佩的，但這次所持的理論，却非常薄弱。『前三百年的詩少，後二百年的詩多。』這正是文學發展史上進化的合理現象。他把前三百年的與後二百年的精神文化狀態，看做是相等，把前三百年與後二百年的人類的創作力，也看做是相等；那實在是完全缺乏常識，而發出這種幼稚的理論。至於說只有九國之風，而未及一千八百國者，那更是可笑了！所謂一千八百國那個數目，是非常不可靠的。我們知道在西周時代，必然存在着不少的部落裏，大半都是淺化民族，還夠不上成爲一個文化單位。當時文化單位的代表，自然是只限於那幾個與周朝封建政治有關係的大國。……」更無端的把采詩的賬也算在孔子刪詩的頭上，孔子刪詩只多不過是爲方便敎弟子們詩，而編選敎材而已，其取捨如何，自有孔子的原則和他政敎合一的理想目標作準繩，選那個時代的詩、那國家的詩多寡，不選錄那個時代國家的詩，這都是根據孔子當時的需要而定。就很像今天編國家標準本國文敎材的選目一般，是否所選之課目篇章，詩文採擇品質水準，試問都能合乎每位敎書先生和學生的要求、需要和胃口嗎？至於伯禽治魯的詩沒選，可是有魯頌在呀！郇伯有功，何嘗又無過呢？誰說沒選有關他的治績的詩？曹風下泉不就是說他的功勞嗎？鄭、衞之風能存正像顧炎武日知錄孔子刪詩之解：「孔子刪詩，所以存列國之風也，有善有不善，兼而存之……是以桑中之篇，溱、洧之作，夫子不刪，志淫風也。叔於田爲譽段之辭，揚之水椒聊爲從沃之語，夫子不刪，著亂本也。淫奔之詩，錄之不一而足者，所以志其風之甚也。一國皆淫，而中有不變者焉，則亟錄之，將仲子畏人言也。女曰雞鳴相警以勤生也，出其東門不慕乎色也，衡門不願外也；選其辭，比其音，去其煩且濫者，此夫子之所謂刪也。」此乃孔子刪詩不破不敗的偉大論斷，唯其如此，孔子才能集大成，才是至聖先師。所以刪詩目的也是在乎垂教化了。

到了崔述晚年，有關孔子正譌闢妄的「洙泗考信錄」四卷，其門人陳介存刻於南昌，越十餘年，東壁覆加審定，欲重刻之，未就而卒。介存之官太谷，就東壁家求得之。授書其弟子孔廣沅出貲刻之，成為定本。有關辨刪詩之說，已與盛年讀風偶識之說完全不同，立論態度也大異其趣，退為疑者存疑不敢深論了。

（丙）崔述辨刪詩之說批判：「世家云：『古詩三千餘篇，及至孔子，去其重，取可施禮義，上采契、后稷，中述殷、周之盛，至幽厲之缺，三百五篇。』康成之徒多非其說。孔氏穎達云！『書傳所引之詩，見在者多，亡逸者少，則孔子所錄不容十分去九；遷言未可信也。』而歐陽氏修云：『以詩譜推之，有更十君而取一篇者，有二十餘君而取一篇者，由是言之，何啻三千！』邵氏雍亦云：『諸侯千有餘國，風取十五；西周十有二王，雅取其六。』則又皆遷言為然。余按國風自二南豳以外多衰世之音，小雅大半作於宣幽之世，夷王以前寥寥無幾，如果每君皆有詩，孔子不應盡刪其盛而獨存其衰。且武丁以前之頌豈遽不如周，而六百年之風雅，豈無一二可取，孔子何為而盡刪之乎？子曰：『誦詩三百，授之以政，不達，使於四方，不能專對，雖多，亦奚以為！』子曰：『詩三百，一言以蔽之，曰：思無邪。』玩其辭意，乃當孔子之時已止此數，非自孔子刪之而後為三百也。（觀此崔述之論已較盛年讀風偶識，平心靜氣多了！也虛心多了！論學已有大大的進步，不說孔子沒刪詩了！轉變成退而求其次的當孔子之時已止此數了，非自孔子刪詩以後為三百了！在崔述的意識中已逐漸默認孔子刪詩了，只礙於顏面承認「孔子刪詩」而已。）春秋傳云！『吳公子札來聘請觀於周樂。』所歌之風無在今十五國外者。是十五國之外本無風可采；不則有之而魯逸之，非孔子刪之也。（這等於完全否定了他自己在讀風偶識中疑問了！大概到晚年在詩經下的功夫多了的緣故。）且孔子所刪者何詩也哉？鄭、衞之風，淫靡之作，孔子未嘗刪也。『絲蔴菅蒯』之句，不遜於『縞衣茹藘』之章，卽『棣華室遠』之言，亦何異於『東門不卽』之意，此何爲而存之，彼何爲而刪之哉？（已知深入研究詩經徵結了！然惜其未克讀到顧炎武日知錄「孔子刪詩」篇文明矣！）況以論孟左傳戴記諸書考之，所引之詩逸者不及十一，則是穎達之言左券甚明；宋儒顧非之，甚可怪也。（殊不知後世有專集先秦諸子引詩及逸詩之論述用徵刪詩之文出現。）由此論之，孔子原無刪詩之事。（又狠起來了。）古者風尚簡質，作者本不多，而又以竹寫之，其傳不廣，是以存者少尙逸者多。（近乎合理的正論。但著此說旨在說孔子根本沒刪詩。）國語云：『正考父校商之名頌十二篇於周大師，以那爲首；』鄭司農云：『自考父至孔子又亡其七篇。』是正考父以前頌之逸者已多，至孔子又二百餘年而又逸其七。（此逸七篇，又焉知不是被稱聖之時者的孔子爲了政治不合周之國情理由，及父死子繼的宗法封建制度，而將此七頌刪除呢？）故世愈近則詩愈多；世愈遠則詩愈少。孔子所得止有此數，或此外雖有而缺略不全，則遂取是而釐正次第之以教門人，非刪之也。（又一次默認刪正詩經以授弟子之說。）尙書百篇，伏生僅傳二十八篇，逸者七十餘篇；孔安國得多十餘篇，逸者尙數十篇。禮之逸者尤多。自漢以來，易竹以紙，傳布最易，其勢可以不逸，然其所爲書亦代有逸者。逸者事勢之常，不必孔子刪之而後逸也。（要整理古詩為教材，也就勢在必删了，又誰管將來逸與不逸呢？）故今於删詩之說悉不敢載。（投降了，或者真弄不清了，或者是疑者存疑吧！從此崔述就退出删詩論戰了，但給後世學術留下了不少的麻煩，想弄明白了還真不易。）

由於崔述對孔子删詩所下的最後結論：「故今於删詩之說悉不敢載。」吾人也不難看出他對删詩問題，無法將諸儒合理傳統說法，全部打倒推翻，所以他關於「孔子删詩」翻案的文章也就不敢再作下去了！然而對崔述未克讀到日知錄孔子删詩說，以解其心疑實一憾事！顧炎武生於明萬曆四十一年，公元一六一三年，於清康熙九年，公元一六七〇年刻日知錄，康熙二十一年逝世（最後日知錄原稿手抄原本於民國十七年一月始刊出）當公元一六八二年。按崔述逝世在公元一八一六年，距顧氏初刻日知錄於公元一六七〇年，得一百四十六年，因顧氏之書被清人初葉列爲管制，並加删改，所以流傳不廣，致崔述至死尚未及讀。如讀了日知錄，孔子删詩，崔述洙、泗考信錄辨删詩之說一文也就免作了！也用不着說：「故今於删詩之說悉不敢載。」的話了。「人之將死其言也善，鳥之將亡其鳴也哀」！崔述晚年於孔子删詩問題，能保持「不知卽不知」的認眞思想傾向，眞不愧爲君子之風，能向眞理史實低頭，令人敬佩，也不失爲大史家。也許他也讀到了日知錄的刻本而受到了影響，才說了「故今於删詩之說悉不敢載。」的結論。無論如何，在考信錄中或其他有關書籍，均未發現有崔述讀到日知錄删詩的記載是鐵的事實。

(丁)孔子以前詩即三百說的求徵

那些不信孔子刪詩說的著名人物說法，都認爲在孔子以前早就有了「詩三百」的說法，況且孔子在反魯之前，就沒有說過「詩三百」的話。更早吳季札至魯觀樂時，已不出十三國風以外，和今天流傳的毛詩不差什麼？那時候孔子才九歲，所以孔子根本沒刪詩。這派代表人物有葉適、朱彝尊諸人，一一分敘於後：

(一)葉適說：「論語稱『詩三百』，本謂古人已具之詩；不應指其自定者言之。然則詩不因孔氏而後刪矣。」（註四六）

也就是說詩自古就是三百篇，跟孔子沒關係。崔述晚年完成的洙、泗考信錄，辨刪詩說的自我修正的說法，也許是受了這位宋儒葉適的影響，才有退而求其次的自圓其說，歸終還是孔子沒刪詩而已，並不是中庸或走中間路線的新說。

(二)朱彝尊說：「子所雅言，一則曰：『詩三百』，再則曰：『誦詩三百』，未必定屬刪後之言。況多至三千，樂師矇、瞍安能編其諷誦？竊疑當日掌之王朝，頌之侯服者，亦止於三百餘篇而已。」

朱說先犯了斷章取義的毛病，接着的異議就自然陷於偏差了！余以爲，凡論語所載，刪前所稱「三百」者，皆夫子自敘其教學詩，篇幅列目的極線理想下限數目而已。

又說：「詩者，掌之王朝，頌之侯服；小學大學之所諷、頌，冬夏之所教。故盟會、聘問、燕享，列國之大夫賦詩見志，不盡操其土風。使孔子以一人之見，取而刪之，王朝列國之臣，其孰信而從之者？詩至於三千篇，則輶軒之所采，定不只於十三國矣；而季札觀樂於魯，所歌風詩無出十三國以外者。」（註四七）

這段論點，首先是對孔子刪詩以前，詩在社會實在流傳狀況未能求得甚解，所以為孔子刪詩過慮了！所以才不信。孔子到晚年六十九歲自衞反魯，居杏壇課徒已不仕，志在垂教化，才有刪詩的作為。與「王朝列國之臣，其孰信而從之者。」又扯不上關係，變成了朱氏自說自話。可見朱氏對孔子年譜一類的書籍，沒有深入的研究，才發出此種奇異的論調。至於季札觀魯之樂，事在孔子九歲時（註一二）此事普遍在魯國傳播，後來自然影響到孔子教學詩選目及刪詩、整詩的思想、言語及行為了。

㈢方玉潤在詩經原始的詩旨裏說：「夫子反魯在周敬王三十六年，魯哀公十一年，丁巳，時年已六十有九。若云刪詩，當在此時。乃何以前此言詩，皆曰『三百』，不聞有三千說耶？此蓋史遷誤讀『正樂』為刪詩云耳。夫曰『正樂』，必雅頌各有其所在，不幸歲久年湮，殘缺失次，夫子從而正之，俾復舊觀，故曰『各得其所』，非有增刪於其際也。奈何後人不察，相沿以至於今，莫不以『正樂』為刪詩，何不即論語諸文而一細讀之也！」

方氏之難疑，不難察知，何以於六十九歲以前言詩亦云『三百』？此正孔子一生追求教學詩之最高極限，也是當時社會流傳詩的下限。一般士子學詩無論為政、出使、立言，應對進退，肆應禮儀，只要有三百篇詩的基礎也足夠應用了。孔子直到六十九歲以後才把這一理想變為事實，也是孔子周遊列國以後，有了足夠的收集、考察、研究、整理，以及生活上的運用，教學上的實際需要經驗，諸多認識、領悟，得到的心得和信心，才確定選出這三百一十一篇來作爲教材使用；所在刪詩以前，對詩三百篇早就有成竹在胸了，所以對弟子答問，無論在刪詩前後，始終如一，永不改變的看法和一貫的正確主張，使詩三百篇才能順利的傳流於後世呢。所以在答覆子路益學的說法才明白的開導說：「誦詩三百，授之以政，不達，使於四方不能專對，雖多，亦奚以爲？」方氏何獨取「三百」之義以吹其毛？孔子不言三千，因爲那不是孔子教學詩的理想篇目之數，所以他才說：「雖多，亦奚以爲？」那也正如孔子教人爲善，從不教人爲惡，是一樣道理。方氏以爲「此蓋史遷誤讀『正樂』爲刪詩云耳。」愚在本文二、從原始的記載看「正樂」和「刪詩」的關連性一章中有詳盡的剖析，那應該說孔子是按樂而正詩了。於是根據樂譜的需要，也可說成根據「音樂性」的需要，於是大雅、小雅、三頌被加以適當的整理，而後才能發揮詩的「音樂性」來；再用樂來補禮之不足，這就是孔子興禮、作樂、刪詩的目的之一，至樂和詩自古就該配合相得益彰的；除非雅、頌不是詩。不是後人不察，是方氏不知「詩和樂自古相關連的理論和史實存在的重要涵意。」顧炎武在康熙六年，公元一六六七年，刻音學五書中就有這種理論；以顧氏的淵博及音樂學養，又在日知錄孔子刪詩一文中一再强調詩的「音樂性」說：「文王之化，被於南國；而北鄙殺伐之聲，文王不能化也。使其詩而存，而入夫子之刪，必將存南音，以繫文王之風；存北音以繫紂之風，而不容於沒一也。」又：「猶古之太史，陳詩以觀民風，而季札聽之，以知其國之興衰，正以二者並陳，故可以觀，可以聽。」朱熹是因爲完成四子書而被祀入大成殿的，位居十哲之次，所以能後來居上，我們不能說他不讀論語了吧？並且他也有五經集傳和語類，也不能說他對詩的研究反不及方玉潤呀？而朱熹說：「王迹熄而詩亡，其存者謬亂失次，孔子自衛反魯，復得自它國以歸，定著爲三百篇。」況史記有「地下史料」印證，其說允爲可信之史，前言之甚詳，史遷又何有誤讀正樂爲刪詩之理，方說純屬臆度之辭，不足採信。

㈣張壽林在古史辨詩經是不是孔子所刪定的一文中說：「況且先秦諸子中言及詩三百者尚多。如莊子說：『孔子誦詩三百，歌詩三百，弦詩三百。』墨子說：『儒者誦詩三百，歌詩三百。』荀子說：『詩三百，中聲所止。』」三子皆生在孔子之後，而身爲戰國時人，最接近孔子，他們祇認爲詩只有三百，也沒言刪詩一事，是孔子沒刪詩，是詩自古就是三百爲對，所以張氏據此相信孔子沒刪詩，詩自古就有三百篇的。」

以上一段是因爲張氏在古史辨所寫的文章太雜，把它濃縮起來的大概主張，他又引用了各家之說很多；余祇就他所引最古三子、莊子、墨子、荀子之說，而都沒提到刪詩的話，來作一解答。既然三子皆生在孔子之後，而身爲戰國時人，他們所說的詩三百；才能直接證明詩經孔子刪後到戰國時，只剩三百篇的概數了。他三人又不斷提出：誦詩、歌詩、弦詩等問題來，足證詩是經過孔子的整理，刪正，和音樂都已經配合好了，尤其是三子的所學皆導源自儒家，而後分別爲道家、墨家、儒家的。莊子的稱道孔子能誦詩三百、歌詩三百、弦詩三百，是說孔子能法道、法自然的意思。不料更直接證明了，所謂三百篇詩，是經過孔子下一番功夫整理、刪削後，才能誦、能歌、能弦的呀！至於墨子之學出自儒家而自立門戶，以反對儒家的主張了！因爲墨家主張非禮、非樂、非攻、兼相愛、交相利的關係，再努力挖苦儒家，才說出爲儒之苦處，必須誦詩三百，歌詩三百的，甚至墨子爲非樂主張的堅持，至朝歌城而不入，到了這種程度。偏偏正因爲墨子反對「儒者誦詩三百，歌詩三百，」才能正面證明了孔子刪詩理想達到了，而使眞正的詩、禮、樂合一了，而造成墨子的堅決反對。也證實了孔子的刪詩是一偉大成就。至於荀子則是孔子的七傳弟子，也是傳詩的大儒之一，孔子傳六藝給曾子及子夏，子夏及曾子又傳詩給曾元、曾申；曾申再將詩傳曾西、李克，李克再傳詩給孟仲子，孟仲子再傳詩給根牟子，根牟子再傳詩給荀卿。荀卿就成了儒家傳詩的一大宗派了。也成了詩的傳人之一。因爲他對詩最了解，也明白孔子刪詩傳詩的用意，是爲了「教化」，是爲了「政教合一」，爲了詩、禮、樂合一的目的，所以他才喊出「詩三百，中聲所止。」的斷語來。所謂「中聲所止」，乃是合乎詩的人性要求，能憤而不怒，哀而不怨，喜而不放，樂而不狂，達到卽發而「中節之和」的一種和祥之氣。又合乎禮的「中庸」之道，所冤除「過於不及皆非禮」的表現來。再合乎樂以補禮之不足的要求，樂乃和悅之聲，用以化民成俗，感人最深者。以音樂的天籟自然性來化人，無人不爲之化。以完成孔子德化禮治的目的。因此荀子提出「中聲所止」，正是說明孔子刪詩目的所在，是要達到「詩、禮、樂合一」的理想，而發揮垂教化的用心。所以荀子已對詩三百篇能有澈底的了解，才說出：「詩三百，中聲所止。」的道理來。綜合三子所言詩三百，以及不斷提出，誦詩、歌詩、弦詩的儒家傳詩主張，反而加强了孔子刪詩傳詩的實際決心和行動表現結果來。又表明了詩、禮、樂配合的意義，並不能證明詩古時就是三百篇和孔子沒刪詩。其次是張壽林在古史辨他這篇文中曾提到，因胡適之先生寫了一篇「談談詩經」文章中主張；三百篇並沒經過孔子的刪選，當孔子時代的古詩便已經有三百篇了，所以他才同意這一主張，這就變成人云亦云了！因爲胡適的主張也不完全都是對的。

㈤今人李崇遠在孔孟學說叢書詩經研究論集，孔子是否刪詩略述裏說：「客觀的說，司馬遷所生的時代，距離孔子不遠，其父司馬談曾受易經於楊何，遷又問書於孔安國，聞春秋於董生，講學在齊、魯一帶，對於孔門淵源至近，史記所說，按理應該可信；但仲尼弟子沒有傳，諸子傳記也沒有旁證，獨史遷一個人說出，實不能不令人懷疑。」李說大體來看研究路線很正確，也很客觀，也很了解司馬遷的學術淵源，按理是該相信爲對。後半的結語所持理由，就因刪詩一說弟子沒傳，諸子傳記沒有旁證，只有史公一人提出此一史實，成了孤證，而產生懷疑。爲什麼不查一查史記一百三十篇的可靠性，是不是司馬遷作的？要答案證明是「是」；作者的知識領域和生平足迹所及是否相符合？答案要證明再是「是」；作者對文中主題人物考查的是不是深入？答案證明還是「是」。因爲史記是被懷疑了，再查一查「地下出土史料和史記一百三十篇有關係的文章，是否有一篇和史記記載是吻合的？答案如果是「絕對相吻合」，那麼史記的記載便是信而可徵的「信史」了。孔子世家的文章也可信了。可惜的是李先生也是受了崔述晚年考信錄的修正說法影響「孔子時詩經就是三百篇。」再受古史辨張壽林的處理觀點影響，搬出來墨子、莊子、荀子的，誦詩三百、歌詩三百、弦詩三百的話，三子又距離孔子不遠，「那麼在孔子當時，也應該是三百篇。」的結論出來。爲什麼不再進一步想想，三子都是生在孔子刪詩之後，讀的就是孔子刪過後的詩呀。何況崔述對刪詩辨了一輩子，到了臨死的斷語是「故今於刪詩之說悉不敢載。」也就是用考信錄來否定他盛年的讀風偶識中的否定刪詩言論。

九、以逸詩來求徵刪詩

治學最重要的一環，就是要有實證，有實證後學之人始可憑信而不疑，因此以逸詩來求證刪詩，是一種惠而不費，又免費筆墨唇舌，也是最簡單最聰明最可靠的方法。

國語云：「正考父校商之名頌十二篇於周大師，以那爲首。」鄭司農云：「自考父至孔子又亡其七篇。」充分顯示出在正考父前商頌就已大部亡逸了，只剩下十二篇，正考父才親自跑到周大師那裏校對過，只剩下了十二篇是以「那」這篇開頭。但鄭司農（鄭玄）說在從正考父到孔子又不見了（亡）其中的七篇。這七篇亡詩，是值得研究的，又特別提到是自正考父到孔子又亡十二篇裏的七篇，因爲孔子在六十九歲時在杏壇教門徒，需要教材，再符合他一貫的主張「興於詩，立於禮，成於樂。」的「興禮作樂」宗旨，再達到他「託古改制」的政治理想。以「興於詩」作出發點，以達到他「立於禮」的政治設計「禮治」，而完成他的「成於樂」的「德化」宗旨「興禮作樂」。再者孔子先世是殷人，孔子卻嘗仕於周、魯，又標榜行「周公之禮」，澈底推行周初的宗法社會及封建制度；「商頌」本是用來敬頌殷人祖先的詩歌，在制度上講，自然有其互相齟齬不合的地方，殷人的紹統法是「兄終及弟」，周則「父死子繼」，在基本大法上就不能相容了，況在西周初年「三監之亂」，引起周公東征，建雒邑，軍管殷之頑民十萬，這諸多血的教訓，孔子能夠不有警惕嗎？如果把歌頌殷人祖先功德治術的十二篇商頌都搬出來在周朝使用，孔子還能在魯國教弟子嗎？孔子還能被孟子稱爲「聖之時者」嗎？所以孔子在選「古詩」的做教材教弟子時，不能不重視時代精神的需要，不能不刪選一番，於是「自正考父至孔子又亡其七篇，」的正當理由就找到了。那不是「亡其七篇」，那是後人爲孔子避諱刪了他祖宗傳下的七篇「商頌」而另設說辭而已。所以這七篇商頌可以判定是孔子刪的。

論語八佾篇所載：「子夏問曰：『巧笑倩兮，美目盼兮，素以爲絢兮。何謂也？』子曰：『繪事後素。』曰：『禮後乎？』子曰：『起予者商也。始可與言詩已矣！』」論語八佾篇邢昺疏：「正義曰：前篇論爲政，爲政之善，莫善禮樂，禮以安上治民，樂以移風易俗，得之則安，失之則危，故此篇論禮樂得失也。」朱熹論語集注亦指爲八佾篇載二十六章「皆論禮樂之事」。正義曰：「此章言成人須禮也。子夏問曰：巧笑倩兮，美目盼兮，素以爲絢兮；何謂也？……言莊姜既有巧笑美目倩盼之容，又能以禮成文絢然。素喻禮也。」此問，夫子荅以「繪事後素」。正義曰：「凡繪畫先布衆色，然後以素分布其間，以成其文。喻美女雖有倩盼美質，亦須禮以成之也。」子夏於是解孔子之意，知以素喻禮，故曰「禮後乎」的話，始得孔子的稱贊，並許與卜商論詩的話。而馬融、鄭玄等人皆明指今毛詩碩人篇沒有「素以爲絢兮」一句，「故曰逸，言亡逸也。」朱熹指爲逸詩。愚以爲不是無故而逸，此句蓋爲孔子刪詩時爲配合正樂，使三百五篇，都能依樂譜而弦歌之，而能成爲入樂的詩，而合理的删去。不信請看今日毛詩碩人四章，變成爲每章七句之原文，正好是整齊排列成爲四七二十八句，可以用同一樂譜和聲歌誦，每七句一章，反復四遍而終篇樂止，盡美盡善，這是删去「素以爲絢兮」一句的第一理由。所以引今天毛詩碩人篇的原詩如下作參考。

碩人其頎，衣錦褧衣，齊侯之子，衞侯之妻，東宮之妹，邢侯之姨，譚公維私。

手如柔荑，膚如凝脂，領如蝤蠐，齒如瓠犀，螓首蛾眉，巧笑倩兮，美目盼兮。……

碩人敖敖，說于農郊，四牡有驕，朱幩鑣鑣，翟茀以朝，大夫夙退，無使君勞。

河水洋洋，北流活活，施罛濊濊，鱣鮪發發，葭菼揭揭，庶姜孽孽，庶士有朅。

若非經過删節了「素以爲絢兮」一句，以及潤飾過，怎麼能夠這樣修美呢？前幾章已經講過了，孔子自衞返魯，時魯已禮衰樂崩，詩經零亂，不合禮制要求，於是孔子才主張「興於詩，立於禮，成於樂。」孔子則删詩授徒。同樣時代晉平公也有類似的事故發生。在國語上晉語記有：「晉平公說新聲，師曠曰：『公室其將卑乎！君之明兆衰矣！夫樂，以開山川之風，以耀德於廣遠也。風德以廣之；風山川以遠之；風物以聽之；修詩以詠之；修禮以節之，夫德廣遠而有，時節、是以遠服而邇不遷。』」師曠說舊樂「修詩以詠之，修禮以節之，」可見新聲是不合乎詩，不合於禮，可以專當音樂聽，不能做別的應用的。師曠「修詩」的理想也就等於，孔子的删詩正樂相同。所以古史辨顧頡剛在「孔子對于詩樂的態度中講述極詳，終結詩是入樂的，可以參考證明。由此也可以證明春秋時代，對於興詩、删詩、修詩；正樂、成樂、作樂；立禮、修禮、訂禮諸問題，史官、大師、樂正、大常、冢宰、太宰等人物都特別重視，所以孔子教弟子爲政時，便以興禮作樂，德化禮治爲主要課題，不是後世人猜想或臆度所能理解到的，什麼刪詩，沒刪詩的大懷其疑，多見其强古從今的文化幼稚病而已。

又見論語子罕篇所載逸詩一篇，爲今日毛詩所不見載者，於此孔子大加糾正之矣。原文爲：「唐棣之華，偏其反而，豈不爾思，室是遠而。」子曰：「未之思也，夫何遠之有？」可見此詩亦非無故而亡佚，實在是被孔子刪了。此又得一據了。所以愚以爲孔子刪詩之說可信。至於驗之他書刪詩的痕迹還更不在少數，詳徵其刪都有道理。

歐陽修說：「刪詩云者，非止全篇刪去，或篇刪其章，章刪其句，句刪其字。如：『唐棣之華，偏其反而，豈不爾思，室是遠而。』此小雅唐棣之詩；夫子謂其以室爲遠，害於兄弟之義，故篇刪其章也。『衣錦尙絅，文之著也。』此鄘風君子偕老之詩。夫子謂其盡飾之過，恐其流而不反。故章刪其句也。『誰能秉國成，不自爲政，卒勞百姓，』此小雅節南山之詩，夫子以『能字爲意之害，故句刪其字也。』細玩其意在求整齊化一而已。總之詩在孔子時代以前是必須入樂的，所以莊子說：「孔子誦詩三百，歌詩三百，弦詩三百。」假如就把一些古詩拿來不加刪詩整正一番就用，那能誦、能歌、能弦嗎？那不成了亂七八糟的亂喊亂叫才怪呢！還講什麼「誦詩三百、授之以政」呢？因此朱熹說：「王迹熄而詩亡，其存者謬亂失次，孔子自衞返魯，復得之它國以歸，定著爲三百篇。」於是逸詩中求得刪詩之眞諦，誠然是一條惠而不費的捷徑，也是最可令人相信的研究途徑。

逸詩散在群籍中者，數目非常多，據余培林群經引詩考所述；左傳引詩二百三十四條，逸詩十三條；禮記引詩一百零三條，逸詩三條。論語引詩六條，逸詩二條。孝經引詩十條無逸詩。

按孔孟學說叢書，詩經研究論集所載，劉克雄據先秦諸子引詩論孔子刪詩之說一文，結論宣稱：「諸子引詩，計儒家宴子二十條，與今詩文同者十一條，與今詩文異者八條，逸詩一條。子思子六十九條，內與詩文同者三十四條，與詩文異者三十三條，逸詩二條。曾子四條，內與詩文同者三條，與詩文異者十二條，逸詩一條。孟子三十五條，與詩文同者二十二條，與詩文異者十二條，逸詩一條。荀子八十三條，內與詩文同者五十六條，與詩文異者二十條，逸詩七條。道家管子二條，與詩文異者一條，逸詩一條。莊子一條爲逸詩。法家韓非子四條，內詩文同者一條，與詩文異者三條。墨家墨子九條，內與詩文同者二條，與詩文異者四條，逸詩三條。雜家呂氏春秋十八條，內與詩文同者七條，與詩文異者六條，逸詩五條。」再爲其合計各家引用共三百四十八條，與詩文同者計一百三十六條，與詩文異者九十一條，逸詩二十一條（不見於三百篇）。故其推論馬遷孔子刪詩說爲1.古詩三千餘篇之數不可信。2孔子確曾刪詩。「三千之數雖不可信，司馬遷孔子刪詩之說，則昭昭然有確證焉。」道家引逸詩多於儒家，爲其理由。論語子罕：「子曰：『吾自衞反魯，然後樂正，雅、頌各得其所。』」古詩與樂合，正樂合，正樂亦所正詩也。爲政子曰：「詩三百，一言以蔽之，曰思無邪。」三百篇果未經孔子刪定，如何而能盡合「思無邪」之教哉？又引其師白季彭詩經音樂文學考，論馬遷孔子刪詩之說，說：「詩經一書之由孔子整理纂輯，當爲不爭之事實，問題唯在其存亡之數字而已。」其認爲是「信而有徵，可謂的論。」（註四八）

如果再補以愚本文前述：「地下史料印證史記可信說」及「馬遷使用數字認眞看出史記確有古史可據說」，以及劉引逸詩實不能包括群經所引者之數爲事實理由，況馬遷嘗明言：「古者詩三千餘篇」是孔子所見篇數，經刪已不再傳，又何能從群經諸子中綴補其滿天繁星呢？所以愚以爲：史記孔子世家所載：「古者詩三千餘篇，及至孔子，去其重，取可施於禮義，上采契、后稷，中述殷、周之盛，至幽厲之缺。始於衽席，故曰關雎之亂，以爲風始；鹿鳴爲小雅始；文王爲大雅始，清廟爲頌始；三百五篇，孔子皆弦歌之，以求合韶、武、雅、頌之音。」一節記載，是完全信實不欺，落實可靠，完美有徵的良史之言。

十、孔子刪詩始末的蠡測

刪詩的目的，是孔子追求「詩、禮、樂一體」「爲政行教」「興禮作樂」的理想實踐——

孔子從哀公十一年，周敬王三十六年，公元前四八四年，六十九歲，國際的局勢不靖，齊伐魯不克，吳伐齊，冉求帥魯右師禦齊，孔子有意回國；這時子貢在外交上折衝於吳、齊兩大之間，頗有成就，冉求既會理財，又會帶兵。齊伐魯，冉求率兵應戰，大獲全勝，連有若都不計名分，請求做敢死隊，以救危邦之難。哀公、季康子一干君臣都被感動，這也可以說是孔子的教育思想的成功。冉求、子貢請哀公將孔子接回魯國，季康子不能不借重孔子的影響力，來指導國家政治，於是敦促孔子回國。孔子返國後不再求仕，謹以元老政治家及賓師身份，側面襄助政府。所以哀公問政，孔子答以「政在選臣」。季康子問政，則答以「擧直錯諸枉，能使枉者直。」這完全是老臣謀國的口氣。季康子患盜，孔子說：「苟子之不欲，雖賞之不竊。」季康子說：「如殺無道，以就有道何如？」孔子說：「子爲政焉用殺？子欲善，而民善矣，君子之德風，小人之德草，草上之風，必偃。」這種愛民如子的心，教人爲善之志，就是他基本爲政行教的理想。

孔子自衞返魯後直到逝世，在這五年中，雖不汲汲於求仕，親身爲政行教；但目睹世事陵夷，人民疾苦，再看天子不能親政，吳越爭覇，中原離亂，諸侯各自爲政，周室衰微不如小侯，禮樂廢，詩書缺；就連他離開十四年的魯國，也遠不及他做大司寇攝相事時的「政教禮樂」了！放眼後世怎不憤慨，他一生對修齊治平之道，已懷成竹在胸，已知興禮作樂的理想不能行之自身，但必培植繼起之後輩，造就出無數個代替興禮作樂的傳人，來執行這一偉大的禮治德化理想，以恢復西周初年的「王道政治」。所以孔子以「不怨天，不尤人，下學而上達，知我者天乎！」的悲憤心情，一反過去的「述而不作」的態度，更進而積極於著且述了！於是他開始刪詩書，訂禮樂，贊周易，著春秋，傳孝經。眞正是爲傳教化而犧牲奮鬥了！是明知其不可爲而爲。

周代人的用詩在大夫士到侯伯君王，應對進退皆有用詩作比喻或暗示以及印證的高尚雅與與習慣，這種習慣遠在西周初葉就已經養成，並不是到孔子時才開始推行「詩教」的，有關這一點道理，顧頡剛在古史辨第三冊下篇三百篇問題，「周代人的用詩」中有非常可取的詳盡交待。他說了這麼一段話：「我們要看出詩經的眞相，最應研究的就是周代人對於詩的態度。詩經裏有許多祀神敬祖的詩，有許多燕樂嘉賓的詩，有許多男女言情的詩，又有許多流離疾苦的詩。」並引用了很多詩的實例作證。所以說孔子要恢復東周頹風，非使用「興禮作樂」的手段不可，也得利用「詩教」來轉移政風和民俗。所以孔子在平時就提倡雅樂，自己也會彈琴、鼓瑟、歌詩。至於他「興禮作樂」的先後次序，在泰伯篇說：「子曰：『興於詩，立於禮，成於樂。』」首先要知道的是，在這章裏說的很透澈，始於興詩，終於成樂，詩樂的配合，重要的基礎還是建立在禮上面。孔子所言之禮有三義，那是：理、法、分。也等於說是理、法、情為重心。所以論語述而篇記有：「子所雅言；詩、書、執禮，皆雅言也。」這正說明孔子在詩、禮、史上都有高水準的修養；同篇又記孔子在齊國觀賞舜的韶樂的一段故事：「子在齊聞韶，三月不知肉味，曰：『不圖為樂之至於斯也！』」專心學舜的韶樂，在這三個月中都無心食肉了！可見孔子篤好音樂到了如醉如痴的程度。概所謂「愛之者，不如好之者，好之者不如樂之者。」的緣故。孔子追求「興於詩，立於禮，成於樂。」的用心更臻化境，能隨地取材，隨時吸取經驗和教益，也作到「三人行必有我師焉，擇其善者而從之，其不善者而改之。」的境界。同篇又載有：「子與人歌而善，必使反之，而後和之。」可見他對詩歌音樂已學術化、生活化、德性化了！孔子也眞是周的「樂詩復興者。更重要的是他把興詩、立禮、成樂合一化變成了責任感」。

其次就是孔子爲了培育「詩教」的傳人，常常鼓勵子弟、弟子學詩的興趣或督促勤於學詩學禮的誘導。季氏篇載有：「陳亢問於伯魚曰：『子亦有異聞乎？』對曰：『未也。嘗獨立，鯉趨而過庭。曰：學詩乎？對曰：未也。不學詩無以言。鯉退而學詩。他日又獨立，鯉趨而過庭。曰：學禮乎？對曰：未也。不學禮無以立。鯉退而學禮。聞斯二者。』陳亢退而喜曰：『問一得三：聞詩、聞禮，又聞君子之遠其子也。』」這章宗旨還是學詩、學禮，因學詩可以暢所欲言，學禮可以立身行道。又陽貨篇載：「子謂伯魚曰：『女爲周南、召南矣乎？人而不爲周南、召南？其猶正牆面而立也。』」因周南、召南二章乃正人倫美敎化的詩篇，所言皆常人修身齊家之事，不學猶面牆而立寸步不前了！由此觀之，孔子視周南、召南二章乃常人修身齊家的道理而已，並沒講什麼文王聖人的大道理。樂、詩也不過是敎人做正常人。陽貨篇又載：「子曰：『小子，何莫學夫詩？詩可以興，可以觀，可以群，可以怨；邇之事父，遠之事君；多識於鳥獸草木之名。』」此蓋詩可以感發意志，考見得失，和而不流，怨而不怒，人倫之道無所不備，可大可小，小大由之。最後還可以增廣見識，瞭解宇宙奧密。同篇又載子游做武城宰事：「子之武城，聞弦歌之聲，夫子莞爾而笑曰：『割鷄焉用牛刀！』子游對曰：『昔者偃也，聞諸夫子曰：君子學道則愛人，小人學道則易使也。』子曰：『二三子，偃之言是也，前言戲之耳！』」此章雖有戲言，但深明治術雖有大小，而其治者之要，必用禮樂，民始能安居樂業。

子路乃四科政事弟子，向孔子請益，對學詩之多寡有所懷疑，因爲政執事斷頭折衝於樽俎之間，必用語言，不學詩，或學而不博，憂慮將無以應對。所以想多學些詩，打破孔子經常標榜的三百篇詩的極限，而有此一問，孔子率直以告。見子路篇，子曰：「誦詩三百，授之以政，不達，使於四方，不能專對；雖多，亦奚以爲？」詩固然有助於辭令，便於爲政，然學詩不通於事理人情，一旦出使各國，不能對一專題應對化解，學的篇數再多，又有什麼好處？學詩乃貴乎實際應用。可見孔子不待返魯後刪詩爲三百五篇；平素教導弟子學詩早有成規了！朱熹注說：「詩本人情，該物理，可以驗風俗之盛衰，見政治之得失，其言溫厚和平，長於風諭；故誦之者，必達於政而能言也。」所選的詩可見都是在各種政治場合可以自由運用的作品，偏激奇異的詩實無濟於世事的。程子曰：「窮經將以致用也。世之誦詩者，果能從政而專對乎？然則其所學者，章句之末耳！此學者之大患也！」本章不是孔子歸魯刪詩過後之語，因子路已留衞與孔子分手至死不再還魯了。

再其次就是孔子主張詩樂與禮合一，也是正名位的用意，正名也是孔子學說之一，要正名就必須守禮安分。因此孔子反對在祭祀燕享時，誦詩及樂舞不按名分而僭越。諸侯都不可用天子的樂舞，在魯國三家大夫以陪臣身分竟敢僭用天子的禮數排場，在庭舞八佾，孔子看到後非常生氣，事載於八佾篇：「孔子謂：『季氏八佾舞於庭，是可忍也，孰不可忍也！』」朱熹說：「佾，舞列也。天子八，諸侯六，大夫四，士二，每佾人數如其佾數。」所以孔子執禮非常謹嚴，不事誇張，也主張「過與不及皆非禮也」、「與其奢也甯儉。」凡事務求合乎「中庸之道」，以免過分越禮，而造成反常現象。同篇記有：「三家者以雍徹，子曰：『相維辟公，天子穆穆，奚取於三家之堂。』」朱熹注：「三家，魯大夫，孟孫、叔孫、季孫之家也。雍，周頌篇名。徹、祭畢而收其俎也。天子宗廟之祭，則歌雍以徹，是時三家僭而用之。相，助也。辟公、諸侯也。穆穆，深遠之意，天子之容也。此雍詩之辭，孔子引之，言三家之堂，非有此事，亦何取於此義而歌之乎？譏其無知妄作，以取僭竊之罪。」同篇又載：「子曰：『人而不仁，如禮何？人而不仁，如樂何？』」朱熹注：「游氏曰：人而不仁，則人心亡矣，其如禮樂何哉？言雖欲用之，而禮樂不爲之用也？」同篇又載：「林放問禮之本。子曰：『大哉問！禮與其奢也，寧儉。喪與其易也，寧戚。』」朱熹注：「易、治也。孟子曰：易其田疇，在喪禮，則節文習熟，而無哀痛慘怛之實者也。戚則一於哀，而文不足耳！禮貴得中。奢易則過於文；儉戚則不及而質，二者、皆未合禮，然凡物之理，必先有質而後有文，質則禮之本也。」愚以爲凡用禮樂，應取乎視實而用。祭禮更不該敷張過分，與其爲子女者敬不足而禮有餘，不若禮不足而哀有餘爲是。然則孔子二十八歲即以「知禮」名揚國際，所以他將詩、禮、樂三者冶爲一爐，用以教民成俗，實乃前所未有，因此談「刪詩」也好、「正樂」也好、「習禮」也好，與其不知也，勿寧斷章取義，而傷「刪詩」的史實，而害孔子形相，而陷孔子於不義。

進一步孔子在提倡雅樂樂詩之餘，極力排斥淫詩淫聲不遺餘力，目的也在「興禮作樂」最終走向「刪詩」之路，宗旨也在「興禮作樂」。非謹拘限於要求詩、樂水準、品質、格調而已。

八佾：「子曰：『關雎樂而不淫，哀而不傷。』」

周南國風詩的首篇，男大當婚，女大當嫁。婚姻乃人倫之始，固無一定方式，但求偶爲結合的固定必經的過程。求則得之，捨則失之！求則雖不一定有助於得，不求則終無獲得之時。當其求之不得之時，雖聖賢君子，也不能無寤寐反側之憂；求而得之，應當有琴瑟鐘鼓之樂。此君子小人並無差別人性情之常理，所以匡衡指爲「正人倫美教化」之詩。關雎固當列爲樂詩雅樂之冠，婚禮之正用。孔子大加推崇。

泰伯篇：子曰：「師摯之始，關雎之亂，洋洋乎，盈耳哉！」朱熹注：「師摯，魯樂師名摯也。亂，樂之卒章也。史記曰：『關雎之亂，以爲風始。』洋洋，美盛意。孔子自衛反魯而正樂，適師摯在官之初。故樂之美盛如此。」愚以爲考之微子篇，師摯演奏關雎篇樂事當在孔子爲大司冠攝相事之時爲是，所以孔子返魯太師摯已適齊。

八佾篇：「子謂韶，盡美矣，又盡善也！謂武，盡美矣，未盡善也！」韶、爲舜樂，武、爲周武王樂。朱熹注：「然舜之德，性之也。又以揖遜而有天下；武王之德，反之也。又以征誅而得天下。故其實有不同者！」但程子曰：「征伐非其所欲，所遇之時然爾。」總之孔子聽舜之樂則稱「盡美盡善」，聽武王之樂則但言盡美，而未其盡善之贊。蓋以禮衡量的結果，禮者理也。是詩樂不可離理的緣故而已。後孔子疾雅樂的敗壞，於是開始斥淫聲之不當。

衛靈公篇：「顏淵問爲邦。子曰：『行夏之時，乘殷之輅，服周之冕，樂則韶舞；放鄭聲，遠佞人；鄭聲淫，佞人殆。』」治國的方策，「行夏之時」非僅限「夏以寅爲人正」說而已，夏曆二十四節令能和四時相配，取其多宜於農事，蓋民以食爲天的實利而言。「乘殷之輅」朱熹注：「商輅、木輅也，輅者大車之名。」蓋厭周人之輅飾以金玉，過於奢侈，不如商輅，純以木造，樸素渾堅而耐久，注重實用而已。「服周之冕」，以周之冠冕以禮而制作，代表文化的進步而已。取其華而不靡，費而不及奢，而能唐皇合度。「樂則韶舞」，韶乃舜之樂舞。誦詩歌，依管弦，合舞蹈；詩、樂、舞三者滙爲正聲巨流，實盡美盡善作品。所以孔子皆採取其求治之意。唯對「鄭聲」作其「淫逸浮濫」有害雅樂，故放之。「佞人」巧言令色，無節乏善，奸狡詭詐，虛僞缺德，不可接近，有國者必遠離小人爲是。所以孔子斥「鄭聲淫」，非僅言鄭多淫詩而已，乃「删詩」觀念的肇端；至於鄭詩何以不删？乃夫子存爲戒鑑而已。正如顧炎武所說：「是以桑中之篇，溱、洧之作，夫子不删，志淫風也。」至微子篇所載：「齊人歸女樂，季桓子受之，三日不朝，孔子行。」這時值孔子在魯爲大司寇，攝行相事，齊人懼孔子的「興禮作樂」魯如勃興，有害於齊，以術詛孔子爲政，特送女樂人給魯君觀賞，以靡其心志，至齊計得售，孔子離開魯國，週遊十四年之久，所如不遇，終於哀公十一年自衞返魯，不再求仕，爲垂教化，放眼後世而爲子孫之教澤計，廣收弟子，培植文化傳人，而删詩書，訂禮樂，立不朽的雅言。

子罕篇：「子曰：『吾自衞返魯，然後樂正，雅、頌各得其所。』」朱熹注：「魯哀公十一年冬，孔子自衞返魯，是時周禮在魯，然詩、樂亦頗殘闕失次，孔子周游四方，參互考訂，以知其說；晚知道終不行，故歸而正之。」在孔子返魯時，魯的樂官知名者，也四散他適各邦。

微子篇：「大師摯適齊，亞飯干適楚，三飯繚適蔡，四飯缺適秦，鼓方叔入於河，播鼗武入於漢，少師陽，擊磬襄入於海。」襄，就是孔子從而學琴者。可知孔子返魯眞是禮衰樂崩了！這時孔子居於杏壇和後進弟子子游、子夏、先進弟子子貢諸賢，重新整理詩樂，該刪則刪，應訂正就訂正。所以才有八佾篇：「子夏問曰：『巧笑倩兮，美目盼兮，素以爲絢兮，何謂也？』子曰：『繪事後素。』曰：『禮後乎？』子曰：『起予者商也！始可與言詩已矣！』」的正確而可徵信的「刪詩」記載實例出現。以及前述子游做武城宰的一段「興禮作樂」史事出現。更於學而篇中和子貢問對，允與言詩實情。學而篇載：「子貢曰：『貧而無諂，富而無驕，何如？』子曰：『可也。未若貧而樂，富而好禮者也。』子貢曰：詩：『如切如磋，如琢如磨。』其斯之謂與？子曰：『賜也，始可與言詩已矣，告諸往而知來者。』」

固然貧而無諂容難，貧而樂行先王之道更難；富而無驕態不易，富而好「興禮作樂」尤其不易！切磋琢磨乃彰詩經爲學日益的奧義，所以孔子允與談論詩樂，因其能發明詩理。和子夏的「禮後乎」之論是同工異曲，各有所見，與孔子談詩，雖一鱗半爪，已見夫子與弟子確嘗論詩。

綜觀前述諸考知孔子「刪詩」既成而後，爲詩下一斷語評結，那就是爲政篇所載：「子曰：『詩三百，一言以蔽之，曰：思無邪。』」

朱熹注：「詩三百十一篇，言三百者，舉大數也。蔽猶蓋也。思無邪，魯頌駉篇之辭。凡詩之言，善者可以感發人之善心；惡者可以懲創人之逸志。其用歸於使人得其性情之正而已。然其言微婉，且或各因一事而發，求其直指全體，則未有若此之明且盡者；故夫子言詩三百篇，而惟此一言足以盡蓋其義，其示人之意亦深切矣。」程子曰：「思無邪者，誠也。」

總之司馬遷史記孔子世家所說「刪詩」一事：「古者詩三千餘篇，及至孔子，去其重，取可施於禮義，上采契、后稷，中述殷、周之盛，至幽、厲之缺，始於衽席。故曰：關雎之亂，以爲風始；鹿鳴爲小雅始；文王爲大雅始，清廟爲頌始。三百五篇，孔子皆弦歌之，以求合韶、武、雅頌之音，禮樂自此可得而述，以備王道，成六藝。……孔子以詩、書、禮、樂教弟子，蓋三千焉，身通六藝者七十有二人，如顏濁鄒之徒頗受業者甚衆。」經此番反復詳考博引求徵，可謂信史，後學實不可再妄加誣陷於太史公爲言之不眞了。

十一、結　論

司馬遷所著史記孔子世家載有孔子「刪詩正樂」的史事，歷來學著大多人深信不疑，自從淸代史學家崔述盛年所撰讀風偶識反對孔子「刪詩」的異議一出，民國以來學者有一部分人著文應聲，頓使崔說喧囂不已，充斥學術界，造成衆口鑠金掩蓋了正論。其實「刪詩」一辭也並不是出自史遷孔子世家文中，但經崔述的責任轉加，讓本來就敏感的學者，更敏感了！就變成了孔子沒說過「刪詩」二字，孔子就沒「刪詩」；就是眞的刪了詩，沒說也不算數。同理孔子沒寫自傳留傳後世，孔子也不是孔子嗎？就沒有一個人冷靜的深思過這個問題。就算崔述說「孔子刪詩孰言之？孔子未嘗自言之也，史記言之耳。」第一、崔述講的話可靠嗎？根據什麼講出孔子未嘗自言之？他說史記言之你就相信是嗎？那麼聽話？怎麼不查查史記有沒有說過「刪詩」一辭？如果是沒說過，豈不是崔述誤賴了史記嗎？第二、孔子也沒說過「我沒刪詩」呀？史記也沒說過「孔子沒刪詩」呀？那麼「孔子沒刪詩」的話是誰說的呢？是崔述說的。同樣我們也指出，「學者不信孔子所自言，而信他人之言，甚矣其可怪也。」其實經過我們前述各節多方的求徵，已知崔說不對。拿崔述晚年臨終所修正的洙泗考信錄「辨刪詩之說」一文的結論：「故今於刪詩之說悉不敢載」作證，我想他一定發覺自己過去駁斥史記孔子刪詩說的錯誤所在，才有這種痛定思痛的追悔結論。其實就算史記說孔子刪詩，崔述又怎能指證出來史記說的不對？當然孔子也說過比「我刪過詩」更切實的話；史記也說了更深入的孔子刪詩的詳盡史事。請問又有什麼不對的地方呢？孔子說：「學而不思則罔，思而不學則殆。」論語爲政篇這章書的道理，不是一般學者的南針嗎？學了若不運用思考等於白學；祇是一味的空想，不去學習古聖先賢的善道，那就危險了。

由於朱自清用文章引出司馬遷生平的自白，作史記蒐集前人舊文舊聞，欲承其先人遺志，以及家學淵源「余先周史之太史也。自上世常顯功名於虞、夏，典天官事……先人所次舊聞弗敢闕。」再加上行萬里路，讀了萬卷書，受盡宮刑折磨又不死，爲的就是寫完這一百三十篇的史記，以待後世有學養的人來評鑑，而爲歷史作證。又因史記被懷疑，必須表明作者的人格偉大，不能以小人之心度君子之腹，史公的文章一定可信。更以「地下史料」證明史記記載眞實有依據。文章中的數字報道認眞有據，絕非濫言可比。相信孔子刪詩的說法雖多，終以顧炎武說爲最恰當概括，針針見血，無隙可捉。

即使崔述早生一百餘年，遇到顧氏，也自有心服口服。再以逸詩作直證，即使疑古之人尚有良知在，也只有點頭而已。最終將孔子刪詩過程，一一排列，件件求徵，以彰其刪詩的目的，而揭出孔子追求「詩禮樂一體」、「為政行教」、「興禮作樂」的理想實踐目標來。而他這詩禮樂一體理想形成的遠因，就是受孔子少年時代，在魯傳聞不已的吳季札歷聘各國，至魯觀易象、觀樂與魯春秋等佳話的影響，現記在左氏傳的季札觀樂（註四九）曰：

「請觀於周樂，使工為之歌周南召南；曰：『美哉！始基之矣，猶未也；然勤而不怨矣！』為之歌邶、鄘、衞；曰：『美哉淵乎！憂而不困者也。吾聞衞康叔、武公之德如是，是其衞風乎！』為之歌王曰：『美哉！思而不懼，其周之東乎？』為之歌鄭曰：『美哉！其細已甚，民弗堪也，是其先亡乎？』為之歌齊；曰：『美哉！泱泱乎大風也哉！表東海者，其太公乎？國未可量也。』為之歌豳；曰：『美哉蕩乎！樂而不淫，其周公之東乎？』為之歌秦；曰：『此之謂夏聲，夫能夏則大，大之至也，其周之舊乎？』為之歌魏；曰：『美哉渢渢乎！大而婉，險而易行。以德輔此，則明主也。』為之歌唐；曰：『思深哉！其有陶唐氏之遺民乎？不然，何憂之遠也？非令德之後，孰能若是？』為之歌陳；曰：『國無主，其能久乎？』自檜以下無譏焉。……」觀此十五國風，吳季札已評鑑十三國風了，所未表意見的只剩檜、曹二國，是不足觀而無贊無譏。一面也可以測知古詩三千餘篇，季札聘魯觀樂正值襄公之世，一千名樂師全在魯國，因受聘魯時限，也不能篇篇盡觀其詳，蓋舉其犖犖大者而觀之而已！然已足說明古詩是「詩、禮、樂」一體化的無疑。為了達到「為政行教」目標，古詩三千餘篇，實在太浩瀚無際，並兼孔子自衞返魯，已至哀公之世，齊魯交戰之餘，樂師四散，詩篇零亂，祭祀大典已無可循禮序規範，孔子將周游十四載，在外搜集所得，加上原有篇章，詩非重新整理刪減不可，以完成其宿願，「誦詩三百，授之以政，不達，使於四方，不能專對，雖多，亦奚以為！』所以要刪，要大修，要大創，俾達到其「為政行教」目標。「刪詩」最終目標，志在使詩易於傳播於後世，以垂教化於將來，使其理想完成在其傳人之手，唯藉「刪詩」而減輕傳人的記憶上、學習上的負擔和困擾，又能廣為應用，面面俱到，才能輕鬆愉快的達到他「興禮作樂」的永恆目標。也就是貫徹孔子「興於詩，立於禮，成於樂（註五〇）」的主張。

【附註】

註一　司馬遷撰史記卷四十七，孔子世家第十七，頁一六三，臺北市開明書店民國二十三年鑄版，民國五十年影印本。

註二　司馬遷撰史記卷四十七孔子世家第十七，頁一六三，臺北市開明店民國二十三年鑄版，民國五十年影印本。

註三　班固撰，顏師古注，漢書卷三十，藝文志第十　，頁四三三，臺北市開明書店民國二十三年鑄版，民國五十年影印本。

註四　姚祖恩編著史記菁華錄；朱自清撰讀法指導大概，頁一。臺北市聯經出版事業公司印行重印本，民國六十六年初版六十九年三版。

註五　同前註

註六　姚祖恩編著史記菁華錄，朱自清撰讀法指導大概，頁二一—三。臺北市聯經出版事業公司重印本，民國六十六年初版，六十九年三版。

註 七 同前註，頁三十五。

註 八 錢穆著先秦諸子繫年上册，攷辨卷一，七、孫武辨頁十二。香港大學出版社，民國二十四年商務印書館初版，民國四十五年香港再版。

註 九 錢穆著先秦諸子繫年上册，卷三，攷辨八十五，田忌、鄒忌、孫臏攷頁二六〇—二六三。香港大學出版社出版，民國二十四年，商務印書館初版，民國四十五年香港再版。

註一〇 司馬遷撰史記卷六十五孫子吳起列傳第五、頁一八二。臺北市開明書店民國二十三年鑄版，民國五十年影印本。

註一一 河洛圖書出版社編輯部，夏學新編〇〇三，竹簡兵法，孫臏兵法和孫子兵法的殘簡書影，簡介竹簡兵法頁一—二，並殘簡書影照片十六頁全部，臺北市河洛出版社發行，民國六十四年臺灣排印初版。

註一二 司馬遷撰史記卷四十七，孔子世家第十七，頁一六三。臺北市，開明書店民國二十三年鑄版，五十年影印本。

註一三 清王鴻緒編，詩經傳說彙纂卷首下，綱領，頁二。臺北市鐘鼎文化出版公司借印並發行，原國立臺灣大學藏本。不直引原書概取意此說已爲清人廣泛之肯定，經查與原著相符。

註一四 司馬遷撰史記卷四十七孔子世家第十七頁，頁一六三。臺北市開明書店民國二十三年鑄版，五十年影印本。

註一五 孔繼汾纂輯闕里文獻考，卷二世系二，頁十三。臺北市，鐘鼎文化出版公司出版，民國五十六年國立中央圖書館藏本借印，「凡所教誨束修以上，蓋三千餘人。」

註一六 司馬遷史記卷七十七，信陵君列傳第十七，頁二〇〇。臺北市開明書店民國二十三年鑄版，五十年影印本。

註一七 司馬遷史記卷七十五，孟嘗君列傳第十五，頁一九七—一九八，臺北市開明書店民國二十三年鑄版，五十年影印本。

註一八　司馬遷史記卷七十六，平原君虞卿列傳第十六，頁一九九－二〇〇。臺北市開明書店民國二十三年鑄版，五十年影印本。

註一九　司馬遷史記卷七十八，春申君列傳第十八，頁二〇一－二〇二。臺北市開明書店民國二十三年鑄版五十年影印本。

註二〇　司馬遷史記卷六秦始皇本紀第六，頁二十三－二十八。臺北市開明書店民國二十三年鑄版五十年影印本。

註二一　司馬遷史記卷七項羽本紀第七，頁二十九－三十二。臺北市開明書店民國二十三年鑄版五十年影印本。

註二二　司馬遷史記卷七項羽本紀第七，頁三十二。臺北市開明書店民國二十三年鑄版民國五十年影印本。

註二三　司馬遷史記卷八高祖本紀第八，頁三十二。臺北市開明書店民國二十三年鑄版民國五十年影印本。見史記高祖本紀索隱：「按漢書名邦，字季，此單云字亦又可疑。按漢高祖長兄名伯，次名仲，不見別名，則季亦是名也？」愚以爲伯、仲、季乃兄弟長幼排行次序之稱。

註二四　司馬遷史記卷五十四曹相國世家第二十四，頁一七〇。臺北市開明書店民國二十三年鑄版五十年影印本。

註二五　司馬遷史記卷五十五留侯世家第二十五，頁一七一－一七二。臺北市開明書店民國二十三年鑄版，五十年影印本。

註二六　司馬遷史記卷七十五孟嘗君列傳第十五，頁一九八。臺北市開明書店民國二十三年鑄版五十年影印本。

註二七　司馬遷史記卷七十七信陵君列傳第十七，頁二〇〇。臺北市開明書店，民國二十三年鑄版五十年影印本。

註二八　司馬遷史記卷八十一廉頗藺相如列傳第二十一，頁二〇六。臺北市開明書店民國二十三年鑄版五十年影印本。

註二九　司馬遷史記卷八十六刺客列傳第三十六，頁二一三。臺北市開明書店民國二十三年鑄版五十年影印本。

註三〇　司馬遷史記卷一百九李將軍列傳第四十九，頁二四三。臺北市開明書店民國二十三年鑄版五十年影印本。

註三一　司馬遷史記卷一百三十太史公自序第七十，頁二七八－二八一。臺北市開明書店民國二十三年鑄版五十年影印本。

註三二　班固撰前漢書卷三十藝文志第十，頁四三三，臺北市開明書店民國二十三年鑄版五十年影印本。

註三三　清王鴻緒編詩經傳說彙纂卷首下綱領頁二。臺北市鐘鼎文化出版公司借印並發行，原屬國立臺灣大學藏本，民國五十六年本。不引原書乃經查對相符，並取意此說爲清學人所忍同。

註三四　同前註。

註三五　同前註。

註三六　同前註。

註三七　清王鴻緒編詩經傳說彙纂卷首下綱領頁三。臺北市鐘鼎文化出版公司借印並發行，原屬國立臺灣大學藏本，民國五十六年本。

註三八　同前註。

註三九　同前註，「綱領頁五」。

註四〇　顧炎武撰原抄本日知錄，卷三、孔子刪詩，頁六〇。臺北市文史哲出版社印行，民國六十八年出版。

註四一　顧頡剛編著古史辨第三冊下編一四〇，張壽林：「詩經是不是孔子所刪定的？」頁三七六例擧元人馬端臨文獻通考孔子刪詩，臺北市明倫出版社據樸社初版重印，民國五十九年臺初版。

註四二　顧頡剛編著，古史辨第三冊下編一四〇，張壽林：「詩經是不是孔子所刪定的？」頁三七六，例擧王應麟困學紀聞、評詩文三卷引朱子發言。臺北市明倫出版社據樸社初版重印民國五十九年臺初版。

註四三　顧頡剛編著古史辨第三冊下編一四〇，張壽林：「詩經是不是孔子所刪定的？」頁三七七例擧王崧說緯言。臺北市明倫出版社據樸社初版重印，民國五十九年臺初版。

註四四　司馬遷史記卷四十七，孔子世家第十七，頁一六三。臺北市開明書店民國二十三年鑄版五十年影印本。

註四五　清王鴻緒編詩經傳說彙纂卷首下綱領，頁三十三—三十四。臺北市鐘鼎文化出版公司借印並發行，原屬國立臺灣大學藏本，民國五十六年本。不直引原書乃印證請人所認同此說。

註四六　顧頡剛編著古史辨第三冊下編一四〇，張壽林：「詩經是不是孔子所刪定的？」頁三七八例舉葉適說。臺北市明倫出版社，據樸社初版重印民國五十九年臺初版。

註四七　顧頡剛編著古史辨第三冊下編一四〇張壽林：「詩經是不是孔子所刪定的？」頁三七八—三七九，例舉朱彝尊說。臺北市明倫出版社，據樸社初版重印民國五十九年初版。

註四八　白惇仁著詩經音樂文學之研究，被列入中國音樂文學史叢書中，頁九，臺北市唯勤出版社，民國六十九年初版。

註四九　左丘明傳十三經注疏重刊宋本左傳注疏附校勘記卷第三十九，杜預注，孔穎達疏，襄公二十九年吳子使札來　。頁六六四—六七二，春秋疏卷三十九，頁二—十九，臺北市，藝文印書館印行民國五十年版

註五〇　朱熹集注，四書集注四部刊要乙種本，論語集注卷一泰伯第八，頁三十三，臺北市世界書局印行，民國四十六年本。

肆、豳風七月爲夏詩的求徵

「詩經豳風七月是中華歷史文化的一條根」

一、前言．詩經應爲中國五經中最古的完善文獻

經學在西漢初葉，本無所謂古文、今文的分別。及至魯恭王壞孔子壁宅，而在夾壁牆中得到一些典籍，有：禮記、尚書、春秋、論語、孝經、竹簡之上皆爲蝌蚪文字（周文），所以稱之謂古文。又河間獻王亦以所得古文經傳，獻給朝廷。則易有費氏，書有孔氏，詩有毛氏，春秋有左氏傳，禮有逸禮三十九篇，又有周官，均爲古文經。然當時經師多半不信古史。劉歆屢次求以左氏春秋、古文尚書等，立於學官，不可得立。後王莽篡漢，雖得立學官，至光武帝時又廢。東漢末，服虔、馬融、鄭玄，皆習古文，古文經學遂大昌。何休當時代表今文學，鄭玄代表古文

學，相爭甚烈，因鄭玄兼習今文，著述等身而踏實，致今所傳十三經注疏，多取古文學派之主張而成書。至於西漢博士之學說，僅存公羊傳之何休注而已。如依古文學派之排經先後順序，則為：詩、書易、禮、春秋。義取其經文內容成書完整性之先後而定。所以詩經准此理則，則應列為五經中之最古文獻而不惑。

二、詩經的公認年代

詩經不但是集中國古代詩歌之大成，而且這三百一十一篇作品，都是信而有徵的，儘管其每篇作者，有的可知，有的失傳（註一）而作品卻絲毫不減其眞善美的評價。也確實是孔子刪訂後，編作教材，用來弦歌授徒。並傳給子夏、子游，再輾轉傳至後世。

一般說來，詩經所搜集的詩篇，是從西周初年到春秋時期的作品，在許多研究詩經和文學史的人們，大致把詩經作品的年代，都訂為公元前十二世紀起，到公元前六世紀期間，當然這一公認年代是不夠精確的，甚至也包括不了的。

三、從豳風諸多注釋的歸納以探明周的先世

朱熹對豳風的注釋，是根據鄭玄箋，孔穎達疏而加以濃縮，才作成詩序的。朱熹說：「豳、國名，在禹貢雍州岐山之北，原隰之野，虞、夏之際，棄爲后稷，而封於邰。及夏之衰，棄稷不務。」逮及棄之子孫傳至不窋時，而失其官守（註二），「而自竄於戎狄之間，不窋生鞠陶，鞠陶生公劉，能復修后稷之業，民以富實，乃相土地之宜，而立國於豳之谷焉。十世而大王徙居岐山之陽，十二世而文王始受天命，十三世而武王遂爲天子。武王崩，成王立，年幼不能莅阼，周公旦以冢宰攝政，乃述后稷公劉之化，作詩一篇，以戒成王，謂之豳風，而後人又取周公所作，及凡爲周公而作之詩以附焉。」豳、在今邠州三水縣，爲漢之右扶風栒邑。

四、豳風爲變風之說・變風乃假先公之教以風正也

詩序云：「周公遭變，故陳先公風化之所由，致王業之艱難。」說遭變是遭流言乃作也。正義曰：「此釋作七月之意，以公劉遭夏人之亂，大王有戎狄之難，或出或入，其居豳之時，敎民以蠶農爲務，使衣食充足，憂念民事，有至苦之功，由其積德勤民，子孫卒成王業。周公既出居東都，恐王業毀壞，亦憂念民事，庶成周道，其意與公劉、大王之志同，不得自言已身憂國之心矣！無以發明已志。故作七月之詩，仰陳公劉大王，以比已身，序已志，知周公之作七月，其意必如此者。」所以七月是陳先公風化之所由，就是假先公之遺教以風世，七月詩當非周公自創作品，乃轉述夏衰之時先公之敎民蠶

農之務而已。

左傳襄二十九年：「季札見歌豳曰：美哉樂而不淫，其周公之東乎？」連吳季札也說明七月詩，是周公在東都所發表的周先公遺作。正義曰：「金滕云：惟朕小子其新迎。」是成王迎接周公而反之，以代替成王治理國政，而致太平。周公不管是出居東都，或入攝王政，經常守着尊一之德，不有回邪；純似公劉、大王之所爲教化，周公發表七月之詩時，有自比二人之意。及其終得攝王政，其事又純似之此詩，而行敎化。用於樂官，當立題目，大師於是大述周公之志，以此七月詩主意於豳公之事，故別其詩不合在周之風、雅，以爲豳國之變風焉。此乃遠論豳公爲諸侯之政，周公陳之欲以比序己志，不美王業之本，不得入周、召之正風也。又非刺美成王，不得入成王之正雅。周公王朝卿士，不得專名一國，進退無所繫，因其上陳豳公，故爲豳之變風。春官籥章云：「吹籥以歌豳詩。」則周制之前已繫豳矣！謂之變者，以其「變風變雅」，各述時之善惡，七月陳豳公之政；東山以下主述周公之德，正是變詩美者，故亦謂變風。

五、豳風七月詩當爲大王以前的豳舊詩

七月詩非周公所作說，引出爲周公所陳述后稷、公劉之化說。崔東壁遺書豐鎬考信錄卷之四：引衞宏毛詩序云：「七月陳王業也；周公遭變故，陳后稷先公風化之所由，致王業之艱難也。」鄭氏謂

此詩，在周公居東之日。朱熹謂此詩在成王初立之時。崔氏按鴟鴞以下皆爲周公時所作，此篇若又出於周公則是七篇皆與豳無涉，何以名之爲豳？曰述豳俗也。然「流火、授衣、烹葵、剝棗，」在在皆然，以民間通行之事，而獨謂之豳俗，豳何在焉？且玩此詩醇古樸茂，與成、康時詩皆不類。

崔氏曰：「竊嘗譬之，讀大雅如登廊廟之上，貂蟬滿座，進退秩然，煌煌乎大觀也；讀七月，如入桃源之中，衣冠樸古，天眞爛漫，熙熙乎太古也。然則此詩當爲大王以前之豳舊詩，蓋周公述之以戒成王，而後世因誤爲周公所作耳。竊疑豳之舊詩當不止此，此篇因周公識之傳之而獨存。猶商頌當時亦必多，而正考父獨得其十二篇也。至於鴟鴞以下，則以其詩皆爲周公而作，而音節亦近豳，故附之於豳風之後；而此一篇則豳之正風也。故今不載之於周公之篇。」

六、直指七月是夏代作品者

一般人都說是周公追述后稷、公劉的盛德爲教民而作，然近人梁啟超則斷定「豳風七月」一篇，是夏代的作品。因爲在這篇詩裏，透露了周民族自豳遷岐的民間氣氛；而且詩中所用七月、九月等全用夏正。」這種極其自然的在詩中流露出來的狀況，使用夏曆的表示，絕對不是周公的詩歌。易君左的中國文學史中也一再主張：「豳風七月一篇，似係夏代的遺作。」又指三百零五篇詩「其年代最早的是豳風的七月和商頌五篇，是夏代和商代的遺作。在全部詩經裏，也非常突出。」況考之太史公司馬遷史記孔子世家言：「古者詩三千餘篇，及至孔子，去其重，取可施於禮義，上采契、后稷，中述殷、周之盛，至幽、厲之缺，始於衽席。……三百五篇，孔子皆弦歌之。」是詩經中已含有夏詩存在云云。

七、豳風七月絶對不是兩周時人所作的詩

如爲周公所作，何以不直接使用周曆？又七月詩和豳風中其它各篇的筆法習性都迥然不同，以語意、品物比較言之，與周詩也完全兩樣格調。以此反證，七月不爲周詩則非常明顯，其詩也絕非周公所作，最多爲周公所轉述夏代后稷至公劉間，周先王列祖列宗所傳之農事教條式古歌謠，有如農業行事曆之古詩歌謠。凡是后稷子孫至周公時，年較長的，無人不知的古詩。否則周公居東時所作用以教民成王業的傳說也不能成立。所以「七月」一篇詩，正如以後的呂氏春秋之十二月紀，即小戴禮記之月令篇，都是周民族按節令的變化所舉出農間當行之雜務，以及民間風俗習慣，禮儀作法，生活規範。而月用夏正，令則雜擧，三代及秦事，禮家記事者，抄合而成，內容也像管子四時篇之所述；逸周書時訓解尤爲詳盡。然諸篇行事細節，卻又遠不及「豳風七月」詩的文辭樸古存眞，也不拘泥於形式月分順序，眞是想到那裏就說到那裏。

及至明、清、民國，中原及北方、東北等地，載在憲書上所流傳的風土諺，就是「地畝經」，也叫「傖頭歌」或「湯頭歌」這是農村勞作規律，老農老圃教子孫，代代相傳的歷世經驗話頭，也不知它是最古從什麼時傳下來的歌謠（註三），全以二十四節氣的變化行令而已。

按余又蓀中國通史綱要所稱：「夏曆殆為古代曆法之精義，適宜於農事。殷、商以降，雖迭次更改正朔，而仍沿用夏之曆法。孔子屢言『行夏之時』，『吾得夏時焉』，所謂夏時，卽夏曆，卽近世所習稱之陰曆也。」質言之，周「行夏之時」，如以「七月」詩證之，最少當始於周公了。

按禮運篇：「昔者仲尼與於蜡賓。」正義曰：「蜡者、索也。歲十二月合聚萬物而索饗之者，郊特牲文十二月者，據周言之，若以夏正言之則十月，以殷言之則十一月，謂建亥之月也，以萬物功成報之云，亦祭宗廟者，以月令孟冬云，祈來年于天宗大割祠于公社，及門閭臘先祖故云。」七月詩是直指夏曆七月，而非周之七月；當在周曆九月才對。然周的農民行事作業，風俗習慣，全沿襲先民使用夏曆習慣而來的。

八、七月詩的篇章大意

七月詩共八章，每章有十一句。前四章則按豳國當時的風俗實況，依照四季寒暑的變化，十二月中周先民的克勤克儉，敎忠敎孝，男耕女織，田畯勸稼，衆庶獻獵，採桑緝麻，養蠶染布，縫衣製裘，伐木習武，孜孜不懈，歲無餘暇。

後四章則全力發揮后稷公劉之教化，祖宗相傳之禮俗習慣，古意盎然，忙中有樂。蟋蟀迎時有變，水果菜蔬的生產隨季不同；築場納禾，熏鼠墐戶，割草打繩，葺宅選種，采藥釀酒，伐薪藏冰，禮敍天倫，民富國强。這正是有周子孫王業所以得興的關鍵，中華文化基礎奠定的根源，歷歷在目，具體可觀。

所以朱熹詩經集傳有云：「周禮籥章，中春晝擊土鼓，豳詩以逆暑，中秋夜迎寒亦如之，即謂此詩也。『王氏曰：仰觀星日霜露之變，俯察昆蟲草木之化，以知天時，以授民事。女服事乎內，男服事乎外；上以誠愛下，下以忠利上。父父子子，夫夫婦婦，養老而慈幼，食力而助弱，其祭祀也時，其燕饗也節，此七月之義也。』」

九、豳風七月經文

七月流火，九月授衣，一之日觱發，二之日栗烈，無衣無褐，何以卒歲，三之日于耜，四之日舉趾，同我婦子，饁彼南畝，田畯至喜。

七月流火，九月授衣，春日載陽，有鳴倉庚，女執懿筐，遵彼微行，爰求柔桑，春日遲遲，采蘩祁祁，女心傷悲，殆及公子同歸。

七月流火，八月萑葦，蠶月條桑，取彼斧斨，以伐遠揚，猗彼女桑。七月鳴鵙，八月載績，載玄載黃，我朱孔陽，為公子裳。

四月秀葽，五月鳴蜩，八月其穫，十月隕蘀，一之日于貉，取彼狐狸，為公子裘，二之日其同，載纘武功，言私其豵，獻豣于公。

五月斯螽動股，六月莎雞振羽，七月在野，八月在宇，九月在戶，十月蟋蟀入我牀下。穹窒熏鼠，塞向墐戶，嗟我婦子，曰為改歲，入此室處。

六月食鬱及薁，七月烹葵及菽，八月剝棗，十月穫稻，為此春酒，以介眉壽。七月食瓜，八月斷壺，九月叔苴，采荼薪樗，食我農夫。

九月築場圃，十月納禾稼，黍稷重穋，禾麻菽麥。嗟我農夫，我稼既同，上入執宮功，晝爾于茅，宵爾索綯，亟其乘屋，其始播百穀。

二之日鑿冰沖沖，三之日納于凌陰，四之日其蚤，獻羔祭韭，九月肅霜，十月滌場，朋酒斯饗，曰殺羔羊，躋彼公堂，稱彼兕觥，萬壽無疆。

十、詮注圖解·附插圖四十五幀

【七月流火】：圖見欽定詩經傳說彙纂卷首上，七月流火之圖。孔氏穎達曰：左傳張趯曰：「火星中

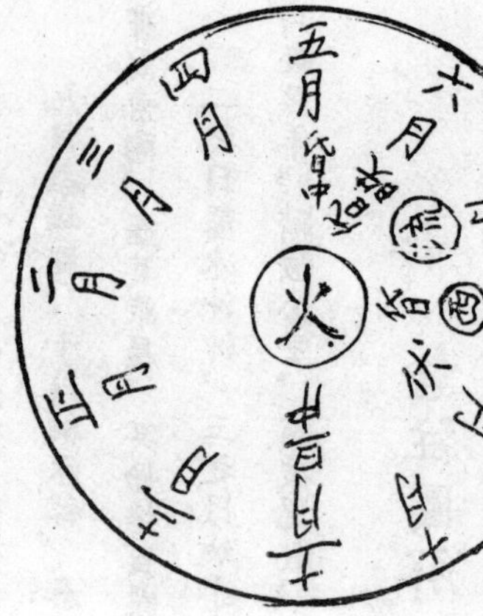

而寒暑退。」服虔云：「火，大火。心也。季冬十二月平旦正中，在南方。大寒退。季夏六月黃昏火星中，大暑退。」朱子曰：「流，下也。火，大火。心星也。以六月之昏，加於地之南方，至七月之昏，則下而西流矣。」又「七月斗建申之月。夏之七月也。後凡言月者放此。」北宋曹氏粹中曰：「公劉正當夏時，所用者夏正也。」俗稱七月爲「秋老虎」天氣正熱，萬物急劇成長，火星向西流下，將要秋收了。

【九月授衣】毛亨傳：「九月霜始降，婦功成，可以授冬衣矣。」朱熹注：「九月霜降始寒，而蠶績之功亦成，故授人以衣，使禦寒也。」

【一之日觱發，二之日栗烈】朱熹集傳：「一之日，謂斗建子，一陽之月。二之日謂斗建丑，二陽之月也。變月言日，言是月之日也。凡後言日者，倣此。」毛萇曰：「一之日十之餘也。一之日周正月也。二之日殷正月也。」元許謙曰：「詩中以日言者，雖爲建子之義，其實主於陽而言。」元朱倬曰：「數始於一而終於十，故七月詩中，言至十月而止。而一陽生於子，卽以一之日言之。」所以一陽之月，就是爲夏之十一月，二陽之月，就是夏之十二月。三陽之月，正是夏之正月，卽後民俗所言「三陽開泰」，就是三之日。四之日就是四陽之月，夏之二月了。七月詩中不言三月，也不言五之日。毛疏云：「蓋以日月相對，日陽月陰，陽則生物，陰則成物，建子之月純陰已過陽氣初動，物以牙蘖將生，故以日稱之。建巳之月純陽用事，陰氣已萌，物有秀實成者，故以月稱之。夏之三月當陰陽之中，處生成之際，物生已極，不可以同前，不得言五之日，物既未成不可以類後，不得稱三月。故日月並言而不以數配，見其異於上下四章。」鄭箋則指此說「理有不通，辭無所寄。」以夏俗稱一之日、二之日、三之日、四之日爲十一、十二、正、二月習慣斷之，「春日」當爲三月無疑，七月二章連言：「春日載陽」；「春日遲遲」，皆爲陽春三月之蠶事。所以「春日」猶「一之日」之類七月詩至「春日」之後言時卽再無稱日之處。均冠之以月了。

觱、音ㄅㄧˋ，觱發：風寒也。栗烈：氣寒也。

【褐】：毛布也。【卒】：終也。【歲】：夏正之歲也。【于耜】：于、往也。耜、音ㄙˋ，耒下刺土臿也，古以木爲之，後世以金。朱熹指爲田器也。于耜、言往修田器也。【舉趾】：舉足而耕也。【我】：家長自我也。【饁彼南畝】：饁、ㄧㄝˋ，餉田也。饋食也。南畝：古制，舍宅在北，爲座北向南之象；田畝在南，故習稱南畝。【田畯】：畯、ㄐㄩㄣˋ，田畯，田大夫，周先公所設勸農之官也。

【春日載陽】：朱熹曰：「載、始也。陽、溫和也。」按夏俗習慣稱「春日」，就是指陽春三月的時候，也就直言陽春三月一到，天氣就溫和了。這種習慣的稱呼，延到唐代更盛行，如劉希夷的有所思一詩中，就有類似的詩句：「一朝臥病不相識，三春行樂在誰邊」，的「三春」字句。下邊的「春日遲遲」，注疏皆不注「春日」，但解遲遲，爲日長而暄也。可見本章的連用「春日」一辭，就是指三春、陽春三月而言。況本章所言事物，皆三月所見情節。

倉庚

【倉庚】：黃鸝也。一名黃鶯。（Oriolus indicus），屬鳥綱燕雀目。色黃而美；嘴淡紅，自眼端至頭後部之斑紋，呈黑色。翼尾皆長；尾端帶圓。脚鉛黑色，跗蹠短，爪長而彎曲。鳴聲悅耳，好食果實。產我國南方及韓國、印度等地。詩周南葛覃「黃鳥」，陸機疏云：「黃鳥，幽州人謂之黃鶯，一名倉庚，一名鵹黃，齊人謂之博黍。」可見倉庚爲古名。黃鳥則爲古今俗稱。河北、東北稱：「黃鶯」。又稱離黃，見毛傳。

懿筐

【懿筐】：懿、深而美也。宋陳祥道曰：「有頃筐，有懿筐，有小筐，有大筐，其深淺大小雖殊，而制皆方。」此處懿筐，爲女子採桑葉所用。

【遵】：循也。【微行】：小徑也。【柔桑】：稚桑也。嫩桑葉。

桑

蘩

【蘩】：ㄈㄢˊ，白蒿也。所以生蠶，今人猶用之。蓋蠶未齊，未可食桑，故以此啖之也。【祁祁】：衆多也。【女心傷悲，殆及公子同歸】：朱熹所言甚當。云：「而此治桑之女，感時而傷悲。蓋是時，公子猶娶於國中。而貴家大族連姻公室者，亦無不力於蠶桑之務，故其許嫁之女，預以將及公子同歸，而遠其父母為悲也。其風俗之厚，而上下之情，交相忠愛如此，後章凡言公子者倣此。」

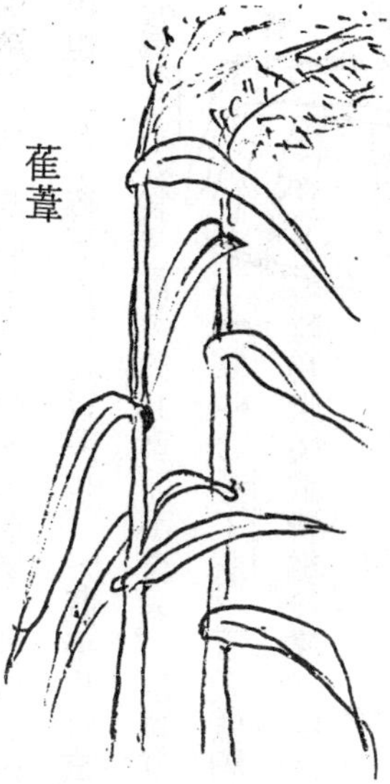
萑葦

【萑葦】：萑ㄨㄢˊ，又音ㄓㄨㄟ。或ㄏㄨㄢ。葦ㄨㄟˇ，萑葦，卽蒹葭也。毛萇曰：「薍為萑，葭為葦，豫畜萑葦，可以為曲也。」萑葦既成之際，收畜，以曲薄，以待來歲，治蠶之用。為筐，為架均可。【蠶月】：宋王安石曰：「蠶月非一月，故不指言某月。」宋程頤曰：「蠶月，當蠶長之月也，計歲氣之早晚，不可指定幾月也。」元劉瑾曰：「蠶月，雖不可指定某月。然其既條取大桑，復猗彼女桑，大約當在建辰之月，蠶盛之時。先儒或疑此詩獨闕三月？蓋已具於蠶月之間矣？」據實推理蠶當為三月。【條】：ㄊㄧㄠˇ，「條桑」，枝落之采其葉也。

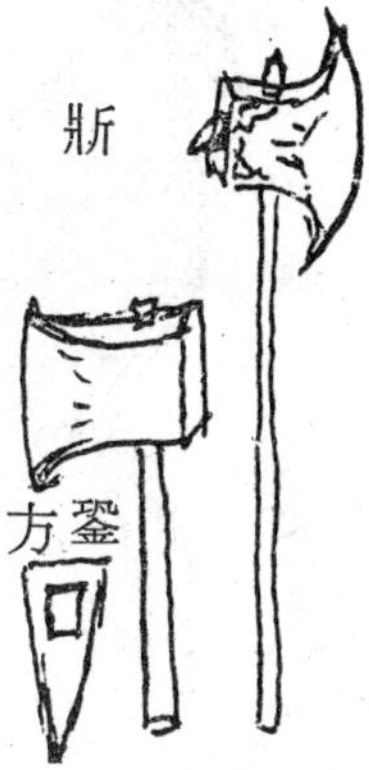

【斧斨】：斧ㄈㄨˇ，隋銎ㄊㄨㄛ ㄑㄩㄥ，伐木之具，古亦用為兵器。斨ㄑㄧㄤ，方銎也。方鑿斧也，鑿、謂其受柄之處也。詩豳風破斧：「又缺我斨。」斨卽斧也，唯孔異耳。銎、說文云：「斧孔也」。【猗彼女桑】：猗ㄧˋ，束縛也。女桑：柔弱之桑也。小桑枝也。【以伐遠揚】：去其桑枝長大者，使之發新枝也，而迫使生嫩桑葉耳。

【七月鳴鵙】：鵙ㄐㄩㄝ（Lanius bucephalus）卽伯勞，又稱博勞，鳴禽類；體長約六、七寸，嘴短，黑色，鉤曲而銳；側緣有齒狀缺刻，眼上深黑如眉；背色灰褐，胸腹部茶色，翼黑褐色；尾頗長，亦黑褐色：腳長有爪；鳴時尾羽向上下運動，其聲甚壯；性猛悍，飛甚疾，捕昆蟲、小魚、小鳥等爲食；秋日恆以所捕動物，貫樹枝上，儲爲多糧；以其五更輒鳴，聲極聒耳，人

鵙

多惡之。易通卦驗云：「博勞夏至應陰而鳴，冬至而止。故帝少皞以爲司至之官。」嚴粲云：「五月伯勞始鳴，應一陰之氣，至七月猶鳴，則三陰之候，寒將至。故七月聞鵙之鳴，先時感事也。」易林云：「鵙必單棲，鴦必匹飛。」【八月載績】：陳風云：「不績其麻。」績：緝麻之名。八月絲事畢，而麻事起，故始績也。【載玄載黃，我朱孔揚，爲公子裳】：王安石曰：「周官染人，秋染夏，夏五色也。蓋是時五色皆可以染也。」載染也。玄，黑色；朱，正紅色，孔揚，尤爲鮮明也。皆以供上，而爲公子之裳。言勞於其事而不自愛，以奉其上。蓋至誠慘怛之意。上以是施之，下以是報之。【裳】：考工記：五采備謂之繡。鄭玄曰：「凡裳前三幅，後四幅。」朱熹曰：「繅粉米黼黻皆繡於裳。」

繡裳

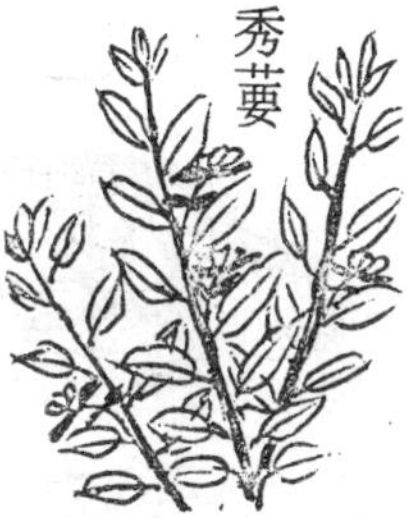

秀葽

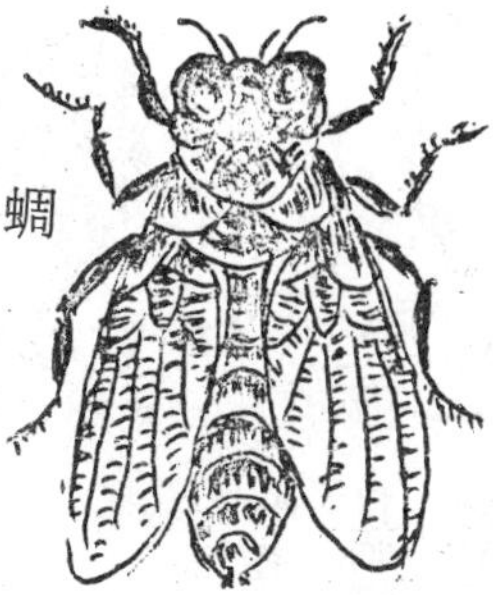

蜩

貉

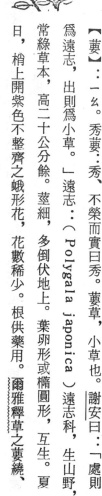

【葽】：一ㄠ。秀葽：秀，不榮而實曰秀。葽草，小草也。謝安曰：「處則爲遠志，出則爲小草。」遠志：（Polygala japonica）遠志科，生山野，常綠草本，高二十公分餘。莖細，多倒伏地上。葉卵形或橢圓形，互生。夏日，梢上開紫色不整齊之蛾形花，花數稀少。根供藥用。爾雅釋草之葽繞、蒬葽即此物，名見本草，一名小草。

【蜩】：蟬也。蜩ㄊㄧㄠ。蟬，（Cicada）屬昆蟲綱同翅目。體長頭短，吻爲針狀，有二複眼，突出，又有單眼三。胸背皆有斑紋甚多。雄體腹面具發音器，雌者無之，不能鳴，謂之啞蟬。翅膜質，前翅比後翅大。夏秋間出現，在林中吸食樹汁。生命不過二三星期。幼蟲居土中，自幼蟲化蛹至爲成蟲，其期頗長。俗稱蜘蟟。種類頗多：有寒蟬、茅蜩……。【隕蘀】：隕，墜也。蘀，ㄊㄨㄛ，落也。謂草木隕落也。

【貉】：ㄏㄜˊ，古幽州今東北各省方言音ㄏㄠˊ。貉似貍，銳頭尖鼻，斑色，善睡。墨客揮犀：「貉狀似兔，行數十步輒睡，以物擊竹警之乃起，既行復睡。」皮毛密集而厚，可爲佳裘。東北諺：「貉ㄏㄠˊ五更，狐半夜，貂到天明。」極言貉皮耐寒僅次於貂皮也。夏曆十一、二月獵取最佳。

狐

【狐】：（Vulpes japonicus），哺乳綱食肉目，形似犬而瘦，體長一公尺餘。毛黃赤，口吻尖突，耳骨爲三角形，四肢細，尾長。性狡猾多疑。遇敵則肛門放惡臭而遁走。穴居山林中，晝伏夜出，捕食鼠、鳥等。皮可爲裘，夏曆十一、二月獵取最佳。

貍

【貍】：ㄌㄧˊ，（Nyctereutus procynoides），哺亂綱食肉目。形似狐而小，且肥，體被黑褐色疏毛，耳殼短闊，吻尖，四肢短而細，尾毛長而蓬鬆。穴居近村之山野，常夜出掠食家畜，性狡猾，產亞洲。說文：「貍，伏獸，似貙。」段注：「謂善伏之獸，卽野貓。」皮可爲裘，爲皮帽之用，柔輭而暖也。俗稱山貓。【裘】：皮衣。【載纘武功】：言君臣及其民，俱出田獵，則繼續武事，年常習之，使不忘戰也。

【豵】：ㄗㄨㄥ。一歲豕也。豕小者謂之豵。就是今天俗稱之野豬。獵得小豬歸私；大者歸公。

【豜】：ㄐㄧㄢ。三歲豕也。豕大者謂之豜。得大者則獻於公，即指獻給在上位之人。

豵豜

【斯螽】：螽ㄓㄨㄥ。（Gompsocleis mikado），昆蟲綱直翅目。色綠或褐。觸角爲鞭狀，較體稍長。複眼在觸角基部，無單眼。前翅幾與腹部同長，或退化而短。雄體長三公分，右前翅有透明發聲鏡，鳴時擅動其翅，發聲鏡以摩擦而成聲。雌體約四公分半，尾端有產卵器，爲劍狀。晚秋產卵土中，翌年孵化。棲草叢中，善跳躍，食害農作物，惟爲患不若蝗類之甚。又名蜇螽、蚣蝑，見爾雅釋蟲。方言：亦名春黍。

斯螽

周南喻子孫多。

【六月莎雞振羽】：莎ㄙㄨㄛ。爾雅翼：「莎雞振羽」作聲，其狀頭小而羽大，有青褐兩種，率以六月振羽作聲，連夜札札不止，其聲如紡絲之聲，故一名梭雞。」七月：陸機疏：「莎雞如蝗而色斑，毛翅數重，其翅正赤。六月中飛而振羽，索索作聲。」今俗人謂之絡絲娘，蓋其鳴時又正當絡絲之候。

莎雞

莎雞、今俗謂之管卷頭小，而身大，有鬚，聲如緯車。斯螽也。莎雞也。蟋蟀也。迥然三物，集傳訛之，以爲一物。諸書辨其非矣！斯螽是蚣蝑，莎雞是絡緯，蟋蟀是促織。如是分別，各得其物。高啟詩：「蟋蟀催寒輸絡緯」，可謂一蟲之知音矣。

十月入我牀下【蟋蟀】：（Gryllodes berthellus）。一名趨織，促織，屬昆蟲綱直翅目。長一公分半，色黑褐。頭大，觸角細而長，後肢長大，善跳躍。尾端有尾毛二，雄蟲體小，前翅有波狀脈，常以兩翅摩擦而發聲，善鬥。雌蟲體大，前翅有網狀脈，腹末具產卵管，早秋產卵。種類繁多，多爲草木之害蟲。七月詩所指在野、在宇、在戶者爲一類，（俗稱蟈蟈）；十月蟋蟀，入我牀下者，體形較小，常居室中，又是一類，俗稱蛐蛐。

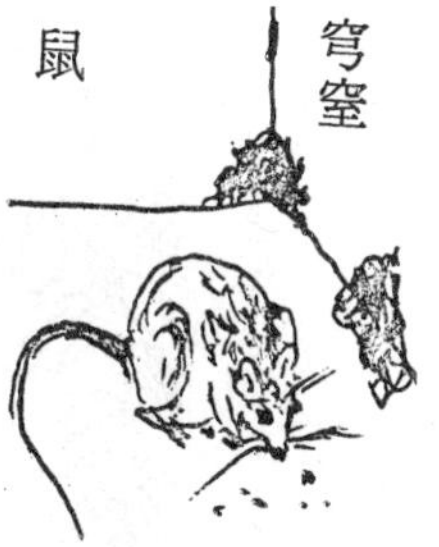

【穹窒熏鼠】：穹ㄑㄩㄥˊ。窒ㄓˋ。穹窒：毛傳：「穹、窮；窒、塞也。」陳奐傳疏：「穹窒熏鼠者，言窮盡鼠穴，而塞之灼之也。」就是堵老鼠洞，熏殺老鼠。

【鬱】：ㄩˋ，即郁李也。「食鬱及薁」，毛傳：「棣屬。」孔疏：「鬱棣之屬者，是唐棣之類屬也。」按本草綱目：「郁李亦名鬱李，常棣，此鬱，即鬱李，蓋即郁李也。李時珍云：「爾雅常棣即此，或以爲唐棣，誤矣。」

【薁】：ㄩˋ。即蘡薁。按「六月食鬱及薁」，毛傳：「薁、蘡薁也。」蘡薁（Vitis thundergii）葡萄科、蔓草。如灌木狀。莖有卷鬚，攀緣他樹上。葉爲心臟狀圓形，掌狀淺裂，背面生毛如綿，色淡褐。夏月莖稍出，花軸，開黃綠色小花，五瓣，複總狀花序，花冠頂部合著。花後結實，爲漿果，作小球形，熟後紫黑色。供食用，或釀酒。名見本草。李時珍謂「六月食薁」即此。又有野葡萄、山葡萄、山桑等名。

葵

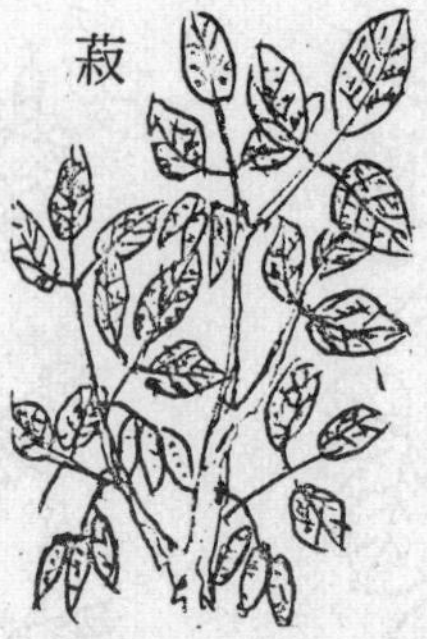
菽

棗

【葵】：ㄎㄨㄟˊ。集傳：「葵、菜名」。圖經：「葵處處有之，苗葉作菜茹，更甘美。冬葵子古方入藥最多，有蜀葵，錦葵，黃葵，終葵，菟葵，皆有功用。今人俗稱綫菜的就是葵。

【菽】：ㄕㄨˊ。衆豆之總名。小雅小宛：「中原有菽。」毛傳：「藿也」。陳奐傳疏：「菽、豆之大名，傳以藿詁菽者。菽亦得稱藿也。」廣雅釋草：「豆角謂之莢，其葉謂之藿。」藿、就是豆葉。可作菜食，貧者食之。豆苗亦可吃。富者購食。

【棗】：ㄗㄠˇ。（Zizyphus vulgaris），鼠李科。落葉喬木，高六公尺餘。葉互生，長卵形，有三大脈。初夏開黃綠色小花。實爲核果，形橢圓，或長橢圓，味甘美，供食用或藥用。棗類甚繁，山東、河北、山西、浙江金華所產最著名，產類尤富。或密炙爲密棗，或曬爲棗乾，可久藏。八月剝棗，到了八月打棗子。

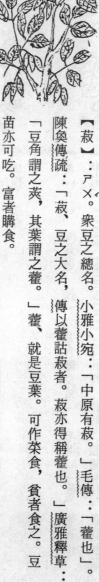

稻

【十月穫稻】：稻，ㄉㄠˋ。禾本科，一年生草本。種子卽米，東南及長江以南普遍種植水生色白。臺灣以之為主食。集說：「四章既言八月其穫矣。此章又言十月穫稻，則五穀之熟，各隨其早晚耳。」黃河流域之陝西，古豳地，氣候較涼，故穫較晚，遲至十月。其他中原各省，東北地方，松花江、鴨綠江、牡丹江；遼河、嫩江流域，稻皆年穫一次，四月插秧，十月收穫，朝鮮半島亦同，不及台灣南部可穫三次稻也，概氣溫使然。

春酒

【春酒】、【以介眉壽】：食稻、飲酒，皆養老之誼。春酒、凍醪也。介、助也。眉壽，老者生豪眉，以象高壽。凍醪者，醪是酒之別名，此酒凍時釀之，故稱凍醪。天官酒正辨三酒之物所稱清酒，多釀接夏而成者。鬱下及棗，揔助男功。穫稻為酒，唯助養老。佳俗也。

瓜

【瓜】：ㄍㄨㄚ。甜瓜也。俗稱香瓜。屬葫蘆科。種類繁多，皆蔓生，有卷鬚，葉掌狀或分歧，花多黃色。所結果實，多肉多汁，香甜可口，又酥又脆。中原及東北西北盛產，七月瓜秋，一遍遍瓜園，食客如織，絡繹不絕。另有西瓜亦然。

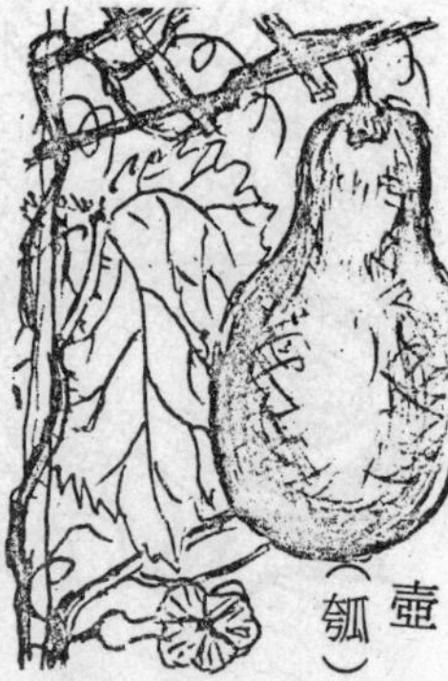
壺（瓠）

【八月斷壺】：壺，ㄏㄨˊ或讀ㄏㄨˋ。卽瓠也。（Lagenaria Vulgaris）屬葫蘆科。一年生蔓草。栽培園圃間，其莖以卷鬚，纏絡他物上。葉掌狀淺裂，互生。花合瓣花冠，先端五裂，白色，單性，雌雄同株。實爲瓠果，長橢圓形，約三公吋，供食用。果皮可乾燥爲容器。果實細長橢圓者曰瓠，扁圓者曰匏，匏之有短柄大腹者曰壺，壺之兩端大而腰細者曰蒲蘆，古人多混稱不分。八月瓠子已經成熟。割下剖開爲瓢，未熟者可切條曬乾菜，以備冬菜也。

麻　苴

荼

【苴】：ㄐㄩ或讀ㄐㄩˇ。此處當按古音讀。詩豳七月：「九月叔苴」：苴：促於切，音疽，魚韻，ㄐㄩ。麻之有子者。毛傳：「叔，拾也；苴麻子也。」拾取麻子可供榨油也。

【荼】：ㄊㄨˊ。虞韻。苦菜也。邶風谷風：「誰謂荼苦，其甘如薺。」毛傳亦曰「苦菜也。」爾雅疏：「此味苦可食之菜。」月令：「孟夏苦菜秀是也。」豳七月詩：「采荼」九月采荼，古時及今皆然。苦菜生於寒秋，經冬歷春乃成。見易緯通卦驗玄圖。可知九月采荼，荼耐寒也。

【樗】：ㄕㄨ。魚韻。毛傳：「樗，惡木也。」陸機疏：「樗樹及皮皆似漆青色耳，其葉臭。」圖經：「椿、樗二木形幹大抵相類，但椿木實而葉香；樗，木疎而氣臭。」樗（Ailanthus altissima）。苦木科。落葉喬木，高十餘公尺。葉互生，奇數羽狀複葉，小葉甚多，卵狀披針形，基部形左右不等，緣邊有不整齊之鋸齒。夏開白色帶綠小花，五瓣，

樗

多花相聚集而為大圓錐花序。果實為翅果，中含一種子。名見本草，一名臭椿。李時珍曰：「樗木皮粗，肌虛而白，其葉臭惡，歉年人或採食。」薪樗，夏人因樗為惡木，故採伐為薪柴也。【食】：養也。

【九月築場圃，十月納禾稼】：圃，ㄅㄨˇ。遇韻。稼，ㄐㄧㄚˋ。禡韻。朱熹曰：「場圃同地。物生之時，則耕治以為圃而種菜茹；物成之際，則築堅之以為場，而納禾稼。蓋自田而納之於場也。禾者，穀連藁秸之總名；禾之秀實而在野曰稼。」【重穋】：先種後熟曰重，後種先熟曰穋。蓋黍後熟，稑先熟之謂也。【禾】：稻秫苽粱之屬皆禾也。【秫】：ㄕㄨˊ。稷之黏者見說文。按稷之黏者即黍也。本草、李時珍曰：「秫、北人呼為黃糯，亦曰黃米，釀酒劣於糯也。」今人北方稱黍之米曰黃米，是秫與黍為一物。粱、本為粟之一種；至後世則以穗大而毛長粒粗者為粱，穗小而毛短粒細者粟。本草曰：「粱有黃粱、白粱、青粱之別，黃粱、白粱，穗大粒粗，味皆香美，青粱則穗小粒細，味亦劣。

【苽】：ㄍㄨ。虞韻。卽菰也。（Zizania latifolia）。禾本科。多年生草本，生淺水中高約十六公寸。春月生新芽如筍，名茭白。細葉長而尖。夏秋間開花，花單性，大圓錐序，上部著雌花，下部著雄花。秋結實，曰菰米，亦稱雕胡米，可煮飯。本草：「一名茭，又名蔣。」說文：「苽，一名蔣」。

苽ㄍㄨ（菰）

茭白筍

粱

麥

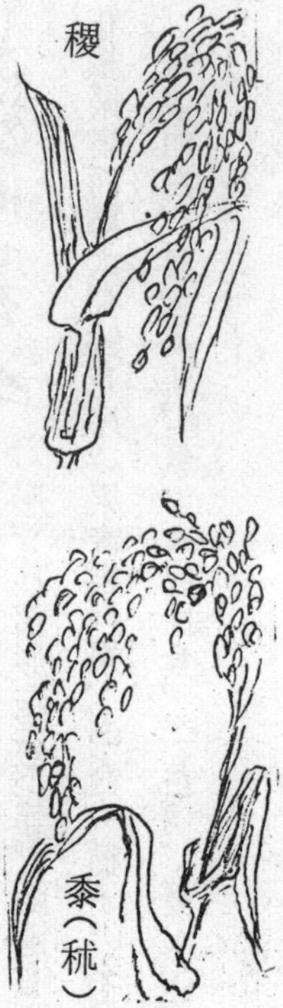

稷

黍（秫）

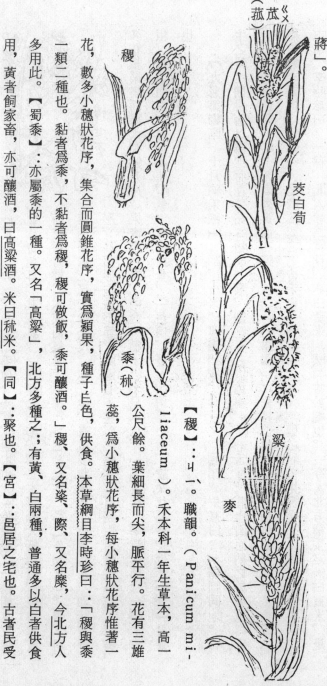

【稷】：ㄐㄧˋ。職韻。（Panicum miliaceum）。禾本科一年生草本，高一公尺餘。葉細長而尖，脈平行。花有三雄蕊，爲小穗狀花序，每小穗狀花序惟著一花，數多小穗狀花序，集合而圓錐花序，實爲穎果，種子白色，供食。本草綱目李時珍曰：「稷與黍一類二種也。黏者爲黍，不黏者爲稷，稷可做飯，黍可釀酒。」稷、又名粢、際、又名穄，今北方人多用此。【蜀黍】：亦屬黍的一種。又名「高粱」，北方多種之；有黃、白兩種，普通多以白者供食用，黃者飼家畜，亦可釀酒，曰高粱酒。米曰秫米。【同】：聚也。【宮】：邑居之宅也。古者民受

蜀黍（高粱）

五畝之宅，二畝半爲廬在田，春夏居之；二畝半爲宅在邑，秋冬居之。

【功】：葺治之事也。或曰公室官府之役也。古制歲用民不過三日。

茅

宵爾索綯

亟其乘屋

【晝爾于茅】：茅：ㄇㄠ。肴韻。卽白茅也。（Imperata arundinacea, Var. Koenigii）禾本科。多年生草本，高四五公寸。自生山野中。葉細長而尖，春日，花先葉而開，花集生花軸上部而成穗，高三公寸餘，密生白毛。嫩者兒童採食之，稱爲茅鍼。名見本草，李時珍曰：「白茅三四月開白花，結細實，其根甚長，白軟如筋而有節，味甘，俗呼絲茅。」按藥用之白茅根，卽此是也。秋草長時割下治屋頂及絞繩之用。此言農夫白日出至山野割茅草也。【宵爾索陶】：索，絞也。陶，索也。此言夜晚絞索繩也。索繩有痲製者，有草製者。【亟其乘屋】：猶言立卽上房頂，修整房屋，以準備來年居住不漏雨水也。乘，升也，登上屋脊而工作也。利用收穫空間而修房屋之事。

【鑿冰沖沖】：謂取冰於山野河間；沖沖，鑿冰忙碌也。【納于凌陰】：納、藏也。藏冰在地窖中之謂。凌陰、是指藏冰地窖而言。【四之日其蚤，獻羔祭韭。】蘇氏曰：「古者藏冰發冰，以節陽氣之盛……至於二月，四陽作，蟄蟲起，陽始用事，則亦始啟冰，而廟薦之。」蚤、早也。韭、菜名，獻羔祭韭而後啟之。」月令：「仲春獻羔開冰，先薦寢廟，是也。」孔穎達曰：「二月開冰，君始用之，至於夏初出之乃頒賜臣下也。」用以食肉之祿，老病喪浴，冰無不及。

羔羊

韭

兕觥

【兕觥】：兕，ㄙˋ、觥，ㄍㄨㄥ。姑轟切，庚韻。角爵也。詩周南卷耳：「我姑酌彼兕觥。」疏：「禮圖云：觥大七升，以兕角爲之。按觥亦有人以銅爲之者，如酉清續監所載有周兕觥，唐兕觥兩種；圖從禮書通故。【肅霜】：肅爲縮也。霜降收縮萬物，言物乾縮聚也。【十月滌場】：滌，ㄉㄧˊ，錫韻。曲禮：「水曰清滌」。此言掃也。注曰：「是淨」。鄭玄箋：「爲掃也。在場之功畢，已入倉，故滌掃其場」。蓋言十月孟冬場圃之內，五穀盡皆收入倉中，穀稭雜物加以清掃乾淨。【朋酒斯饗，曰殺羔羊。】：鄭玄箋曰：「朋者輩類之言。此言朋酒，則酒有兩樽，故言兩樽曰朋。掃場是農人之事，則斯饗是民自飲酒，故言饗。禮者鄉人飲酒以狗爲牲。大夫與焉，則加以羔羊。

言曰殺羔羊，是鄉人見大夫始發此言，故稱曰也。鄉人飲酒而謂之饗者，鄉飲酒禮尊事重，故以饗言之。」農事畢，同輩親友家小共聚飲酒用食慶賀收成，鄉黨大夫也被邀參加飲酒，所以要殺羔羊以加菜食也。

陝西興平縣豆馬村出土青銅器物

(朋酒)用尊

戰國金銀象嵌雲紋犀牛尊

【躋彼公堂，稱彼兕觥，萬壽無疆】。夏有序有校，鄉校曰公堂，國學則曰學。毛亨傳：「公堂、學校也。觥（見兕觥圖解）所以誓衆也。又躋、升也。稱、擧也。疆、竟也。」南宋輔廣曰：「以介眉壽，祝其親也。萬壽無疆，祝其君也。周之先公，以農桑教民，而使民給足於衣食，然未嘗以爲惡也。周之民，亦自力於農桑之事，以樂其生。至於歲終休暇之時，則殺羊爲酒，祝君之壽；以致其尊君親上之誠，亦未嘗以爲是足以報其上也。上以誠愛下，下以誠事上；而兩不知其所以然，此所謂皞皞如也。」蓋因周先公之寓富於民之教化有成，故歲終收穫已畢，周之先民，當獻己所有，獻之於公家；當藏己之物，藏之於倉中。家慶以朋酒斯饗。周先公之國祝，教化有成，與田大夫以上，齊集公堂之中，享其豐年，擧兕觥以互祝國運隆昌，君臣衆庶，皆得萬壽無疆之福樂也。

十一、七月詩譯文

七月一到，黃昏火星向西流，天氣熱的像下火，萬物在極劇成長着。九月是霜降季節，火星伏而不現，蠶功已畢，可以換寒衣了！十一月的時候，寒風大作；十二月的時候，寒氣正凛烈，無綿衣長袍，怎能過年？正月的時候，修好犁具；二月的時候，舉足到田間耕種，我和老婆孩子一齊忙，她們還到南地來送飯。田大夫看了很喜歡！

七月一到，黃昏火星向西流，天氣熱的像下火，萬物在極劇成長着。九月是霜降季節，火星伏而不現，蠶功已畢，可以換寒衣了！溫暖的陽春三月，黃鸝鳥站在桑樹尖上歡唱，女孩兒家背着深而美的筐子，循着那山上小徑前進，在不斷的尋找嫩桑葉。溫暖的陽春三月，是這樣的漫長，人們都採很多的白蘩蒿回去生小蠶；這勞苦的工作，給女孩兒帶來無限春愁，生怕公子哥來娶她離開了爹媽，這就是待嫁女兒心啊！

七月一到，黃昏火星向西流，天氣熱的像下火，萬物在極劇成長着。八月到野外割葦子回來儲藏，準備到來年三月養蠶季節。編筐架桑葉用。再拿起長柄和短柄斧頭，去砍那些長長的樹枝，好强迫的讓它發出小桑枝；七月昆蟲長成，伯勞爭鳴枝頭。八月緝蔴染蔴，染成黑色、黃色，我也染成鮮明的朱紅色，織成布，好替公子哥做衣裳。

四月採食葽草消暑，五月蟬鳴高樹，八月開始收穫，十月草木脫落。十一月的時候捕獵貉子，取捉狐狸和山狸子；取皮替公子做冬裘，十二月的時候也是一樣，用狩獵來練習武功，完成文武合一的教化；拿狩獵規矩來說，得到一歲野豬歸自己，把三歲大的野豬獻給公家用。

五月一到蚯螽亂跳，六月絡絲娘振羽長鳴。七月蟈蟈在田野叫，八月鳴聲在房簷下，九月在戶內可以看到；十月蟋蟀（蛐蛐）就鑽到床下叫了！這時候農家就該堵洞薰老鼠，用泥土堵塞北向的窗門禦寒冬，用油塗刷向陽的窗門；好和我老婆孩子，進到這整理好的屋子居住，再準備過年。

六月吃郁李和野葡萄，七月烹線菜吃毛豆，八月剝打乾紅棗，十月割稻子，拿來釀春酒，老年人喝了凍醪好長壽。七月吃甜瓜西瓜，八月割開葫蘆好做瓢。九月收拾麻子來榨油，採苦菜下飯，砍臭椿做柴禦冬，養活我做農夫的。

九月割了菜，再用石滾築好場圃打糧，十月收回禾稼，無論先種後收的黃糧，或者後種先收的稷米，稻子、高粱、穀子（小米）、菰米、麻子、大豆、小麥，都在內，唉！我們做農夫的，把莊稼都聚在一起，收入倉中藏好。於是又展開修葺房屋的工作，或幫助公家做事；白天到野外割取白茅草，晚上絞打繩索，準備就緒，立刻登上屋頂修繕房屋，工作結束後，又立刻忙着來年的選種、整地、播種事務了。

十二月的時候，忙着到河裏鑿冰塊，正月的時候儲藏在地窖裏。最早開窖取冰，是在二月的時候祭祖用，除了冰獻祭的羔羊，祭祀的祭品裏，還有春天新下來的韭菜。九月霜降，十月灑掃乾淨場圃，擺上酒席，農民們舉行鄉飲酒禮節，宴饗親戚朋友，以敍天倫之樂。這時也邀請鄉黨和田大夫共飲，更依禮設下雙尊，宰殺羔羊加菜。爲慶豐年，公家長上也齊聚公堂裏，擺上宴席，犀牛尊裝滿美酒，高擧犀牛角的大觥，共同祝賀人壽國祚無限綿長。

十二、求徵

㈠以曆法驗證七月詩當爲夏詩允爲信而有徵者

中國曆法最早者爲堯曆，允稱科學，是古天文學之一大成就。今人盧景貴的高等天文學所證實，曾據黃道附近星座二十八宿宮度；本七十年歲差一度，推算堯時天象，知「彼時黃經較現時約少六〇度，故冬至日約在虛七度三十二分，春分日在昴一度三十四分，夏至日在星三度四十一分，秋分日在氐十五度五十三分，是堯典之記事，於時於天均相合。」所繪堯典四季日纏圖（見附圖），足證堯時天象與堯時所載合者一，昴；不合者一，危。可作爲合者，尾及張。古人觀象得其約數，可謂近眞。堯典中之「期三月有六旬有六日」紀日法；可以甲骨文中武丁時卜辭紀日法爲證明，「以閏月定四時成歲」，則可以殷曆行四分術而知置閏之法，來源甚古。又堯典稱「平秩東作」，「厥民析」；卜辭有「卯于東方析」之語。「寅賓出日」、「富餞納日」，于卜辭亦有「祭日出入」之辭。火星，鳥星，亦見于卜辭祭祀。凡此所舉，皆殷商之世已有。且歲差之說，實古人未及知，故堯典非古人所能僞。

而夏書胤征篇，中康日食，亦由天象而知爲實錄。夏書胤征篇之佚文見于左昭十七年所引曰：「辰不集於房，瞽奏鼓，嗇夫馳，庶人走。」乃在夏都安邑，見日全食，在房星之度，而驚駭營救之現象。推步天象，考證得知此夏書出眞古文胤征篇，乃夏中康時代之殘逸史實。在中康之可能年限內，求夏都可見，食在房宿之日全食，僅得西元前二一三七年十月二十二日之日全食，條件完全相合；而適當中康之元年，甲申，九月壬申朔之日食。由此觀之後儒目光短淺者，及明、清、民國以來少數懷疑派史學家，均稱古文尚書堯典、虞書、夏書爲僞書，是荒謬狂妄不科學之學說。夏之文獻孔子雖有不足徵之歎，然猶能言夏禮，得夏之時，傳小正。箕子陳洪範，魏降誦夏訓，墨子多用夏政，孝經本於夏法，漢志亦載夏龜，當時之學術文化，雖遺世傳說之一鱗半爪，尚足徵信如此。何可妄加抹殺古文獻，恣意揚棄？

豳風七月詩，純爲周公陳述先公所傳敎民之詩歌，宗旨在於以蠶農爲務，俾使衣食充足，克勤克儉，敎忠敎孝。又癸、發子元歲癸卯二十一歲，公劉自狄遷於豳，當在公元前一八一八年事，所以證明爲夏衰之世。再驗諸小戴記之月令篇，是漢儒按呂氏春秋之十二月紀所編訂而成章者，是秦漢人追記周代之禮俗，周民族按節令的變化所擧農事雜務，天子行政規範，風俗習慣，禮儀作法。其間最令人注意者，指明曆法相關的節令並不算多，祇有：立春、立夏、小暑、立秋、立多而已。皆指明天子在逢此節令之日，當守之禮法，當行之政事。然周先公敎民詩七月中則不得而見「二十四節令」之辭，所見僅「七月流火」一辭，連續在詩中重複三次。以曆法言之，與前述之「火星中而寒暑退」，「火、大火、心也。季多十二月平旦正中，在南方，大寒退。季夏六月黃昏火星中，大暑退」。「流下也。火，大火，心星也，以六月之昏，加於地之南方，至七月之昏，則下而西流矣。」又「七月斗建中之月，夏之七月也。」「公劉正當夏時，所用夏正也。」以諸曆法學說核對，再驗之堯曆正相符合。蓋夏曆卽從堯曆推演而來也。由曆法證之豳風七月當爲夏詩。又七月詩中所擧十二月中之月令稱呼是以「一之日」、「二之日」、「三之日」、「四之日」；「春日」；「蠶月」，「四月」、「五月」、「六月」、「七月」、「八月」、「九月」、「十月」。爲順序此乃夏民俗中稱月之法也。以此月序則爲十一月、十二月、正月、二月、三月、四月、五月、六月、七月、八月、九月、十月。此一稱月之法是始於商代是商因夏法，而周代沿之故不同，以此證之，則七月之詩更爲夏詩無疑。再者以品物生態之變化稱時亦存夏民古意在焉。同時以曆法言之，夏代的天文知識，也絕對不會通行在民間；所以清代崔述有：「讀七月。如入桃源中，衣冠樸古，天眞爛漫，熙熙乎太古也。然則此詩當爲大王以前之豳舊詩，蓋周公述之以戒成王，而後世因誤爲周公所作耳」的感受和體會。至於二十四節的充分運用，如地畝經的完整表達形式，最早也是漢唐以後的事。所以七月詩以曆法表達形式論，非常實際化原始化及生活化、通俗化，

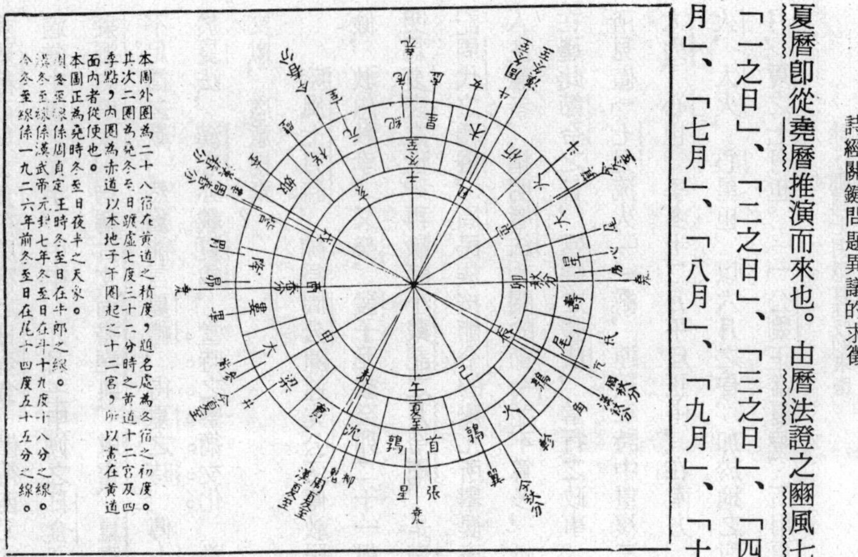

堯時冬至日躔圖（盧景貴高等天文學）

由此可斷其當為中華歷史文化的一條根。

三代稱月對照表

夏俗稱月表	商周民俗稱月表
一之日	十一月
二之日	十二月
三之日	正月
四之日	二月
春日載陽 春日遲遲 蠶月條桑	三月
四月	四月
五月	五月
六月	六月
七月	七月
八月	八月
九月	九月
十月	十月

(二)以教民之義驗證七月詩當為夏詩的可徵

教民之義，首在養民，養民之道，重視民生，民生之要，在講求衣食住行之得宜，要求四者得宜，必厚植五穀，禾麻菽麥，稻萩稷黍，瓜果葵荼之屬，終日克勤克儉，必從事於男耕女織之務。尚有餘力則外出獵取貉、狐、貍、野豬，以助為裘獻上。萑葦、伐桑，以助蠶功；穹窒熏鼠，塞向墐戶，刈茅、索陶、乘屋修繕，為住處而盡力也。遠古交通未暢，遵彼微行而已。築場圃，修耒耜，種植百穀，舉足而耕，饋食南畝，則均為食而致力，穫稻，釀酒，採蔞草，剝棗，則為遠古醫藥、預防疾病，養老措施。鑿冰藏冰，至於鄉黨飲酒祝豐年諸禮節所需之役，是不因私而廢公之義，是謹庠序之教，倫常長幼禮俗，是敦厚美俗，教忠教孝之事。觀公劉之教化，皆以實務為主，按季節自然之變化而行，節節言之有物，均不尚空言也。

如驗諸呂氏春秋月紀、小戴記月令篇，皆失於誇大周、秦漢季天子爲政，大夫說教之空言，有失遠古之男耕女織之淳樸德化也。卽以管子牧民篇較之，雖有落實之辭，但亦偏於敎條。然管子卻以爲：「凡有地牧民者，務在四時，守在倉廩，國多財，則遠者來；地辟舉，則民留處。倉廩實，則知禮節；衣食足則知榮辱；上服度，則六親固；四維張則君令行。」又「不務天時，則財不生；不務地利，則倉廩不盈；野蕪曠，則民乃菅……。」管子相齊桓公而成覇業者，端賴此敎。試比之豳風七月公劉之敎，實有天壤之別，管子生東周之初，固然得聞公劉之敎，由此一牧民之義得之，管子之敎民亦未能超出七月之外，再觀管子四時篇，則顯見爲後人好事者之所僞造，文中雜以陰陽五行之說，牽强附會之辭，實非管子本人之思想也。故知七月之敎，是周民族先公公劉遷豳爲夏之部落時代，敎民所行之敎化也。在中華歷史文化中，當爲最古老的敎化之主根。

（附豳公七月風化之圖）

說明：胡廣依朱子集傳所載王氏總論七月之義一段分佈爲圖。張子曰：七月之詩，皆以夏正爲斷。朱子曰：一之日爲一陽之月，二之日謂二陽之月，變月言日，言是月之日也。餘放此。曹粹中曰：公劉正當夏時，所用者夏正也。胡廣曰：「詩中載一歲事，獨缺三月，嘗觀二章春日載陽至公子同歸，及三章桑月條桑至猗彼女桑，並不言何月，今摘其辭，布於二月四月之間，非敢遽以爲三月也，特以備見豳風春日之事云：

豳公七月風化之圖

明胡廣製

	一之日	二之日	三之日	四之日	四月	五月	六月	七月	八月	九月	十月
仰觀星日霜露之變	觱發	栗烈		春日載陽 春日遲遲				流火		肅霜	
俯察昆蟲草木之化				有鳴倉庚	秀葽	鳴蜩 斯螽動股	莎雞振羽	鳴鵙 在野	萑葦 在宇	在戶	隕蘀 蟋蟀入我牀下
以知天時以授民事		鑿冰沖沖	納于凌陰	蠶月條桑、女執懿筐、爰求柔桑、采蘩、取斧斨伐遠揚						授衣 築場圃	滌場 穹室熏鼠 塞向墐戶
女服事乎內男服事乎外	于貉	其同 載纘武功	于耜	舉趾					載績載玄 載黃其穫		穫稻 納禾稼 嗟我農夫 我稼既同
上以誠愛下下以忠利上	取彼狐貍 爲公子裘	言私其豵 獻豜于公							我朱孔揚 爲公子裳		上入執宮功 晝而于茅 宵而索綯 亟其乘屋
養老而慈幼食力而助弱				同我婦子 饁彼南畝			食鬱及薁	食瓜 烹葵及菽	斷壺、剝棗	叔苴采荼薪樗 食我農夫	嗟我婦子曰爲改歲入此室處 爲此春酒 以介眉壽
其祭祀之時其燕饗之節				其蚤 羔羊祭韭							朋酒斯饗曰殺羔羊躋彼公堂稱彼兕觥萬壽無疆

(三)以農業發展過程驗證七月詩當爲中華民族農事最早的實錄

由於全面研究詩經的發現，看出了周代的政治、經濟、社會、倫理、文化、軍事，都有它固定的形象，而這種形象的形成，其背後確實有一個最大的支持原動力；這一原動力，就是周民族在農業上經過長時期的發展成就。一般的詩歌中，固然隨時都可看到片斷的農業社會所獨有的特徵。有一些詩篇裏，更直接了當的表達出，農業生產技術純熟，農具的完備，農業生產品也相當豐富，國力也特別的堅實强大。

尤其是在大雅生民篇中，歌頌后稷在農業上的長才展示。成功的種植了，荏菽、禾、麻麥、瓜瓞之屬。這些產品又都是中國主要的產物；得到這些產物，都是要經過一番辛苦勤懇的奮鬥的。先割去荒草、播種、生苗、垂穗、結實到豐收。例如：「茀厥豐草，種之黃茂，實方實苞，實種實褎，實發實秀，實堅實好，實穎實栗，即有邰家室。」又如公劉篇：「篤公劉，匪居匪康，迺埸迺疆，迺積迺倉，迺裹餱糧，于槖于囊，思集用光，弓矢斯張，干戈戚揚，爰方啟行。」此在述公劉居西戎，人民不敢寧居，治田時，實倉廩，即富且强，裹其餱糧，團結其民，光顯其國，再持兵器，啟行遷豳地。這種詩全出自於周民之手筆禮讚之辭，遠無法望后稷、公劉的教化之項背。而七月詩以豳公化下之民口中，極自然的流露出，先公在夏衰時的一年農事生活實錄，生聚敎訓的根本。

(四)以詩豳風七月和夏書五子之歌文藝形態的比較結果，使它在中國文學史上的地位得到提升。

由於今人盧景貴的高等天文學所證實，過去認爲僞書的古文尙書，成爲可信、可靠的夏代古史實錄；所以「夏書五子之歌」的價值和地位都得到提升，它成爲眞正的夏代初葉的殘餘古歌。爲了求徵「詩豳風七月」是否是夏衰的作品？如果「是」，它又究竟該是「出自后稷的子子孫孫，因終年勤於農事的寶貴體驗，所逐漸形成的歌謠，而爲夏衰時公劉遷豳教民稼穡的地畝經。」或者是「公劉爲教民所作的四時耕織歌？」因爲「五子之歌」既是夏歌謠，把它拿來和「詩豳風七月」文藝形態相比較，自然會得到可信的結論。

「五子之歌」：

太康尸位，以逸豫滅厥德，黎民咸貳，乃盤遊無度，畋于有洛之表，十旬弗反，有窮后羿，因民弗忍，距于河。厥弟五人，御其母以從。御于洛之汭，五子咸怨，述大禹之戒以作歌。

其一曰：皇祖有訓，民可近，不可下，民惟邦本，本固邦寧，予視天下，愚夫愚婦，一能勝予；一人三失，怨豈在明，不見是圖，予臨兆民，懍乎若朽索之馭六馬，為人上者，奈何不敬？

其二曰：訓有之，內作色荒，外作禽荒，甘酒嗜音，峻宇彫牆，有一于此，未或不亡。

其三曰：惟彼陶唐，有此冀方，今失厥道，亂其紀綱，乃底滅亡。

其四曰：明明我祖，萬邦之君，有典有則，貽厥子孫；關石和鈞，王府則有，荒墜厥緒，覆宗絕祀。

其五曰：嗚呼曷歸？予懷之悲，萬姓仇予，予將疇依？鬱陶乎予心，顏厚有忸泥，弗愼厥德，雖悔可追。

「五子之歌」與「豳風七月」兩古詩文藝形態及用辭

夏書五子之歌	詩豳風七月
一、有序言詩歌	一、無序言詩歌
二、作者：爲五子集體創作。	二、作者：爲后稷子孫依據稼穡體驗，而逐漸在公劉遷豳時形成的古詩。
三、詩歌本事：作者，爲太康失國，其弟五人奉母逃亡中，以失勢貴族口吻，有感而發之怨聲；有自責、痛悔、告戒之義。情緒悲憤。	三、詩歌本事：夏衰之時，豳地百姓，仰觀天象，四季推移，俯察物理生滅自然現象，和耕織農事所配合，所逐漸形成的四時田家樂，即景實錄式的詩歌民謠，氣氛和諧。
四、本爲歌謠體裁，有賦的形式。全文共六章，六十二句，二百五十七字。大體爲四言詩，每首皆冠以引語，一章爲序，其間雜以三言三句，九言一句。句組配字，字數差距較大，較主體形式字數，有多有少，氣勢不勻，表達呆板。修飾較落伍，說明其辭句組合，更具古老性。韻爲自然韻。	四、本爲詩經變風，是賦，有古詩民謠雙重格調，全詩文共八章，每章十一句，共八十八句，總計三百五十字。大體屬四言詩，每首不冠引語，其間雜以五言十句，六言五句，七言二句，八言一句。句組配字，字數差距較小。較主體形式字數，有增無減，氣勢軒昂，表達活潑，遣辭自如，修
五、歌中單獨習用字如：嗚呼、弗、不、厥、	

比較表

予、惟，表示保守，作品出現較早。	飾較進步，說明其辭句，組合接近古老性。
六、兩者共同用字，如：曰、我、于、此、爲、無、其、以、有、之。表示遺辭的共同性，應同屬夏代作品。	五、詩中單獨習用字，如：嗟、而、載、在。表示進步，作品出現較晚。
	六、同上（六）所言。
七、因今人盧景貴的高等天文學證實夏書爲實錄。	七、歷代史家考據說雖不一，但經傳統公認爲夏衰之詩。

審此比較，得知兩者同爲夏代之古歌謠作品，僅時間略有前後，一在夏初，一在夏衰之時而已。

(五)以夏的文明禮義大理想孕育了周先民的詩教

據堯曆的印證尚書古文堯典一文非古人所能僞，此說是經今人天文學家盧景貴的高等天文學所證實；又夏書胤征篇中康日食亦由天象證知爲實錄，並且二說均爲中國歷史參考圖譜（註四）所採納爲正說。因此古文尚書全部成爲可信的古史傳說。

按虞書舜典所載，夏爲中國的尊稱乃始於虞、舜之時，當時舜繼堯爲帝，而命禹爲司空，又命棄爲后稷，命契爲司徒，命皐陶爲士；嘗特別指稱：「蠻夷猾夏，寇賊姦宄。」孔安國傳曰：「猾、亂也。夏、華夏。羣行攻刼曰寇，殺人曰賊，在外曰姦，在內曰宄；言無敎所致。」而孔穎達疏：「往者蠻夷戎狄，猾亂華夏；又有强寇刼賊，外姦內宄者爲害甚大。」正義對夏訓爲：「夏訓大也。中國有文章光華，禮義之大。」定十年左傳云：「裔不謀夏，夷不亂華，是中國爲華夏。」朱熹書經集傳則曰：「夏、明而大也。曾氏曰：中國文明之地，故曰華夏；四時之夏，疑亦取此義也。」後禹受禪爲帝，王天下以夏爲號，乃繼虞舜治天下的理想而已。朱熹書經集傳爲夏書作傳云：「夏禹有天下之號也。夏書凡四篇，禹貢作於虞時，而繫之夏書者，禹之王以是功也。」

夏字篆文作「[illegible]」段玉裁說文解字注：「中國之人也，从夊从頁从臼，臼兩手夊兩足也。「[illegible]」古文夏。段注訂補曰：「案京師爲首、諸侯爲手，四裔爲足。所以中國之人也。古夏从𠆢从四从疋（疋足也，古文以爲詩大雅字）。越人安越，楚人安楚，君子安雅（荀子說）。𠆢合橫目之民而安於疋，非中國之人而何，段氏亦不能注也。（何郊海說）。說文疑疑：「夏者四時之一也，从臼、手有所持也。从夊足有所躧也，象農夫之夏月治畦也。夏者：禹有天下之號也。从臼、手有所持也，从夊、足有所躧也。象神禹之八季治水也。一說、夏者舞也。从臼从夊，象手持羽籥干戚，而足躧舞履也。（註五）（說文躧字注曰象兩脛有所躧，躧字注曰舞履也。）夏字再向前推敲便沒有古文字可本了！竊以爲在說文解字詁林所載諸說，各家的解釋，除了反復重複外，多爲牽強附會的說法，無一爲「夏」字的本義可令人心服者。（註六）況篆文又不足爲文字的根本，古文也多有謬義。如驗諸古文尙書所稱的夏字本義，說文解字實不足爲訓，字的形態組合，亦不能附合夏字的實質含義了。

余據東周秦公簋的夏字作「[illegible]」，从[illegible]爲獻首於俎上，右側[illegible]字从右手之獻，[illegible]字，則會意一人左手持耒耜而耕於壠畝之中貌。正如說文疑疑所稱：「夏者四時之一也，从臼、手有所持也。从夊、足有所躧也，象農夫之夏月治畦也。」則「[illegible]」字形尙與秦的篆文「[illegible]」字接近，而稍早西周末期的齊侯鎛鐘及齊侯鐘則又作不同的兩種字形如：「」又作「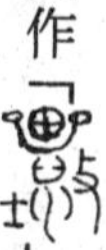」古文鬼字作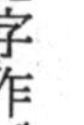，人死曰鬼曰鬼曰歸。或皆為實置首於祭器之上，器在祭者之下（註七），左之士乃士師掌敎化者，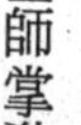乃右手執敎刑，判條也。或皆人執禮貌。此已有執禮禘祭的含義了。文字的變化雖大，又因秦、齊對文字表達方式受鄉邦的習俗所限，有所差別。

及至商代的殷商甲骨文字，因可識字祇不過一千三百七十七箇字左右，不可識字據董作賓氏估計，在不及十萬甲片中，只多不過二千多字，連識和不識字總共可望有三千五百左右字而已。剛好夏字至今尚未被考認出來。按前文古尚書對夏字的訓解，已有一具體形貌。余不揣冒昧，遍檢甲骨文書籍，從不識字中得一「」字古文，疑應為夏字的古體字，幸巧在李孝定所編述的甲骨文字集釋第四、一三一一頁。：見甲骨文為：、前、一、一四、二、前、一、四二、三、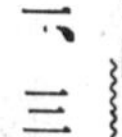、後、下、三三、二、、續、一、二二、一、甲、一、三、一一、、甲、二、一六、六、佚、九、二五。

羅振玉曰：「象兩手薦牲首於且上，案周禮夏官小子職『掌珥於社稷。』鄭司農曰：『珥社稷以牲頭祭也。』又羊人：『祭祀割羊牲登其首。』觀此字知升首之祭，殷已然矣。」（見殷虛書契考釋第六十八葉上。）

陳直曰：「卜辭中有字象兩手薦牲首於且上形蓋祭名也。案禮記明堂位云：『有虞氏祭首，夏后氏祭心，殷祭肝，周祭肺，』以卜辭證之，蓋未必然；以周禮證周禮，其言亦不同。周禮夏官羊

人云：『祭祀割羊牲祭其首。』則殷周二代皆襲有虞氏之禮也。又案郊特牲云：『凡祭用牲於庭，升首於室。』鄭注云：『升首於北牖下，尊首尚氣。』是又三代皆以牲首致祭之證也。」（見臏義三葉。）

于省吾曰：「按羅說是也。惟識其義，尚未識其字。卽盧之初文，以六書之義求之，从丙象几案，从鷹省聲。此所謂省聲者，猶有省體存焉。……古文合體字偏旁中之省體時，有所見如契文爲麋罟从省。……字从爲鷹之首，故可云鷹省聲「後！下、三三四」鷹字作，克鼎濼字从鷹作，陳侯因資錞鷹作，邵王段『邵王之諻之盧㕓』殷盧作，鄭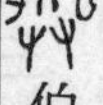伯鬲『鄭伯作叔薦鬲。』盧、薦同鷹、盧旣，薦鬲，均祭器，所以食於鬼神也。盧从盧薦从皿，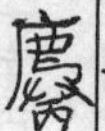，字从丙與从皿義同，契文鷹作者爲鷹牲首之祭之專名：前、一、一四、二、『王宊且南庚□亡尤』一、四二、三、『王□宊羌甲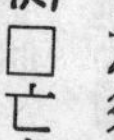□亡尤』後、下、三三、二、『王宊且甲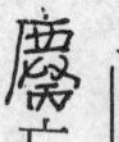亡尤』續、一、二二、一、『王宊且丁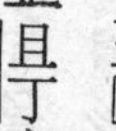亡尤。』林、一、三、一一、『王宊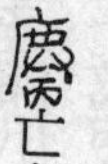亡尤』一、一六、六、『王宊且庚□亡□尤』佚、九二五、『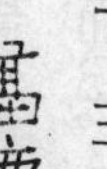王弗宊』凡此均可證爲祭名。周禮羊人『祭祀割羊牲登其首』注：『登，升也。升首報陽也，升首于室』賈疏『報陽者，首爲陽；對足爲陰，祭祀之時，三牲之首俱升，此特言羊者，以其羊人不升餘牲。』禮記郊特牲：『用牲於庭，升首於室。』注：『升牲首於北牖下，尊首尚氣也。』此周制，與殷禮可互證者。要之鷹字象形爲獸，名鷹同薦，薦字从艸爲茸、藉盧字从皿爲進獻。字象共牲首

於几上爲祭，登牲首之專名，自以苴藉之薦爲薦；進而盧廢矣！周代登牲首之禮雖存，而□祭爲牲首之專名亦廢矣。」（見駢三第十四葉下至十五頁上）

李孝定曰：「按諸家說，此爲薦牲首之祭，其義是也。惟後世已無此專字，其音讀形製，均莫可塙指，但當依其偏旁隸定，以爲說文所無字耳？字从□于氏隸定作□固無不可，惟亦有从□作者（李氏）僅就□形言，則與古文眉字相類，而字決非眉，姑就其形，似隸定作首，非謂从許訓目不正之苜也，全文隸定作□，暫附苜部之末。」

竊以爲「□」字，應爲四時祭名，「夏禘」的「夏」字。按詩長發篇，毛詩小序：「長發，大禘也。」鄭玄箋：「大禘郊祭天也。禮記曰：『王者，禘其祖之所自出，以其祖配之是謂也。』」孔穎達疏：「正義曰：長發詩者，大禘之樂歌也。禘者，祭天之名，謂殷王高宗之時，以正歲之正月，祭其所感之帝於南郊。詩人因其祭也而歌此詩也。」又正義曰：「祭法云：殷人禘嚳（□），而郊冥（季、□）。注云：禘謂冬至祭天於圓丘，則圓丘之祭名爲禘也。又王制及祭統言：四時祭名：春礿、夏禘、秋嘗、冬烝。注云：蓋夏殷制，則殷之夏祭宗廟亦名禘也。」又鄭駮異義云：「三年一祫，五年一禘，百王通義以爲禮。」

按夏字，訓爲華夏；又訓爲大也。中國有文章光華，禮義之大。又訓爲明而大也。中國文明之地，故曰華夏；四時之夏，疑亦取此義也。所謂大者乃指有文明、禮義之謂大。孫子計篇：「孫子曰：兵者，國之大事。」杜牧曰：「傳曰：國之大事，在祀與戎。」所以非止國之大事在祀與戎，天下之大事亦在祀與戎，此置戎而不談，天下之大事，首在祀；祀者，「祭祀」之謂也。中國之有祭祀，斯有文明，斯有文章光華，斯爲華夏，斯爲大也。故夏字至篆文已有嫌誇飾，必从夊从頁从臼，臼兩手兩足也，始爲中國之人也。是虛有其表也。顯其「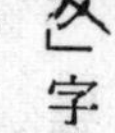」字已失却古義云。所以夏字最初當爲四時祭名：春礿、夏禘、秋嘗、冬烝的「夏禘」的祭名「夏」，古文作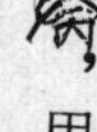，甲骨文作「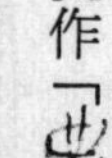」又葉玉森釋夏爲「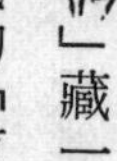」藏一五三、二，周文作「」或「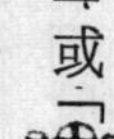」或「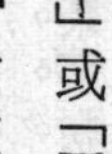」字形，秦篆則作「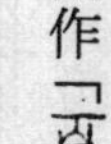」。也就是舜典所載的「夏」，爲中國的尊稱。夏乃代表有祭祀、有文明、有禮義、有文章的偉大華夏。於是夏是中國人精神的象徵。

因此在舜、禹、后稷、契、皋陶諸聖的教化，長期薰陶下，雖至夏衰，公劉居豳的時候，依然不忘禮義，甚至夏衰不講禮義，能不禮失而求諸野，而在豳風七月詩中，記有遠在豳的偏僻地方，仍然保有古樸教化存在，周的先民，在一年勤苦農事之餘而不忘，禮義和民間的祭祀，有此美俗教化在，周斯足以使文武崛起代殷而王。到而今我們還能在豳風七月中，詩的末尾唱出：「二之日鑿冰沖沖，三之日納于凌陰，四之日其蚤，獻羔祭韭，九月肅霜，十月滌場，朋酒斯饗，曰殺羔羊；躋彼公堂，稱彼兕觥，萬壽無疆。」的至高無上的和樂心聲來。再回頭看看七月詩的首段詩言「田畯至喜」的田大夫教民稼穡，風塵樸樸形貌活現，實乃后稷之教了！以及末段的「四之日其蚤，獻羔祭韭。」是禮義教化，月令所謂：「仲春獻羔開冰，先薦寢廟，是也。」孔穎達曰：「二月開冰，君始用之，至於夏初出之乃頒賜臣下。」用以食肉之祿，老病喪浴，冰無不及。最後申明，「朋酒斯饗，曰殺羔羊。」

按鄭玄箋曰：「朋者輩類之言。此言朋酒，則酒有兩樽曰朋，故言兩樽曰朋。掃場是農人之事，則斯饗是民自飲酒，故言饗。禮者，鄉人飲酒以狗為牲。大夫與焉，則加以羔羊。言曰殺羔羊，是鄉人見大夫始發此言，故稱曰也。鄉人飲酒而謂之饗者，鄉飲酒禮尊事重，故以饗言之。」蓋言農事已畢，親友共聚慶賀豐收，鄉黨田大夫被邀參與飲酒，所以殺羔羊為獻，祭祖而後食之。就是官府人員，這時也都齊聚公堂之上，擺上宴席，犀牛尊中裝滿美酒佳釀，高舉犀牛角製的大觥，慶賀豐年的收成，也共同祝賀人壽國祚無限綿長。這也可以說是有夏的理想教化波及，長期的影響，屈居一隅的后稷子孫，在克勤克儉，敎忠敎孝，默默耕耘，發展農事，而孕育了後來居上的兩周文化芻形和詩敎。

(六)夏民以厚生哲理應用在醫藥植物上的痕跡。（首為夏禹正名）

在吳越春秋越王無余外傳第六記有禹父鯀者帝顓頊之後，鯀取於有莘氏之女，名曰女嬉，年壯未孳，嬉於砥山得薏苡而吞之，意若為人所感，因而姙孕，剖脅而產高密，家于西羌地曰石紐，石紐在蜀西川也。帝堯之時遭洪水滔滔，天下沉漬，九州閼塞，四瀆壅閉，帝乃憂中國之不康，悼黎元之罹咎……禹傷父功不成，循江泝河，盡濟甄（疑為曁字）淮，乃勞身焦思以行七年，聞樂不聽，過門不入，冠挂不顧，履遺不躡，功未及成愁……得通水之理，復返歸嶽乘四載，以行川始於霍山，徊集五嶽。詩云：『信彼南山，唯禹甸之。』遂巡行四瀆，與益夔共謀。……」元徐天祐注：「帝王世紀曰：鯀帝顓頊之子，字熙。連山易曰：鯀封於崇，故國語謂之崇伯鯀。史記曰：鯀之父帝顓頊。世本亦以鯀為顓頊子。漢律歷志則曰：顓頊五世而生鯀，通鑑外紀從之。古史曰：太史公以鯀為顓頊之子，其世太迫，班同以爲五世孫近得之。此書以爲顓頊之後，曰後者，可以通子孫言之也。」又注：「世本曰：鯀娶有莘氏女謂之女志，是生高密。宋忠曰：高密禹所封國。世紀曰：鯀妻脩己見流星貫昴，夢接意感，又吞神珠薏苡而生禹，名文命字密。史記以文命爲禹之名。孔安國謂禹爲名。張晏謂禹爲字今並存之。」注又云石紐：「在茂州石泉縣，其地有禹廟，郡人相傳禹以六月六日生，元和郡縣志：禹汶山廣柔人生於石紐村。水經註：縣有石紐鄉，禹所生也。廣柔即今石泉軍。」所謂復返歸嶽乘四載，徐注：「陸行乘車，水行乘船，泥行乘橇，山行乘檋。」又：「南嶽衡山又名霍山。泰與岱；衡與霍，皆一山二名。」

古文尚書既爲可靠記載，則對禹的記載也必然可信（註八）。虞書、堯典：「帝曰：咨四岳，湯湯洪水方割，蕩蕩懷山襄陵，浩浩滔天，下民其咨，有能俾乂，僉曰：於，鯀哉。帝曰：吁！咈哉。方命圮族，岳曰，异哉，試可乃已。帝曰：往欽哉！九載績用弗成。」

又舜典：「流共工于幽洲，放驩兜于崇山，竄三苗于三危，殛鯀于羽山，四罪而天下咸服。」又：「舜曰：咨四岳，有能奮庸熙帝之載，使宅百揆，亮采惠疇。僉曰伯禹作司空。帝曰：俞。咨禹，汝平水土，惟時懋哉，禹拜稽首，讓于稷、契、暨皋陶。帝曰：俞。汝往哉。」

孔子對夏禹的稱頌可謂備至，不僅對其治洪水之功，兼及禹的人格修爲治蹟、教化均有讚詞；論語泰伯篇：「子曰：禹吾無間然矣！非飲食，而致孝乎鬼神；惡衣服，而致美乎黻冕；卑宮室，而盡力乎溝洫。禹、吾無間然矣！」同篇：「子曰：巍巍乎，舜、禹之有天下也，而不與焉！」朱熹注：

「巍巍、高大之貌。不與、猶言不相關，言其不以位爲樂也。」

孟子也有更多的禮贊：離婁下：「孟子曰：禹惡旨酒，而好善言。」又曰：「天下之言性也，則故而已矣！故者以利爲本。所惡於智者爲其鑿也。如智者，若禹之行水也，則無惡於智矣！禹之行水也，行其所無事也；如智者亦行其所無事，則智亦大矣！」又曰：「禹、稷當平世，三過其門而不入，孔子賢之；顏子當亂世，居於陋巷，一簞食，一瓢飲，人不堪其憂，顏子不改其樂，孔子賢之。」孟子曰：「禹、稷、顏回同道。禹思天下有溺者由己溺之也。稷思天下有饑者，由己飢之也。是以如是其急也。禹、稷、顏子，易地則皆然。」滕文公下：「當堯之時，水逆行，氾濫於中國，蛇龍居之，民無所定，下者爲巢，上者爲營窟。書曰：洚水驚余，洚水者洪水也。使禹治之，禹掘地而注之海，驅蛇龍而放之菹。水由地中行，江、淮、河、漢是也。險阻既遠，鳥獸之害人者消，然後人得平土而居之。」滕文公上：「當堯之時，天下猶未平，洪水橫流，氾濫於天下，草木暢茂，禽獸繁殖，五穀不登，禽獸偪人，獸蹄鳥跡之道於中國，堯獨憂之，舉舜而敷治焉。舜使益掌火，益烈山澤而焚之，禽獸逃匿。禹疏九河，瀹濟、漯而注諸海，決汝、漢，排淮、泗，而注之江，然後中國可得而食也。當是時也，禹八年於外，三過其門而不入，雖欲耕得乎？后稷教民稼穡，樹藝五穀，五穀熟而民人育。人之有道也，飽食暖衣，逸居而無教，則進於禽獸，聖人有憂之，使契爲司徒，教人以倫，父子有親，君臣有義，夫婦有別，長幼有序，朋友有信。放勳曰：勞之來之，匡之直之，輔之翼之，使自得之，又從而振德之。聖人之憂民如此，而暇耕乎？堯以不得舜爲己憂，舜以不得禹、皋陶爲己憂，夫以百畝之不易爲己憂者，農夫也。」

據前敘諸典籍所載顯示禹當爲繼二帝而王天下的夏代開國的聖王無疑，並確有其人；絕非近代治古史的人們所稱疑無其人的陳腔濫調，知是別有用心的在揚棄破壞歷史文化行爲，實不可採信，或受其愚弄。

按禹字說文作蟲也。从厹象形。、古文禹。席記藝文志大三十七篇傳言禹所作，師古曰：、古禹字。許記：、案漢書藝文志大三十七篇、師古曰：古禹字，與說文異。段玉裁注：「、蟲也。夏王以爲名，學者昧其本義。从厹、蓋亦四足。象形、王矩切五部。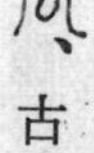、古文禹，見漢書。徐箋曰：「禹爲蟲名，而从獸足之厹義，不可通，疑當从从九，禹者，蟲行屈曲，故从九也。列子力命篇：踽踽而步。宋玉登徒子好色賦：旁行踽僂，皆相承增偏旁，李善注：踽僂傴僂也，廣雅曰：踽僂曲貌。傴、央矩切。僂、力主切。蓋蟲形曲脊，人之傴僂似之，故謂之踽僂，巫稱禹步，亦謂其行周旋屈曲，世傳大禹治水，病足行跛，而俗巫效之，謂之禹步。雖出揚子法言實不經之談也。

按說文解字多从秦篆文而解，篆文實有異於周的古籀文，所以顏師古指爲：古禹字，與說文異。段玉裁又指出，夏王以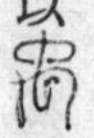蟲爲名，學者不明其本義之所在。乃字形變遷所致。按徐箋所分析：「踽踽而步」，「旁行踽僂」，「踽僂傴僂」，「踽僂傴貌」，「蟲形曲脊」，「人之傴僂」，「巫稱禹步」，「周旋屈曲」，「大禹治水，病足行跛」，「俗巫效之，謂之禹步」。正與孟子所稱，

「禹疏九河」的勞形相符合，「禹思天下有溺者，由己溺之也……是以如是其急也。」「禹掘地而注之海，驅龍蛇而放之菹。水由地中行，江、淮、河、漢是也。險阻既遠，鳥獸之害人者消，然後人得平土而居之。」孔子也說：「卑宮室，而盡力乎溝洫。禹，吾無間然矣！」舜也說：「汝平水土，惟時懋哉。」

按禹字出現於秦公簋上則作，从厹，蓋亦四足。夏王以蟲為名，象四足之蟲，豈非指勤溝洫，平水土之勞形哉？而西周文字則又从，見於禹鼎。義猶人戴草笠，持槳游於水中了！字亦原本如此。而甲骨文字卜辭中尚無人考出如何？為禹字。我又冒昧從不識字中揀出一些可以近似禹之字義者排列於次：

㈠堯的卜辭作「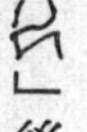」後下、三三、一六，說文古文作，秦篆則作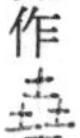。字作人負陶土狀，蓋為陶唐氏的涵義會意。是謂卜辭的堯「」字。

㈡史記及世紀皆指禹名文、按文字秦篆作「」東周文見秦公鐘所載「」，曾侯鐘作「」，中山王壺作「」。西周文字，令簋作「」，虢文公鼎作「」，尚有其他變文字體恕不一一例舉。而甲骨卜辭却作：乙六八二〇反，甲、三、九四〇、，前、一、一八、一，後上、一九、七文字在卜辭中作人形字，有的文身，有的未文身而已。

㈢吳越春秋：「復返歸嶽乘四載。」元徐天祐注：「陸行乘車，水行乘船，泥行乘橇，山行乘檋。」的盡力溝洫，禹掘地而注之海，平水土的勞形，又云：「禹傷父功不成，循江泝河，盡濟甄淮，乃勞身焦思七年，聞樂不聽，過門不入，冠挂不顧，履遺不躡，功未及成愁……得通水之理。復返歸嶽乘四載。」的本義。

禹王臺（河南省開封縣）

唐寫本古文尚書禹貢
（敦煌千佛洞）

夏禹長於地理脈泉知陰隨時設防退爲肉刑

漢人想像之夏禹像（武梁祠石刻）

㈣又考漢人想像之夏禹像「武梁祠石刻」，標明：夏禹長於地理脈泉，知陰隨時設防，退爲肉刑。頭戴草笠肩扛泥揷、畚箕，已無後世所謂帝王之儀表了。特附圖於前。

茲依前考諸義所確定卜辭中的禹字於後：

前四、四六、三，前五、二八、一，後下、二三、三，

前六、五，前、二、三、一，拾、十三、十一，

後下、四三、七，前、六、三三、四，前、六、三二、二，

前、六、三二、五，

以上諸字例，皆爲禹鼎、字的演化前身字。又因禹的行跡遍天下，各方表達形式必有所不同。實際上都是一個禹字而已。

此外夏禹始爲姒氏祖，蓋因以薏苡生。前曾引吳越春秋言及之。以鯀娶有莘氏之女，名曰女嬉，年壯未孳，嬉於砥山得薏苡而吞之，意若爲人所感，因而姙孕，剖脅而產高密。高密爲禹字，乃禹所封國。世紀又說：鯀妻脩己見流星貫昴，夢接意感，又吞「神珠薏苡」而生禹。世本又說鯀娶有莘氏女謂之女志，是生高密。是女嬉、脩己、女志爲一人，是生禹的生母。三說雖有繁簡，但其二說皆言吞「神珠薏苡」而孕禹。故以姒爲姓氏，姒字甲骨文卜辭作：

、拾、三、七、、前、四、二四、一、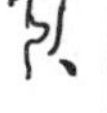、甲、二、二五、三卽姒字，同姛字，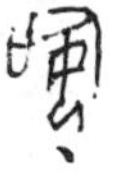、甲、二、二二五、三。

苡字本字爲以亦作㠯，亦作㠯，在此祇能引伸爲「薏苡」，如趙鐵寒硬將引伸爲巴，牽强成爲長蛇圖騰，無乃不可，也屬不智之舉。因爲以字，金祥恆已有專論釋㠯一文載於中國文字第二卷。也不能通叚㠯字來解，全文已有剖析外，戴君仁也有釋㠯一文更有獨見。如非要以古代圖騰社會來表示，也可以說夏禹的教化，已由動物圖騰，一躍而進化爲以植物爲圖騰的農業社會了，甚至進步到運用藥物的階段。薏苡（見圖），本草綱目李時珍曰：「薏苡人多種之。二三月宿根自生，葉如初生芭芽，五、六月抽莖開花結實。有二種：一種黏牙者，尖而殼薄。卽薏苡也。其米白色如糯米，可作粥飯及磨麵食；亦可同米釀酒。一種圓而殼厚堅硬者，卽菩提子也。其米少卽粳糯也。但可穿作念經數珠，故人亦呼爲念珠云。其根並白色，大如匙柄，糺結而味甘也。

薏苡

神珠薏苡

別錄曰：「薏苡仁生眞定平澤及田野，八月採實，採根無時。」陶弘景曰：「眞定縣屬常山郡，近道處處多有，人家種之。出交趾者，子最大，彼土呼爲䅶珠。故馬援在交址餌之，載還爲種，人讒以爲珍珠也。實重纍者爲良，取仁用。」志云：「今多用梁漢者，氣劣於眞定，取青白色者良，取子於甑中蒸，使氣餾曝乾挼之，得仁矣。亦可磨取之。」頌曰：薏苡所在有之，春生苗莖，高三四尺，葉如黍葉，開紅白花，作穗，五六月結實，青白色。形如珠子而稍長。故人呼爲薏珠子，小兒多以線穿如貫珠爲戲，九月十月采其實。」

薏苡仁爲藥處方，所治之病：風溼身疼、水腫喘急，沙石熱淋，消渴飲水，周痺緩急，肺痿欬唾，肺癰欬唾，肺癰欬血，喉卒癰腫，癰疽不潰，孕中有癰，牙齒蟨痛。

薏苡根味甘，微寒無毒。主治：下三蟲，去蚘蟲大效。煮服墮胎，治卒心腹煩滿及胸脇痛者，剉煮濃汁，服三升乃定。擣汁和酒服，治黃疸有效。葉主治：作飲氣香，益中空膈。暑月煎飲，暖胃益氣血。初生小兒浴之無病。

發現：薏仁、薏根、薏葉，都可治病，尤其有益於婦人科之病痛，如孕中有癰，根煮服墮胎，治卒心腹煩滿及胸脇痛者，葉又可暖胃益氣血，以浴初生小兒使無病。難怪禹母脩已吞薏苡有孕，又剖脅而生禹，在這一段生產前後的一些婦女病，均賴薏苡除疾，卒告禹以姒爲氏了！也以植物爲圖騰了！這也正說明禹的高明，不但平治水土，驅逐蟲蛇，使民平土而居，以及教民稼穡，提倡醫藥，充分表明有夏已完全發展成爲農業社會了！卽孟子所標榜的出幽谷遷橋木，未聞入幽谷者，是由野蠻走向文明的必經過程。

周之先祖棄，於堯舜之時，與禹同時爲后稷之官，舜命禹爲司空時，使宅百揆；而禹謙讓于稷、契和皐陶，而舜不允。再拜棄爲后稷教民稼穡。尚書虞書舜典載稱：「帝曰：棄，黎民阻飢，汝后稷，播時百穀。」虞書益稷篇：「稷播奏庶艱食鮮食，懋遷有無化居，烝民乃粒，萬邦作乂。」朱熹注：「禹稱益、稷二人佐其成功，因以名篇。」由此得知，夏、周二族均爲以經營農業爲主要教化的社會形態，尤其是在大禹謨中對農業推行的策略，詳盡深入，在此不便一一詳敘廣引印證。

周字秦篆作，東周文、信陽楚簡作，西周文：牆盤作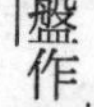，殷商甲骨卜辭作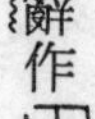乙、二一七〇。

弃、古字作，秦篆作，東周文古文作，西周文籀文作，殷商甲骨卜辭作後、下、七、十三，後、下、二一、十四，

按弃爲周之始祖以姬氏稱，故周以姬姓。考姬氏之來源，據說文解字：，黃帝居姬水以爲姓，从女𦣞聲，居之切。帝王世紀：「黃帝有熊氏，少典之子，姬姓也。生壽邱，長於姬水。」而史記云：「黃帝者姓公孫。」索隱：「按此是本姓公孫長居姬水，因改姓姬。」又昭十七年左傳：「黃帝氏注云：黃帝軒轅氏姬氏之祖也。」晉語：「黃帝爲姬。」帝王世紀：「黃帝有熊氏，少典之子姬姓也生壽邱，長於姬水。」說文通訓定聲：「黃帝居姬水以爲姓，从女从𦣞聲。晉語：昔少典取于有蟜氏生黃帝，炎帝，黃帝以姬水成，炎帝以姜水成，成而異德，故黃帝爲姬，炎帝爲姜。按軒轅子二十五人惟青陽與倉林氏得姓姬。史記三代世表，堯立后稷以爲大農，姓之曰姬氏。按姬、姜爲古大姓。稷本黃帝裔，故堯賜姓姬也。論衡奇怪云：后稷母履大人跡，而生稷，故周姓曰姬，非是。」

姬字、秦篆作，東周文字魯伯厚父盤作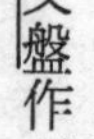，中伯壺作。西周文字散伯敦作、，魯伯盤作，殷商甲骨卜辭作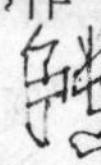前、一、三五、六，新、五〇八〇。

按姬姓的姬字、本字爲𦣞，𦣞即是茝，白茝，即白芷。白芷、入藥呼白芷香。本草綱目集解引別

錄曰：「白芷生河東川谷下澤，二月八月采根暴乾。」陶宏景曰：「今處處有之，東閒甚多，葉可合香。」頌曰：「所在有之，吳地尤多，根長尺餘，粗細不等。白色，枝幹去地五寸已上。春生葉，相對婆娑，紫色，闊三指許。白花微黃，入伏後結子，立秋後苗枯，二八月采曝，以黃澤者爲佳。修治：斅曰：采得刮土皮，細挫，以黃精片等分，同蒸，一伏時，曝乾。去黃精用。李時珍曰：「今人采根洗刮寸截，以

白芷香

石灰拌勻，曬收。爲其易蛀，并欲色白也。入藥微焙。

主治：女人漏下赤白，血閉陰腫，寒熱，頭風侵目淚出，長肌膚，潤澤顏色，可作面脂，療風邪久渴吐嘔，兩脇滿，頭眩目癢，可作膏藥，治目赤努肉，去面皯疵瘢，補胎漏滑落，破宿血，補新血，乳癰發背瘰癧，腸風痔瘻，瘡痍疥癬，止痛排膿，能蝕膿，止心腹血刺痛，女人瀝血腰、血崩。解利手陽明頭痛，中風寒熱，及肺經風熱，頭面皮膚風痹燥癢，治鼻淵鼻衄。齒痛眉稜骨痛，大腸風秘，小便去血，婦人血風去運，飜胃吐食，解砒毒蛇傷，刀箭金瘡。

由此觀之夏、周文化是進步文化，同都是以植物爲圖騰社會的教化。薏苡、白芷又都是醫治婦科的聖藥，不但進入了農業發展的社會，醫藥正在開發中的淳樸社會。也正好是詩經中夏詩豳風七月中的農業社會，也是豳風七月詩中的開發醫藥知識運用的先驅時期。

眞正夏禹教化萬民的理想，就是載在尙書虞書大禹謨中和帝舜的一段對話，實在是千古不易的有國者爲政所必尊必行的治道。禹曰：「於！帝念哉！德惟善政，政在養民。水、火、木、金、土、穀，惟修；正德、利用、厚生，惟和。九功惟敍，九敍惟歌。戒之用休，董之用威，勸之以久歌，俾勿壞。」朱熹注：「於音烏。益言儆戒之道。禹歎而美之。謂帝當深念益之所言也。且德非徒善而已，惟當有以善其政，政非徒法而已，在乎有以養其民。下文六府三事，卽養民之政也。水火木金土穀惟修者，……或相制以洩其過，或相助以補其不足，而六者無不修矣，正德者，父慈、子孝、兄友、弟恭、夫義、婦聽，所以正民之德也。利用者，工作什器，商通貨財之類，所以利民之用也。厚生者，衣帛食肉不饑不寒之類，所以厚民之生也。六者既修，民生始遂，不可以逸居而無敎，故爲之惇典敷敎以正其德，通功易事以利其用，節制謹度以厚其生，使皆當其理而無所乖，則無不和矣！九功，合六與三也。敍者，言九者各順其理而不汨陳以亂其常也。歌者，以功之敍而詠之歌也。言九者既已修和，各由其理，民享其利，莫不歌詠而樂其生也。然始勤而終怠者，人情之常，恐安養既久，怠心必生，則已成之功，不能保其久而不廢，故當有以激勵之。如下文所云也。董，督也。威，古文作畏。其勤於是者，則戒喻而休美之。其怠於是者，則督責而懲戒之。然又以事之出於勉强者不能久。故復卽其前日歌詠之言，協之律呂，播之聲音，用之鄉人，用之邦國，以勸相之，使其歡欣鼓舞，趨事赴功，不能自已。而前日之成功，得以久存而不壞。此周禮所謂九德之歌，九韶之舞。而太史公所謂佚能思初，安能惟始，沐浴膏澤而歌詠勤苦者也。葛氏曰：洪範五行：水火木金土而已，穀本在木行之數，禹以其爲民食之急，故別而附之也。」

於是帝舜對禹的建議言論大加讚許。帝曰：「俞！地平天成，六府三事允治，萬事永賴，時乃功。」

禹的教化是對的，這種主張，也就是專靠着死板板的教令刑罰，教民爲善是行不通的，對善政成果的保持必借詩歌音樂舞蹈，予以歌頌表揚，民之行善始樂此不疲，於是化民成德之功始垂久遠，民爲之化。此謂德化。此大禹之以厚生哲理教民，兼行詩教之理論根據。而殊不知后稷卻牢遵此詩教，在執行厚生哲理教民稼穡之餘，將這道理傳給子孫，使不但克勤克儉，勞於農事，更作成詩歌，使子孫樂於農事，歌詠農家生活。到了公劉遷豳，更加大力推行厚生的詩教。因此始有豳風七月的夏代古老詩歌流傳於後世，更爲周公用以轉教周的子孫，對厚生的教化不可怠忽，以利善政，終能造成一鼎盛堪誇的史乘，以農業社會執行厚生哲理爲主流的周代基本文化。所以在七月詩中，也充分流露了大禹、后稷的以進步農業社會的厚生活潑思想，更提倡了男耕女織的分工合作形式，又以厚生爲宗旨的醫藥知識支持下，完成豳人安定快樂的幸福生活，也美化了周先民生命存在的價值。至今還可以在七月詩中，找出許多厚生藥物成功運用的知識來，諸如：秀荼、鬱、[illegible]、葵、棗、稻、春酒、荼爲證。

綜觀前列醫藥植物的應用，或食用或醫治病痛的史實存於生民之間，正可印證前述的夏禹厚生思想的影響所及，也可以證明后稷教民種植五穀蔬食的教化，也是周先民自求多福的美俗，再經公劉遷豳後對農業的極力推廣，才有七月的詩篇出現，而爲後世所謳歌。後世的實踐躬行也正呼應了夏禹在益稷篇中盛贊后稷的美言。「禹曰：稷播奏庶艱食鮮食，懋遷有無化居，烝民乃粒，萬邦作乂。」

十三、結　論

按詩豳風七月本詩正文：「田畯至喜」、「獻羔祭酒」、「朋酒斯饗，曰殺羔羊」，「躋彼公堂，稱彼兕觥」，四事，卽已知七月已非周詩。因周制無「田畯」之官，周禮春官籥章：「擊土鼓以樂田畯」，鄭司農注：「田畯，古之先民教田者。」正義曰「田神」。豳風傳曰：「田大夫」。故本詩當為夏衰時所形成，周先公在夏時所置傳統之田大夫，教稼穡者。後三事，亦不合周禮之鄉飲酒等禮節所訂之形式，皆為夏衰時豳地周先公先民之禮俗而已。中國歷史參考圖譜政治制度有云：「夏有序有校。鄉校曰公堂，國學則曰學，國之老者，亦養於學。（學校所掌者二事，一為養老，一為教樂。學校既為耆者所居，必為宿學所萃。帝者時臨請益，足以為修身治國之準繩。而少年學子能見一國之元首，亦隆禮在庠之師儒，則服教說學之心，當因之益摯。此古之養老之意也。）「畯」字殷卜辭作[illegible]、前、四、二八、田[illegible]後、下、四、七、四、六八、

歸納以前各節考徵，七月成詩當在公劉以前，考公劉自狄還豳，當在公元前一八一八年之前，夏衰之時，然周公傳詩之功實不可泯滅，目的在傳周先公之教化，以示成王如何完成修齊治平之道，不可使王業墜壞之。此一教化不尚空談，必須從五穀桑麻，男耕女織，克勤克儉，教忠教孝上立根基。因周公以詩歌民謠形式，傳祖宗之遺訓，以興王業，故可視之為「詩教」。孔子所傳之道統，也

都是周民族之文化，致後世所相襲效，而成漢唐宋明清之敎化，這就是儒家所標榜之「德化禮治」之聖道，凡以經典爲中心之敎化，皆得以視之爲「詩敎」。七月又可視爲「詩敎」的開端。

總之，詩豳風七月一詩，在中國曆法上、政敎上、農業上、文學上、歷史上，都能顯示出來它古老存在的價値，它不但記載夏衰時中華民族活動的實錄，更莊嚴的代表了中華歷史文化的一條主根。

【附註】

註一　今人李辰冬氏著有詩經通釋及詩經研究方法論，自定法則來解釋，自稱「均係依據從詩經中所發現的原理來解釋詩篇的一字一句」，是用科學方法的，反對用訓詁學的傳統方法以語言文字來解釋詩經，也反對用「大膽假設，小心求證」的理則來解釋詩經，硬把詩經的辭類作統一的解釋，以朝着他自己的理想，利用統計法、歸納法，下了很大功夫，把三百零五篇的詩作者，肯定的說：「詩經是尹吉甫一個人所寫的。」然李先生確有強古從今之嫌，以一蓋萬之弊；而缺乏「述而不作，信而好古」的史學基本精神。方法論頁七，臺北市水牛出版社，民國六十七年出版。

註二　據崔東壁遺書，豐鎬考信錄卷之一所載，引用國語周語：「昔我先世后稷以服事虞、夏，及夏之衰也，棄稷弗務；我先王不窋用失其官而自竄於戎翟之間。」左傳文公二年：「文武不先不窋。」史紀周本紀：「不窋卒，子鞠立，鞠卒，子公劉立。」崔東壁遺書，豐鎬考信錄卷之一考作錄上，頁五，台北市世界書局民國五十七年再版。

不窋非棄子說—史記周本紀云：「后稷卒，子不窋立。」帝王世紀云：「后稷納姑氏，生不窋。」後世說者，遂以不窋失官爲太康之世。崔東壁按國語說：「昔我先世后稷以服事虞夏。」譙周云：「言世稷官，是失其代數也。若不窋親棄之子，至文王千餘歲，惟十四代，亦不合事情。」史記正義又引用毛詩疏云：「虞及夏殷共有千二百餘歲；每世在位皆八十年，乃可充其數耳；命之短長，古今一也。而使十五世君在位皆八十許載，子必將老始生，不近人情之甚。以理而推實難據信也。」以此二說觀之，則不窋之父乃棄之裔孫襲爲后稷者，不窋非棄子也。國語所說「夏衰」，蓋謂孔甲（公元前一八七九—前一八四九年）以後；說在太康的時代是錯誤了，所以現在決定不從本紀世紀的說法。

又癸、發子元歲癸卯二十一歲，公劉自狄遷於豳。當在公元前一八一八年事，所以證明爲夏衰之世。

註　三　地畝經（傖頭歌）見東北文獻第十一卷二期「立春陽氣轉，雨水雁河邊（雁、或作沿、溶）。驚蟄烏鴉叫，春分粒水乾（粒或作瀝）。清明忙種麥，穀雨種大田（種大田或作好種棉）。立夏餓毛住（住或作重），小滿雀來全。芒種端午節（端午節或作忙整稻，亦作忙整地，亦或忙除地），夏至不拿棉。立秋忙打靛（靛或作甸），處暑動刀鐮。白露將割地，秋分無生田。寒露不算冷，霜降變了天。立冬交十月，小雪地封嚴。大雪河封上，冬至不行船。小寒交三九，大寒就過年。」朱介凡說東北風土諺（二）頁五十九，錢公來述。台北市東北文獻社編印民國六十九年出版。

殷周時代東北已早有中原漢族移民的文獻及古幣記載和出土之史實。周禮、職方氏：「東北曰幽州，其山鎮曰醫巫閭。」鄭注：「醫巫閭在遼東。」賈疏：「醫巫閭在遼東，目驗知之。」漢光武十三年（西元三十七年）以遼東屬青州，二十四年（西元四十八年）還屬幽州。」又爾雅、釋地：東方之美者，有醫巫閭之珣玗琪焉。」郭注：「醫巫閭山名，今在遼東，珣玗琪玉屬。」醫巫閭山現在屬東北遼寧省北鎮縣之名山出珣玗琪玉。書、舜典：「肇十有二州。」注、馬融曰：「禹平水土，置九州；舜以燕、齊遼遠，分燕置幽州，分齊置營州。」史記、匈奴傳：「燕自造陽至襄平，置上谷、漁陽、右北平、遼西、遼東郡以拒胡。」……可知虞夏之際已早移民設郡於東北了。

古代貨幣在東北不斷出土，有貝幣，可以證明先民定居東北遠在先秦時代已有交易行爲和定居爲農。據李濟著：「中國文明的開始」所載：「新石器的晚期爲前金屬時期，其文化特徵係黑陶。在前金屬時期之後，緊接着是青銅早期，即先殷時期，其年代約爲西元前一七八三年到一三八四年左右。再以後便是青銅中期的第一階段，即是商朝，其年代約爲西元前一三八四年到一一一一年左右。再以後便是青銅中期的第二階段，即是商末和西周時期，其年代約爲西元前一一一一年到七七一年止。最後是青銅晚期，即是東周時代，其年代約爲西元前七七〇年到二五五年止。當然秦及漢初也屬於青銅器的末尾，其年代的畫分是不能十分肯定絲毫不移的。」

根據這一青銅發展紀錄，古幣出土在東北，可以幫助證明華夏之族移民於東北的史實。再據金毓黻著：「東北通史」所載：「茲以出土之貨幣，證明戰國之世，漢族移往之多，其價值實與史文相等。」東北出土的古幣，最古的是「無文大布」、「針首刀」應在（約西元前一三八四年左右）是青銅器中期第一階段。依中國古錢講話：出土地點只有東北一隅。至於丁福保著：「古錢大辭典」刊載的方足布中有鑄明「壤坪」字樣的數品。又在「歷代古錢圖說」中也有同樣的刊載；注曰「壤坪即襄平，燕地，前漢爲遼東郡治，在今奉天府遼陽州之北七十里」。由此得先民移民於東北，不使用由內地携來的古錢，更就地自鑄古錢。東北即有華夏之族移至的早期紀錄及器物證明，當然文化也與中原相通，爲同根同源，於是風俗習慣，文學詩歌古諺也必完全相通。東北農家通用相傳的地畝經與中原直、魯、豫也相同。由於文辭之完備，二十四節氣齊全諸節窺探，當較爲晚期產物，最早也不能早過漢代的作品。當然「地畝經」絕對是受詩經豳風七月的影響，有心人爲教農務而逐漸湊合而成的里諺了。

註四　見中國歷代參考圖譜、五帝夏，西元前二六七四年至一七五二年。主編：田培林，編輯者：高良左、嚴一萍、趙榮琅。校訂者：李濟、董作賓、高去尋、勞榦、姚從吾、郭廷以。遠古時代台北市藝文印書館民國四十二年初版。

註五　見中國文字第四卷，中華民國五十四年六月出版，國立臺灣大學文學院中國文學系編印一四五一頁：戴君仁先生釋夏：「說文解字五下夊部：[illegible]中國之人也。从夊，从頁，从臼兩手，夊兩足也。許云中國之人，似非本義。則人別作解者：戴侗六書故卷八，夏下云：「伯氏曰：『夏、舞也。臼象舞者手容，夊象舞者足容也。按古有舞夏：周官大司樂，奏蕤賓，歌函鍾，舞大夏。鍾師掌金奏，凡樂事以鍾鼓奏九夏：王夏、肆夏、昭夏、納夏、章夏、齊夏、族夏、祴夏、驁夏。」阮元揅經室集卷一釋頌云：「仲尼燕居，子曰：大饗有四焉，下管衆武，夏籥序興。象舞武舞，用干戚也；夏籥文舞，用羽籥也。所謂夏者，即九夏之義。說文：夏，从夊頁从臼，臼兩手，夊兩足；與頌字義同。周曰頌，古曰夏而已。故九夏皆有鐘鼓等器，以爲容節，九夏卽在頌中。明乎人身手足頭皃之義，而古人名詩爲夏爲頌之義顯矣。」按戴、阮之說是也。夏之爲語，本當爲表大之詞，而字形則象舞，蓋爲盛大之歌舞；疑與雩是一字。祈雨之祭，古之所重，祭時所用歌舞，聲容盛大，故名之爲夏，造爲文字，象人舞形。「中國之人」，蓋其引申之義，其引申匪一，借用既久，乃別造專字，以雨于聲而爲雩矣。爾雅釋詁：「夏、大也。」方言一：「秦晉之間，凡物壯大謂之嘏，或曰夏。」又云：「自關而西，秦晉之間，凡物之壯大而愛偉之謂之夏。」方言所謂愛偉之，蓋謂人見壯大之物，心愛而異之，呼之爲夏，以表示其偉之之意。此與說文艸部芋下云：「大葉實根駭人，故謂之芋，从艸于聲。」得名之意相同，于聲亦所以表大也。禮記月令：「仲夏之月……大雩帝，用盛樂。」鄭注：「雩吁嗟求雨之祭也。雩帝謂爲壇南郊之旁，雩五帝之精，配以先帝也。自鞀鞞至柷敔皆作曰盛樂，凡他雩用歌舞而已。」孔疏：「按女巫云：旱暵則舞雩，是用歌舞；正雩則非唯歌舞，兼有餘樂。」可證夏季正雩，歌舞盛大，故以夏名之，因以爲季節之稱。于爲喻紐三等字，夏、胡雅切，屬匣紐，古喻三歸匣。雩、夏又同在魚部，是二字古音相同，實一語也。本義當訓爲大舞，四時之一，中國之人，咸非其朔矣。」

註六　見說文解字注：五篇下，三十六頁：「夏」「中國之人也。」注：「以別於北方狄，東北貉，南方蠻閩，西方羌，西方焦僥，東方夷也。夏引伸之義爲大也。」又：「从夊从頁从臼，臼、兩手，夊、兩足也。」愚以爲除引伸之義尙存文字古訓以外皆不足訓。有一顆頭，兩隻手，兩隻腳，祇有中國人如此嗎？四夷之人，都同樣是一顆頭，兩隻手，兩腳的。所以這樣解訓都令人不能心服，不能滿意，顯見不是夏字的古義本來訓解。詳審說文許氏之說，段氏之注實多有舛錯荒謬之論斷。

註七　見李孝定甲骨文字集釋二卷：引陳夢家曰：「卜辭記羌事者，可分爲三類……三，記俘獲羌人的用途，(甲)用作从事勞作的奴隸。(乙)用羌卽在祭祀中，殺之以爲犧牲。由乙項知殷王於祭祀時用羌（卽殺羌人）以獻於其祖先。而卜辭所記用人之祭，僅限於羌人，羌白（伯），及少數其它方伯在此待遇中，所殺的羌，實同於作爲犧牲的牛羊豕」詳見甲骨文集釋第二七六至二八二葉。又曰：「由於羌人作爲犧牲的事實，以及羌方地望的推測，我們以爲羌可能與夏后氏爲同族之羌姓之族是有關係的。」見同上二八二葉。例：「今[illegible]（秋）擊[illegible]伐羌」甲、一、七九二、的卜辭。乙卯卜𡧊貞、今[illegible]田、从𢦏至于[illegible]隻羌、三〇（前、七、二、四）。殷王以人首爲殉葬，以士兵大批爲殉葬，以車馬爲殉葬，以人（青年男女）爲建宮室、宗廟之祭奠的犧牲的史實，見董作賓甲骨六十年殷代文化寶庫的開發文中有詳細記述。又見中國文字（五二四七頁）：金祥恒殷人祭祀用人牲設奠說一文。

註八　因顧頡剛的古史辨第一卷所載的四、二、討論古史答劉胡二先生（十二年六月十六日至十一月十九日）一文中特別對「禹與夏有沒有關係？」是否定的，沒有關係。「禹的來源在何處？」他明白指出「懷疑禹是動物。」又懷疑后稷和棄是沒有關的，甚至棄根本沒有這個人。所以依次爲禹稷棄等問題作了適度的考證。

註九　明李明珍撰本草綱目，高雄市久久出版社出版，頁四三五，遠志（小草，又稱葽草或作秀葽）。頁一一九八，郁李（鬱李）。頁一〇七八，蘡薁（野葡萄）。頁八五一，葵即蜀葵。頁一〇〇三，棗。頁八四三稻，即糯米。頁九四七，苦菜，即荼。亦即苦藚。

茲蔣夏衰時豳人利用厚生的藥用植物一一舉出：

(一)秀葽—圖見本文十、詮注圖釋。本草綱目釋名：「苗名小草，又細草、棘菀、葽繞。李明珍曰：「此草服之能益智強志，故有遠志之稱。」世說載謝安云：「處則爲遠志，出則爲小草。」記事珠謂之醒心杖。集解別錄曰：「遠志生太山及宛句川谷，四月采根葉陰乾。」陶弘景曰：「宛句屬兗州濟陰郡，今此藥猶從彭城北蘭陵來。用之去心取皮，一斤止得三兩爾！亦入仙方用。小草狀似麻黃而青。志曰：「莖葉似大青而小，比之麻黃，陶不識也。」禹錫曰：「按爾雅云：葽繞、棘菀。郭璞注云：今遠志也，似麻黃赤華，葉銳而黃，其上謂之小草。」頌曰：今河陝洛西州郡亦有之。根形如蒿根，黃色，苗似麻黃而青，又如畢豆，葉亦似大青而小者，三月開白花，根長及一尺，泗州出者花紅，根葉俱大於他處，商州出者，根乃黑色。俗傳夷門出者最佳。四月采根曬乾。古方通用遠志、小草。今醫但用遠志，稀用小草。」李明珍曰：「遠志有大葉、小葉兩種；陶宏景所說者，小葉也。馬志所說者，大葉也。大葉者，花紅。」

根：脩治：斅曰：「凡使須去心，否則令人煩悶，仍用甘草湯浸一宿，暴乾或焙乾用。」氣味：「苦、溫、無毒。」之才曰：「遠志小草，得茯苓，冬葵子，龍骨良。畏珍珠，藜蘆，蜚蠊，齊蛤。」弘景曰：「藥無齊蛤，恐是百合也。」權曰：「是螬蠐也。」恭曰：「藥錄下卷有齊蛤，陶說非也。」

主治：欬逆傷中，補不足，除邪氣，利九竅，益智慧，耳目聰明，不忘強志倍力，久服輕身不老。（本經）利丈夫，定心氣，止驚悸，益精，去心下膈氣，皮膚中熱，面目黃。（別錄）殺天雄附子烏頭毒，煎汁飲之。（之才）治健忘，安魂魄，令人不迷，堅壯陽道。（甄權）長肌肉，助筋骨，婦人血噤失音，小兒客忤。（日華）腎積奔豚（好古）治一切癰疽。（時珍）

葉、主治：益精補陰氣，止虛損夢洩（別錄）

㈡鬱：說明及圖，見本文十，詮注圖釋。不再詳敍。本草綱目名之曰「郁李」生高山川谷及丘陵上，五月六月采根。核仁、脩治：斅曰：「先以湯浸去皮尖，用生密浸一宿，漉出陰乾，研如膏用之。氣味、酸、平、無毒。權曰：「苦辛。」元素曰：「辛苦，陰中之陽。脾經氣分也。」

主治：大腹水腫，面目四肢浮腫，利小便水道。腸中結氣，關格不通，泄五臟膀胱急痛，宜腰誇冷膿，消宿食下氣，下四肢水，酒服四十九粒，能瀉結氣。破血潤燥，專治大腸氣滯，燥澀不通。研和龍腦，點赤眼。小兒多熱，小兒閉結，腫滿氣急，脚氣浮腫，卒心痛刺，皮膚血汗。破癖氣。

根、氣味：酸、涼、無毒。主治：齒齗腫，齲齒，堅齒。去白蟲，治風蟲牙痛，濃煎含漱。治小兒身熱，作湯浴之，宣結氣，破積聚。

(三)薁：說明及圖，見本文十、詮注圖解。不再詳敍。本草綱目名之曰蘡薁。原屬葡萄今分出。毛詩又名燕薁。廣雅名之嬰舌。唐注：山葡萄。俗名野葡萄。李時珍曰：「又爲藤名，『木龍』義未詳。」

實：氣味甘酸，平，無毒。主治：止渴，悅色益氣。

藤：氣味甘、平、無毒。主治噦逆傷寒後嘔噦，搗汁飲之良。止渴，利小便。嘔啘厥逆，目中障翳，五淋血淋。

根：氣味同藤。主治下焦熱痛淋悶，消腫毒。男婦熱淋，女人腹痛，一切腫毒，赤遊風腫（忽然腫癢，不治則殺人，用野葡萄根搗如泥，塗之卽消，通變要法。）

(四)葵：說明及圖，見本文十，詮注圖解。本草綱目又名露葵、滑菜。別錄曰：「冬葵子、生少室山。」陶弘景曰：「以秋種葵，覆養經冬，至春作子者。爲之冬葵子，入藥。性至滑利。春葵子亦滑不堪藥用。」四五月種者可留子，作菜用。六七月秋葵，嫩苗作爲菜用；「七月烹葵及菽」卽指此。八九月種者卽冬葵，入藥。

按王禎農書云：「葵、陽草也。其菜易生，郊野甚多不拘肥瘠地皆有之，爲百菜之主。備四時之饌。本豐而耐旱、味甘而無毒，可防荒儉，可以菹腊。其枯枿可以榜族。根、子又能療疾，咸無遺棄，誠蔬茹之要品，民生之資益者也。而今人不復食之，亦無種者。」今人亦食亦種，只有這點不確。

苗：氣味甘、寒、滑無毒，爲百菜主。其心傷人。不可合鯉魚黍米鮓食，害人。李時珍曰：「凡被狂犬咬者，永不可食，食之卽發。食葵須用蒜，無蒜勿食之，又伏硫黃。

主治脾之菜也。宜脾，利胃氣，滑大腸，宜導積滯，妊婦食之，胎滑易生，煮汁服利小腸，治時行黃病。乾葉爲末及燒灰服，治金瘡出血，除客熱，治惡瘡，散膿血，女人帶下，小兒熱毒，下痢丹毒，並宜食之，服丹石人宜食，潤燥利竅，功與子同。又治天行斑瘡，肉錐怪疾，諸瘻不合，湯火傷瘡。蛇蠍螫傷（葵菜搗汁服之—千金方），誤呑銅錢（葵菜搗汁冷飲—普濟方），丹石發動。

根：氣味甘、寒、無毒。主治惡瘡，療淋，利小便，解蜀椒毒，小兒呑錢不出，煮汁飲之，神妙。治疳瘡，出黃汁，利竅滑胎，止消渴，散惡毒氣。

冬葵子—氣味甘、寒、滑、無毒。主治五臟六腑寒熱羸瘦，五癃，利小便，久服堅骨長肌肉，輕身延年。療婦人乳內閉，腫痛，出癰疽頭，下丹石毒，通大便，消水氣，滑胎治痢。

㈤棗　說明及圖已見本文十、詮注圖釋。本草綱目載：棗：生棗—氣味甘辛，熱，無毒，多食令人寒熱，凡羸瘦者不可食。

大棗：又名乾棗、美棗、良棗。氣味甘、平無毒。

主治：心腹邪氣，安中，養脾氣，平胃氣，通九竅，助十二經，補少氣少津液，身中不足，大驚四肢重。和百藥，久服經身延年，補中益氣，堅志強力，除煩悶，療心下懸，除腸澼，久服不飢，神仙。潤心肺，止欬，補五臟，治虛損，除腸胃癖氣。和光粉燒，治疳痢。小兒患秋痢，與蛀棗食之良。殺烏頭附子天雄毒。和陰陽，調榮衛，生津液。

三歲陳棗核中仁：氣味燔之苦、平無毒。主治：腹痛邪氣。惡氣卒疰忤。核燒研，摻脛瘡良。

葉：氣味甘、溫、微毒。主治：覆麻黃能令出汗。和葛粉揩熱痱瘡，良。治小兒壯熱，煎湯浴之。小兒傷寒。反胃嘔噦。

木心：氣味甘濇，溫，有小毒。主治：中蠱腹痛，面目青黃，淋露骨立。剉取一斛，水淹三寸，煮至二斗，澄清，煎五升，旦服五合，取吐卽愈。又煎紅水服之，能通經脈。

根：主治小兒赤丹從脚趺起。煎湯頻浴之。令髮易長。

棗皮：主治：同老桑樹皮，並取北向者，等分燒研，每用一合，井水煎，澄取清，洗目，一月三洗，昏者復明。忌葷酒房事。「時珍方」。

㈥稻：說明及圖已見本文十、詮注圖釋。本草綱目：釋名！稌、音杜。糯、亦作粳。明李時珍曰：「稻稌者，秔糯之通稱。物理論所謂稻者，溉種之總稱是矣。本草則專指糯以爲稻也。稻從舀，音函，象人在臼上，治稻之義。稌則方言稻音之轉爾。其性黏軟，故謂之糯。」穎曰：糯米緩筋令人多睡，其性懦也。」又：「糯稻南方水田多種之，其性黏，可以釀酒，可以爲粢，可以蒸糕，可以熬餳，可以炒食，其類亦多。其穀殼有紅白二色，或有毛、或無毛，其米也有赤白兩色，赤者酒多糟少；一種粒白如霜，長三四分者。齊民要術：糯有九格，雉木、大黃、馬首、虎皮、火色等名是矣。古人釀酒多用秫，故諸說論糯稻往往費辯也。秫乃糯粟。」

稻米：氣味苦、溫、無毒。糯米、性寒，作酒則熱，糟乃溫平。糯性黏滯難化，小兒、病人最宜忌之。主治：霍亂煩渴，消渴飲水，三消渴病，下痢禁口，久洩食減，鼻衄不止，勞心吐血，自汗不止，小便白濁，女人白淫，胎動不安，小兒頭瘡，纏蛇丹毒，打撲傷損，金瘡癰腫，喉痺吒腮，竹木簽刺，顛犬咬傷，荒年代糧，虛勞不足，腰痛虛寒。

米泔、氣味甘，涼、無毒。主治：益氣，止煩霍亂，解毒，食鴨肉不消者，頓飲一盞卽消。煩渴不止。

糯稻花，主治：陰乾，入揩牙烏鬚方用。

稻穰卽稻稈：氣味辛甘，熱、無毒。主治：黃病如金色，煮汁浸之，仍以穀芒炒黃爲末，酒服燒灰，治墜撲傷損，燒灰浸水飲，止消渴淋汁浸腸痔，挼穰藉鞾鞵，暖足，去寒溼氣。

穀類（穀芒也），主治：黃病，爲末酒服，又解蟲毒，煎汁飲。

糯糠：主治：齒黃，燒取白灰，旦旦擦之。

㈦春酒：以稻糯釀製，用作養老之誼，詳見本文十、詮注圖釋，不另敍述。

㈧荼：本草名曰苦菜。詳見本文十、詮注圖釋。又名苦苣、苦蕒、游冬、褊苣，老鸛菜、天香菜。明李時珍曰：「苦荼，以味名也，經歷冬春，故曰游冬。許氏說文苣作，吳人呼爲苦蕒，其義未詳，嘉祐本草言嶺南吳人植苣供饌，名苦苣。」菜、氣味苦，寒無毒。主治：五臟邪氣厭，穀胃痺，久服安心益氣，聰察少臥，輕身耐老。腸澼渴熱，中疾惡瘡，久服耐飢寒，豪氣不老。調十二經脈，霍亂後胃氣煩逆，久服強力，雖寒甚益人。擣汁飲，除面目及舌下黃，其白汁塗丁腫拔根，滴癰上立潰。點瘊子，自落，傅蛇咬，明目主諸痢，血淋痔瘻。

根：主治赤白痢及青蒸，並煮服之，治血淋，和小便。

花子：氣味甘、平無毒。主治：去中熱，安心神，黃疸疾，連花子研細二錢，水煎服，日二次，良。

伍、商頌爲商詩的求徵

一、概説

首先要知道「頌」究竟是什麼？根據禮記樂記篇的詳細分析的結果。「頌」爲德、禮、樂、詩、歌、舞的合一之獻。因爲道德是人性的根本，禮是理則的開展，音樂是情感的昇華，詩是心志的表達，歌是依聲而詠，舞是隨韻律而動。以樂器來配合詩、歌、舞，會讓人從內心中產生出一種深厚情感，由於潛移默化的結果，就自然成爲和祥之氣。所以「頌」是用在宗廟對先王祭祀上的文化產物，這是「興禮作樂」、「德化禮治」的先王以禮樂治天下的眞諦。「頌」既然是詩的一體，用在教化上而代表敬天法祖的精神，是最直接完成詩教的詩的作品。因此孔子纔說出「興於詩，立於禮，成於樂。」（註一）的大道理來。「商頌」也就是詩經僅有的三頌之一。

諸如鄭、宋、衞、齊之音，皆淫色害德，而不能用於祭祀。魏文侯嘗問子夏：「敢問溺音何從出也？」子夏則答以「……宋音燕女溺志……」孔穎達疏：「燕、安也。溺、沒也。言宋音所安唯女子，所以，使人意志沒矣！即前溺而不止是也。」（註二）於是在三百篇中無宋風，孔子也不舉詩以證；概殷紂因陷溺於女色而亡國，當然是無好詩而不得其傳於後世了！況詩大序又有主張：「詩者志之所之也，在心爲志，發言爲詩……」的道理存在呢？抑或就是這一緣故，宋詩也爲孔子所刪掉的。而商頌自然也不是宋人的作品就更明顯了！孔子只取商頌入三百篇是堂堂正正的作法，也是爲殷代仁君興禮作樂吐了口氣便了，所以才引出一段在樂記中的「聲淫及商……非武音也。」（註三）的道理來；鄭玄又證明「言武歌在正其軍，不貪商也；時人或說其義爲貪商也。」商聲本就是殺伐之音，武樂開始就用殺伐，是在以殺止殺呀！然則商代爲什麼民間沒有詩傳之後世呢？最大的原因就是紂王嗜殺的結果而已！

㈠在地下史料中，董作賓先生的甲骨六十年一書裏，記有帝辛（紂）嗜殺征人方的卜辭；史乘傳說；銅器記載；鹿頭刻辭等爲依據，以及「帝辛日譜」整理地下材料顯示，帝辛征人方爲殷末一件大事。和左傳昭十一年「紂克東夷而殞其身。」昭四年傳「商紂爲黎之蒐，東夷叛之。」就是其征人方的史書記載，兩相吻合。

㈡此外帝辛又好田臘，按卜辭所載，武乙、帝辛的田遊。（註四）

武乙時：卜田遊共三十九次，田遊之地十八處。

帝辛時：卜田遊共三百一十次，田遊地八十七處。

在尚書無逸篇中說殷人好田遊。史記殷本紀稱武乙「獵於河渭之間，暴雷，武乙震死」。又稱帝辛（紂）「才力過人，手格猛獸」及「益廣沙丘苑臺，多取野獸蜚鳥置其中，」可見其好田獵的程度如何？古時田遊就是練兵，以野獸為假想敵，每一王朝都在舉行，祇是不如武乙、帝辛時代為多。

㈢破壞殷商禮制，改變成湯祭法。按董氏的甲骨六十年的說法，武丁在禮制祭法為集大成的中興之主，是為舊派，一切制度皆承先王之制。到了祖甲時改革了禮制祭祀之法，就是國語所稱「祖甲亂成湯之法，然尚書無逸篇又說他「能保惠於庶民，不敢侮鰥寡。肆祖甲之享國三十有三年。」董先生稱祖甲為新派代表，祭祀先祖，從上甲以下，先妣從示壬配妣庚以下，依日名、神主，一次排列，秩序井然，祀典共改為五種！

彡、翌、祭、壹、劦。

到了帝乙、帝辛（紂）皆遵循新制祖甲之法。每年自彡至劦，依序舉行，祭祀一週，恰足三百六十日，約為一歲的日數，所以將一年稱為一祀。但在湯的舊法在祭祀時一定同時祭祀先公遠祖的。新派祇注重簡化祭祀次數和種類歸併，而先公遠祖的納入祭祀卻被忽略了！忘本是他缺點之一。（註五）

但從新派改革祭儀中發現，稱「湯」則直書「天乙」的證明，毛詩中的「五篇商頌」詩中所稱，卻不書「天乙」，而反用「湯」、「湯孫」等連代稱呼。余考卜辭中「唐」、「暘」、「湯」為一字的古字轉變，在甲骨文中為「[illegible]」。依這一鐵的事實證明，商頌五篇成篇年代的上限為武丁未業（舊派），下限不能晚於太丁（文武丁—為殷末舊派之君）之世，是非常明顯的史實。所以商頌五篇又應當斷為商代傳下來的作品，商頌也就是商詩了。況且又殷末賢臣、樂師歸周事見諸史記、殷本紀、周本紀無訛。又有孔子在禮記樂記中對賓牟賈以武王伐紂史實開導，稱武王不是貪商的天下而興師的道理。更指明雅頌樂聲可以振軍、怒士、止暴之義。樂記中又有師乙答子貢歌頌歌商事例爲證。再考證發現粹芬閣藏本景印古本朱熹禮記集說本原文，和十三經鄭氏注孔穎達疏本樂記出入頗大，十三經本遺漏多不足爲憑證，依禮記集說原文資料樸實可靠，證明詩經三頌商頌年代順序皆當在前，產生年代也該最早，更在「各」祭上用商頌。

清儒經學家指明商頌爲商詩的記載一書爲欽定詩經傳說彙纂，是有清一代集體創作，刋於雍正五年，可謂篤於詩學，用心良苦，有別於歷代個人摸索鑽研私見之偏頗，他們研究的結論是商頌是商詩五篇：太甲之世頌一篇，那，祭湯之詩。仲丁以後，頌一篇，烈祖，祭中宗之詩。祖庚之世頌一篇，玄鳥，明是爲高宗而作祫；卻是祫於太祖契之廟也。祖庚以後頌二篇，長發、殷武，皆云祀高宗之詩。然周的「祫」祭之辭，卻不見於卜辭，而稍與殷的「各」祭略同，因鄭玄、孔穎達是依周禮說詩，是小有出入；而不知殷以「各」祭爲五種主要祭祀的最後年終大祭。「各」祭的形式，包括了鼓樂、羽舞、酒肉、稷黍的合祭，以祭天神、地祇、人鬼（祖先、父母，）在各祭中要祝告天神、地祇、更要歌頌祖宗功德，並求先人助祐，商頌就在各祭時有最大用場了。（註六）

當代甲骨學名家胡厚宣在「殷代舌方考」文中，考得長發爲商詩新說的出現，甚爲史學界推重。也爲研究詩經的學者開闢一條康莊大道。重點問題就在「小共大共」的「共」，就是卜辭中的「舌方」一說爲地下史料的求徵。由「舌」字的認識說起，引用諸家的辨證，而及於舌方的地理位置的考訂。

當在殷墟之西，與土方爲鄰，其活動區域，約在今陝北之地。以及𢀛方之出來，引用卜辭四十以求徵，又推及𢀛方的內侵，殷對𢀛方的征伐，征伐的時期諸端均有詳考，結論指𢀛方爲武丁時卜辭中最常見之一國。不但是詩商頌長發詩中的「大共小共」，也必爲大雅阮共之共，就是𢀛方。而直接證明商頌長發篇是殷人所作的頌詩了。（註七）

至於商頌五篇的作者，自漢以降論者各有不同的見解，使商頌和正考父糾葛不清的原因，是導源於國語魯語下的說法，爲後世學者斷章取義所曲解，「昔正考父校商之名頌十二篇，於周大師，以那爲首。……」應按三國吳韋昭解釋爲正確可靠。如下：「正考父宋大夫孔子之先也。名頌、頌之美音也。太師、樂官之長，掌教詩樂。毛詩序云：『微子至于戴公，其間禮樂廢壞，有正考父者，得商頌十二篇於周太師，以那爲首。』鄭司農云：『自考父至孔子，又亡其七篇，故餘五耳。』」（註八）但史記宋微子世家太史公贊引魯詩說而導誤，爲後之學人用來攻擊魯語，而其言語疏忽，而成「襄公之時……其大夫正考父美之，故追道契、湯、高宗，殷所以興，作商頌。」再加韓詩也有類似說辭，使今之學人皆以爲商頌爲正考父所作。然正考父比宋襄公又早生一百五六十年，便知馬遷之說爲誤，正考父根本沒作商頌。

至於對殷武篇的究竟是否爲殷商作品一節，祇要印證出荆楚是否在周以前有沒有這個國家？殷高宗武丁是否伐過荆楚？以及同時是否有氐、羌的方國存在？而爲武丁所服？經過考證從卜辭中發現了荆楚的甲骨文字，和武丁伐「下」（下荆）的卜辭記載和推算其在位五十九年中，共伐十九次之多，計十勝九敗，終於平定了下來。氐、羌的尊殷也有卜辭爲證，均得到肯定，並已證實，容後詳盡考釋。至景山取大木材建宮室宗廟於殷都事亦有詳考於後文中解析。皆爲可考可信史事。因此殷武篇也是商代作品而無疑。

二、商頌爲商詩之說

商頌爲商詩之說由來最久，謹將相關連的資料出現先後次序依次排列，以利學者研究，俾一明究竟，其次再加探討商頌，到底是商人所作，抑或爲周人所作？而免混淆不清，產生偏見，而求有益於學術的求徵。

㈠頌爲德、樂、詩、歌、舞合一之獻：禮記樂記：「德者性之端也。樂者德之華也。金、石、絲、竹、樂之器也。詩、言其志也。歌、咏其聲也。舞、動其容（頌、原字古作容）也。三者、本於心，然後樂器從之，是故情深而文明，氣盛而化神，和順積中而英華發外，惟樂不可以爲僞。」（註九）這段話最少說明了，道德是人性的開端，音樂是德性的昇華；以樂器來配合詩、歌、舞，會讓人從內心中產生出一種深厚情感，潛移默化，使之成爲和祥之氣。也說明了古時爲了尊崇德性，早就力行了音樂和詩、歌、舞、不可分割的關係，所以後人硬要把它們五者分開來研究，那是越來越糊塗了；於是說樂理是沒法子作假的。

又說：「樂者，心之動也，聲者，樂之象也，文采節奏，聲之飾也。君子動其本，樂其象，然後治其飾。是故先鼓以警戒，三步以見方，再始以著往，復亂以飭歸。奮疾而不拔，極幽而不隱，獨樂其志，不厭其道，備擧其道，不私其欲，是故情見而義立，樂終而德尊，君子以好善，小人以聽過，故曰生民之道，樂爲大焉。」這段是說音樂是發自內心的衝動，所產生的一種中心思想，以聲歌來做它的象徵；其他如詩的文采，音樂的節奏，都是用來裝飾聲音曲響的功能而已。所以有修養的人，要知道本末，來研究樂理的主從才是。所以就拿一個大場面的團體樂舞來說，預先以鼓聲來做表演的準備，音樂聲歌隨之而起，團體性舞步展開了，按着拍節起舞，每三步就成方形，再從頭舞起一直下去，到樂章歌聲終了而令還原。在進行歌舞中間，要講求團隊精神，行動一致，沒有個人激動或藏技不現，只能按着樂舞詩歌中心思想去表達，不但不能煩厭，還得盡全力以赴，沒有私欲，情感表明在公義上，當樂章終結時可以表現出無限美德；不分君子小人，全能團結在一起，所以說音樂構成了生民的最大快樂。這又充分說明了德、樂、詩、歌、舞是連鎖性的綜合藝術表現。接這段理論後又講了許多「興禮作樂」、「德化禮治」以禮樂治天下的道理。再說出有司掌禮，樂師辨乎當用的聲詩以司樂，而補禮的不足，而成治道。所以說樂不是獨立而化的，必假德詩歌舞，需要特性而化萬民的。必依德藝行事的上下先後而成樂制。

於是又說：「樂者，非謂黃鍾大呂弦歌干揚也。樂之末節也。故童者舞之，鋪筵席、陳尊俎、列籩豆，以升降爲禮者，禮之末節也。故有司掌之，樂師辨乎聲詩，故北面而弦。宗祝辨乎宗廟之禮，故後尸。商祝辨乎喪禮，故後主人。是故德成而上，藝成而下，行成而先，事成而後。是故先王有上有下，有先有後，然後可以有制於天下也。」

(二)鄭、宋、衛、齊皆淫色害德而不用於祭祀：禮記樂記魏侯問子夏曰：「吾端冕而聽古樂，則唯恐臥。聽鄭、衞之音，則不知倦。敢問古樂之如彼何也？新樂之如此何也？」子夏對曰：「今夫古樂，進旅退旅，和正以廣，弦匏笙簧，會守拊鼓，始奏以文，復亂以武。治亂以相，訊疾以雅，君子於是語，於是道古，修身及家，平均天下，此古樂之發也。今夫新樂，進俯退俯，姦聲以濫，溺而不止，及優侏儒，獶雜子女，不知父子，樂終不可以語，不可以道古，此新樂之發也。……今君之所好者，其溺音乎？」文侯曰：「敢問溺音何從出也？」子夏對曰：「鄭音好濫淫志，宋音燕女溺志，衞音趨數煩志，齊音敖辟喬志。此四者皆淫於色而害於德；是以祭祀弗用也。」（註一〇）

(三)宋音燕女溺志：「宋音燕女溺志，」孔穎達疏：「燕、安也。溺、沒也。言宋音所安唯女子，所以使人意志沒矣！即前溺而不止是也。」所以宋詩的下場是在三百零五篇中無宋風，故孔氏也不舉詩以證。概殷紂因陷溺於女色而嗜殺亡國，故無好詩而不傳。雖微子啟建宋之封，詩教依然不易反正勃興。抑或宋詩違禮，故皆爲孔子所刪，今但知「宋音燕女溺志」自然非爲好音。也可用來反證，商頌非宋人之作品明矣！孔子則將商頌收進三百篇中以代商詩。實因商詩入宋流傳作品，卽子夏所稱，「宋音燕女溺志」。多是黃色作品不足取也。

(四)聲淫及商，非武音也：禮記樂記賓牟賈侍坐於孔子。孔子與之言及樂曰：「夫武之備戒之已久，何也？」對曰：「病不得其衆也。」「咏歎之，淫液之，何也？」對曰：「恐不逮事也。」「發揚蹈厲之已蚤，何也？」對曰：「及時事也。」「武坐致右憲左，何也？」對曰：「非武坐也。」「聲淫及商，何也？」對曰：「非武音也。」子曰：「若非武音，則何音也？」對曰：「有司失其傳也。若非有司失其傳，則武王之志荒矣！」子曰：「唯！丘之聞諸萇弘，亦若吾子之言，是也。」（註一一）

「聲淫及商……非武音也。」鄭玄注：「言武歌在正其軍，不貪商也；時人或說其義爲貪商也。」孔穎達疏：「此賓牟賈之答，非武音，謂非是武樂之音。賓牟賈不言武王應天從人不得已而伐之，何容有貪商之聲，故言非武音，此答是。」朱熹禮記集說：「一說商聲爲殺伐之聲，淫謂商聲之長也，若是武樂之音，則是武王有嗜殺之心矣！故云志荒也。」（註一二）這段樂記很明顯的是說孔子明知「聲淫及商……非武樂也。」的涵意，而故意問賓牟賈的，而所答爲孔子所稱是。只是在武歌武樂中一開始就有殺伐的商音出現的樂理何在，這一點說明，連萇弘都說：「有司失其傳也。」樂師沒傳其中的道理給後人，而構成探討上的遺憾！然在後文孔子也替賓牟賈講了一番武王伐紂的史實以證樂。不過都是說的伐紂是替天行道，非貪商的大道理，所以武樂的理想始終都是正大光明的。

殊不知問題中心是在「聲淫及商」，商聲已知爲殺伐之聲，而作武樂的人爲什麼在樂章的序幕就使用了？這種拿音樂語言來敘事，一開始必須使用當時聽習慣了的樂音來引起動機，以號召聽衆；再用咏歎的聲音來惋惜殺伐之聲是反常的！更繼續拉長了這殺伐之聲的特徵來醜化殺伐之聲，以俾激起聽衆的憤怒，而後才能發動群衆，對商音起反感，群起而攻之，就所謂「發揚蹈厲」的革命之聲及行爲，以正義力量來消滅那以「殺伐之聲」爲代表的暴君帝辛（紂）。「聲淫及商」是時人議論武王伐紂，以臣伐君，有貪有商天下的心志。武王代天伐罪也是不得已而爲之，並不是貪商天下的意思。但武樂一開端就用了商聲，商聲本來就是殺伐的聲音；又是紂時天下人習知的樂聲，這也直接證明了帝辛是一位習於征伐的君王了！因爲作武樂的人一開始就用了「商聲」來揭開序幕，不但高明而且表明以殺止殺的革命決心。在此商聲本不是代表商樂，可是因帝辛（紂）有嗜殺伐的暴行，却使商聲也就代表了商樂了！於是武樂也就直接醜化了帝辛（殷紂）的祭祀禮法。這一推理和蠡測殷商（紂）不重祭祀，喜殺伐是合理而正確的推測，和研究商頌也有密切的關係。又爲什麼商代沒有詩流傳下來？因爲嗜殺的結果呀！

1.求徵：帝辛嗜殺：在董作賓先生全集乙編第五册甲骨學六十年、四、後期研究的進程九〇頁四行載：「乙、帝辛時的征人方：子、紂克東夷的傳說；丑、銅器中征人方記載，寅、鹿頭刻辭與征人方，卯、征人方卜辭的排比，辰、征人方所至之地。」；「二、以征人方卜辭輯錄排比爲『帝辛日譜』，計復原之甲骨共有三十三版，考定爲帝辛十祀九月甲午至十一祀七月癸丑前後二年間事。帝辛征人方，爲殷末一件重要故事，如左傳昭十一年『紂克東夷而殞其身，』昭四年傳『商紂爲黎之蒐，東夷叛之』，就是征人方故事的流傳。帝辛日譜，應用腹甲和胛骨的文例，補苴排比，較武丁日譜尤爲結實，又因卜辭中記有月日及十祀之文，年代曆法，均更可信據。」

2.求徵：帝辛好田獵：又九二頁：「七：事類每一王朝，各有時王的好尚，因而所卜的事項，多有不同，當時我只擧出殷代喜好田獵的武乙和帝辛兩代卜辭，(註一三)子目是：

甲、無逸篇中所見的殷人田遊。

乙、關于武乙、帝辛好田遊的記載。

丙、卜辭中所記武乙的田遊：子、武乙時田遊卜辭的特徵，丑、見於寫本中的武乙田遊卜辭，寅、第二次發掘村中出土的田遊卜辭，卯、武乙田遊之地及貞卜次數。

丁、卜辭中所記帝辛的田遊：子、帝辛時田遊卜辭的特徵，丑、出土地之確定，殷虛書契考釋的著錄，卯、殷契徵文的著錄，辰、兩書中田遊卜辭的統計，巳、帝辛田遊之地。

武乙和帝辛的田遊卜辭：當時整理的結果是：

武乙時：卜田遊共三十九次，田遊之地十八處。

帝辛時：卜田遊共三百一十次，田遊地八十七處，其中有十處是武乙時田遊過的地方。

史記殷本紀稱武乙『獵於河、渭之間，暴雷，武乙震死』，可見他是如何的喜好田獵；又稱帝辛『才力過人，手格猛獸』及『益廣沙、丘、苑、臺，多取野獸、蜚鳥置其中』，也可見帝辛也是喜好田獵的。本來，古代打獵就是練兵，把野獸作爲假想敵，合力進攻，以獵獲多數野獸爲最大勝利，同時也可以向眞的敵人示威。每一王朝都是要擧行的，不過不如武乙同帝辛時代擧行次數之多而已。

3.求徵—祖甲破壞禮制改成湯之法：殷商祭祀禮制又分舊、新兩派，自祖甲始改革祭祀禮制，被國語指爲「祖甲亂成湯之法」，不過尙書無逸篇記載祖甲的史料又說他政績頗佳如：「其在祖甲，不義惟王，舊爲小人。作其卽位，爰知小人之依，能保惠於庶民，不敢侮鰥寡。肆祖甲之享國三十有三年。」是爲新派，到了帝乙和帝辛又用新法。在董作賓先生甲骨學六十年中一一二頁記載：「祀典的排列，以神主之日干爲序，一如舊派祭大甲則列於甲日。因此之故，祖甲創此新制之時，曾大膽改革先王第一人之名而用其『神主』。在舊派，祭成湯必用乙日，是『神主』中，原當有『大乙』之名，卜辭中則不稱『大乙』而稱『唐』。祖甲爲了祀典中名實的統一，毅然不用『唐』而用『大乙』，這辦法的合理，致使武乙、文武丁時代，一切恢復了舊派的制度，獨不能再恢復『唐』的名稱。新派祭祀先祖，從上甲以下，先妣從示壬配妣庚以下，依日名、『神主』一次排列，秩然不紊，於是才可以考出五種祀典的基本組織，這五種祀典就是！（註一四）

彡、翌、祭、壴、劦。

到了帝乙帝辛時，每年自彡至劦，依順序舉行，祭祀一週，恰足三百六十日，約相當一歲的日數，所以在此時，把一年稱爲一祀，也就把祀來代表年歲，稱『惟王幾祀』，就等于說王的第幾年。……我曾據以推考殷代曆法，排成帝乙帝辛時代前後八十七年的兩種祀譜，據我們考定，這五種是：彡用鼓樂，翌用羽舞，祭用酒肉，壴用黍稷，劦是最後大合祭。除了五種主榦祀典外，還有系統不太明晰的祭祀：又（卽舊派之㞢）、叙（卽舊派之尞）、勺、歲、禦、[illegible]、夕福、彡龠、彡夕、濩、登、日。等十二種，除了『日』祭之外，別的都是與五種祀典相伴舉行的。以上十七種祭祀，可以說是祖甲修訂祀典後的新辦法，許多是不見於舊派祀典的。」

4.商代禮法的考證及發現：這種新派的特點是：⑴使祀典由極端混亂到極有秩序。⑵把上甲（微）以前的「先公」「遠祖」，摒棄而不祭。⑶把「先臣」、山川、社稷之祭，也一概廢除。⑷獨於上甲以前，妣庚以下的祖母，排入祀典，納諸紀律，隆重舉行。這也就難怪國語指責祖甲為：「祖甲亂成湯之法」，在湯的舊法是要在祭祀時一定要同時祭祀「先公」「遠祖」的。

從這一禮法的改革中使人體會到帝乙、帝辛的再從文武丁（太丁）恢復舊法努力中，又改變成新法，在「𠩺」祭的一年綜合大合祭中，所使用的商頌最後傳到周初太師手中，纔祇剩下十二篇了，為正考甫（父）所得到，再傳到孔子時纔剩下了如今人所週知的五篇商頌來。也說明了帝乙、帝辛二王在殷商末年禮制祭法上的改革，祇重視簡化祭祀次數和種類歸併，而「先公」「遠祖」的納入祭祀被忽略，但從「先公」「近祖」上甲（微）開始祭祀，自然對「先公」「遠祖」創業的功德也就不太注意了。按董氏的說法，簡化禮制祭法是合禮的英明表現，也是不迷信的象徵，也許正是周禮融合商代二派再革新所訂定周禮的依據了。

此外在董氏的地下史料整理結果中又可找出一條線索，就是「在祖甲大膽革新祭法中，將『先王』第一人之名而用其神主。在舊派祭成湯必用乙日，是『神主』中，原當有『大乙』之名，卜辭中則不稱『大乙』而稱『唐』。祖甲為了祀典中名實統一，毅然不用『唐』而用『大乙』，這辦法的合理，致使武乙、文武丁時代，一切恢復了舊派的制度，獨不能再恢復『唐』的名稱。」從此發掘出一條新的證據來，可以明白直接證明出毛詩中的「五篇商頌」頌辭中所稱先祖先王卻不書『大乙』而反用『

湯』、『湯孫』等連代稱呼，余考證甲骨文中，『唐』、『暘』、『湯』爲古字一字的轉變，在甲骨文中寫成『[illegible]』。依此可以說明商頌五篇成篇年代的上限爲武丁（舊派），其下限不能晚於太丁（文武丁，爲殷末舊派之君）之世，是非常明顯的事實。所以商頌五篇當斷爲商代傳下來的作品，「商頌也就是商詩了」。（附圖一）至其中文字，容有周人、秦漢人、口傳、抄刻上的刀筆之誤，這也是傳統各種史料難免的缺點，在此不多論證。當然有人懷疑，何以十萬甲片中不見商頌骨片出現？理由有三：甲骨文爲商殷貞卜的卜辭書契，故不記長篇頌歌。二、這種長篇頌歌之辭，包括了綜合樂、詩歌、舞專門知識，皆爲卿相士大夫及樂師所作是公認的史實。三、商頌能夠流傳到帝辛（紂）淪亡及周公東征之後，是完全靠着入周的殷樂師、貴族、賢臣口傳，抄刻而來的。

5.求徵：殷的賢臣、樂師歸周事，見諸史記殷本紀者：

「西伯歸，乃陰修德行善，諸侯多叛紂而往歸西伯，西伯滋大，紂由是稍失權重，王子比干諫弗聽，商容賢者，百姓愛之，紂廢之。及西伯伐飢國（一作阢）滅之。紂之臣祖伊聞之而咎周，恐奔告紂曰：『天既訖我殷命，假人元（一作卜）龜，無敢知吉，非先王不相我後人，維王淫虐，用自絕放，天棄我，不有安食不虞，知天性不迪率典，今我民罔不欲喪曰：天曷不降威，大命胡不至？今王其奈何？』紂曰：『我生不有，命在天乎！』祖伊反曰：『紂不可諫矣！』西伯既卒，周武王之東伐至盟津，諸侯叛殷會周者八百，諸侯皆曰：『紂可伐矣！』武王曰：『爾未知天命仍歸紂。』愈淫亂不止，微子數諫不聽，乃與太師少師謀遂去。比干曰：『爲人臣者，不得不以死爭。』迺强諫紂。紂怒曰：

『吾聞聖人心有七竅。』剖比干觀其心。箕子懼乃佯狂爲奴，紂又囚之。殷之太師、少師乃持其祭樂器，奔周，周武王於是遂率諸侯伐紂，紂亦發兵距之牧野。甲子日紂兵敗，紂走入，登鹿臺，衣其「寶玉衣」，赴火而死。周武王遂斬紂頭，懸之白旗，殺妲己，釋箕子之囚，封比干之墓，表商容之閭，封子武庚祿父以續殷祀，令修盤庚之政，殷民大說，於是周武王爲天子，其後世貶帝號，號爲王，而封殷後爲諸侯屬周。」（註一五）

6. 求徵：殷末賢臣，樂師歸周事，見諸史記周本紀者：

「是時諸侯不期而會盟津者，八百諸侯，諸侯皆曰：『紂可伐也！』武王曰：『女未知天命未可也』，乃還師歸居。二年聞紂昏亂暴虐滋甚，殺王子比干，囚箕子，太師疵，少師彊，抱其樂器而奔周。於是武王徧告諸侯曰：『殷有重罪，不可以不畢伐。乃遵文王遂率戎車三百乘，虎賁三千人，甲士四萬五千人，以東伐紂，十一年十二月戊午，師畢渡盟津，諸侯咸會曰：『孳孳無怠。』武王乃作太誓告于衆庶：『今殷王紂，乃用其婦人之言，自絕于天，毀壞其三正，離逷其王父母弟，乃斷棄其先祖之樂，乃爲淫聲，用變亂正聲，怡說婦人。故今予發，維共行天罰，勉哉夫子！不可再，不可三。』二月甲子昧爽，武王朝至于商郊牧野乃誓。……」（註一六）

7. 求徵：孔子的以史證武樂宗旨非貪商：「淫」乃殺伐之聲，言聲淫及商者，「非武音也」。孔子在禮記樂記對賓牟賈曾利用武王伐紂的史實來開導，以明武王不貪商的天下如下：

「且女獨未聞牧野之語乎？武王克殷反商，未及下車而封黃帝之後於薊，封帝堯之後於祝，封帝舜之後於陳，下車而封夏后氏之後於杞，投殷之後於宋，封王子比干之墓，釋箕子之囚，使之行商容而復其位。庶民弛政，庶士倍祿。」又：「濟河而西，馬散之華山之陽而弗復乘，牛散之桃林之野而弗復服。車甲衅而藏之府庫而弗復用，倒載干戈，包之以虎皮，將帥之士，使爲諸侯，名之曰建櫜，然後天下知武王之不復用兵也。」（註一七）其次再言教化興禮作樂之事，在此無須多引。

8.求徵：雅頌樂聲可以振軍怒士止暴：孔子指雅頌樂聲可以振軍怒士止暴：在樂記中以之教賓牟賈，以明武王伐紂，舞干戚用兵之怒士，在和衆止暴：

「……故聽其雅頌之聲，志意得廣焉，執其干戚，習其俯仰詘伸，容貌得莊焉，行其綴兆，要其節奏，行列得正焉，進退得齊焉，故樂者，天地之命，中和之紀，人情所不能免也。夫樂者，先王之所以飾喜也，軍旅鈇鉞者，先王之所以飾怒也。故先王之喜怒皆得儕焉；喜則天下和之，怒則暴亂者畏之，先王之道禮樂可謂盛矣！」（註一八）

9.求徵：樂記載師乙答子貢歌頌歌商事：

「子贛見師乙而問焉曰：『賜聞聲歌各有宜也？如賜宜何歌也？』師乙曰：『乙、賤工也，何足以問所宜；請誦其所聞，而吾子自執焉。寬而靜，柔而正者，宜歌頌。廣大而靜，疏達而信者，宜歌大雅。恭儉而好禮者，宜歌小雅。正直而靜，廉而謙者，宜歌風。肆直而慈愛者，宜歌商。溫良而能斷者，宜歌齊。夫歌者，直己而陳德也。動己而天地應焉，四時和焉，星辰理焉，萬物育焉。故商者，五帝之遺聲也；商人識之，故謂之商。齊者，三代之遺聲也；齊人識之，故謂之齊。明乎商之音者，臨事而屢斷；明乎齊之音者，見利而讓。臨事而屢斷，勇也。見利而讓義也。非歌孰能保此？故歌者，上如抗，下如隊，曲如折，止如槁木，倨中矩，句中鉤，纍纍乎端如貫珠，故歌之爲言也，長言之也，說之。故言之；言之不足，故長言之，長言之不足，故嗟嘆之；嗟嘆之不足，故不知手之舞之足之蹈之也。」（註一九）

10.考證的發現，子貢問樂。上節是引用粹芬閣藏本景印古本朱熹禮記集說本原文。與十三經鄭氏注孔穎達疏本樂記出入頗大。十三經遺漏原文太多，故不引用。樂記所載子貢問樂於魯樂官師乙，以樂官能知古樂理的本義由來，子貢才往問難，按詩的聲歌合樂的原理以求性情的合宜而習樂，師乙才僅就傳統的樂理說法而解答，並指明取捨均要自己選擇而求適性合於興趣去學習而已。在此又特別指出古時對商音爲剛決，必須性情柔緩者宜歌之，而變其柔緩爲剛強果斷。因爲商音是五帝的遺音，至今祇有居商故地的人習知故能識別出來，朱熹直指爲宋人，概爲殷的苗裔緣故。然則歌頌者的性情一定要寬大文靜，柔緩而正直的人。從此也隱約觀察到商頌的本身是剛決的，但要性情寬大又文靜，柔緩而正直的人才適合歌唱商頌的。又可隱約體會到師乙對五帝所傳商音和商人非常印象深刻。並特加推崇，又首崇頌詩的地位，列在最先，可以見到三頌也定以商頌順序年代皆當在前，並且談到商人、齊人，却沒提周人，確實值得玩味的。況且師乙的這段樂理知識，又不是他杜撰，並明說「請誦其所聞」，可見他是照着他老師代代相傳下來的舊說背出來的「老生常談」而已。正因爲這資料樸實可靠，絕無欺誇不實之言，才透露出「商頌」產生年代最早的消息來，自然也不該是周代宋人的作品了。

11.求徵——「商音」就是「商詩」也就是「商頌」：史記樂書所載子貢問樂與禮記古本樂記相同：「子貢見師乙而問焉……師乙曰……寬而靜，柔而正者，宜歌頌。廣大而靜，疏達而信者，宜歌大雅。恭儉而好禮者，宜歌小雅。正直清廉而謙者，宜歌風。肆直而慈愛者，宜歌商。溫良而能斷者，宜歌齊。……故商者，五帝之遺聲也，商人志之，故謂之商。齊者三代之遺聲也，齊人志之，故謂之齊；明乎商之詩者，臨事而屢斷；明乎齊之詩者，見利而讓也。臨事而屢斷，勇也。見利而讓，義也。有勇有義，非歌孰能保此。……累累乎殷如貫珠。……」考之史記樂書所載，很明顯是從樂記古本中抄襲而來，祇不過在這段的『正直清廉而謙者，宜歌風。』禮記樂記作『正直而靜，廉而謙者，宜歌風。』『商人志之』樂記作『商人識之。』『齊人志之』樂記作『齊人識之』『明乎商之詩者』樂記作『明乎商之音者』『明乎齊之詩者』樂記作『明乎齊之音者』在『見利而讓，義也。』句後多一句『有勇有義』四字而已。其餘皆同。故古本禮記樂記本文爲可信。又發現「志」「識」皆爲記也並爲通用字。更明顯史遷卽以原始資料考知商者爲五帝之遺聲，而有商人爲記載的根據。又將「明乎商之音者」改寫成「明乎商之詩者」更可證明「商音」就是「商詩」了，當然「商頌」也就是「商詩」了。因此也直接證明：「詩經爲音樂文學，商頌則爲宗廟祭祀爲主所使用的樂舞詩歌，在三頌中應該是最早的啟蒙時期的作品。」此點董作賓氏在甲骨學六十年中，所推考殷代曆法，排成帝乙帝辛時代前後八十七年的兩種紀譜。據其考定的五種祭祀，這五種主要祭祀是：「彡」用鼓樂，「翌」用羽舞，「祭」用酒肉，「壹」用黍稷，「劦」是最後大合祭。除此以外尚有些不太明晰系統的祭祀。十二種的十一種祭祀都可以和「五種」主要祭祀相伴舉行，而其中日祭是例外。而舊派的祭祀更繁多了。可見殷商新舊兩派祭祀方法，都要在祭祀中講求「樂舞詩歌相配合」着使用，尤其新派更注重。在舊派中最少是綜合性祭祀一定要「樂舞詩歌相配合」。最少證明頌詩不是「朗誦詩」的形式就是了。

(五)結語：董作賓先生全集乙編上編卷三祀與年一〇二頁：「劦祭之劦，卜辭中以爲協合字，如武丁（舊派）時卜辭有『王大命衆人曰！劦田，其受年！』是其例。在祭祀專名中，亦當爲協合之義，蓋此種「劦」祭在最後舉行，或同時聯合他種祀典，一並舉行之也。殷人之「劦」與周人之「祫」，義雖近而實則各異。說文「祫、大合祭先祖親疏遠近也。以示合，周禮曰：一歲一祫。」其例見於春秋文公二年「八月丁卯，大事于大廟。」公羊傳曰：「『大事』者何？大祫也。『大祫』者何？合祭也。毀廟之主，陳于大祖，未毀廟之主皆升，合食于大祖，五年而再殷祭。」此周制也。殷人之劦，每祀（年）有之，且自上甲以下，祖妣皆以入祀，五種祀典皆然，不獨劦祭然也。劦亦稱『劦日』，同時以酒爲祭，與前四種同，稱『酒劦』。」武丁爲殷商祭法的舊派集大成者！新派以祖甲爲改革的鼻祖。由此得知商人每年年終的「劦」祭，就是綜合天神、地祇、人鬼的大合祭，人鬼就是「祖先」，唯有在這種大的祭祀場合，才用得上祝、頌的辭、詩歌樂舞呢。商頌五篇就是舊派祭祖所的用讚頌詩歌樂舞了。

三、清儒經學家指明商頌爲商詩的記載

清聖祖康熙之世，爲提倡詩教，所以成孝敬，厚人倫，美教化，移風俗，唯苦於說詩者，均各以其學行世，釋解紛紜，而經旨漸晦，每至流弊；幸有朱子集傳，可作參證，使先王之詩教不墜，爲廣傳習，表彰聖經，對詩經諸說復加整理，並命儒臣次第纂輯，以朱子爲學說之宗，更采漢唐以來諸儒講解訓釋，取長補短，折中同異，呈上雍正親加披覽正定，命名爲「欽定詩經傳說彙纂」，以闡先王垂教之意，孔子删詩之旨；學者可直接得於興觀羣怨之微，俾明大道，以免溺於訓詁詞章之陋習，以通習於邦國天下而爲化。其篤於詩學，用心良苦。刋前於雍正五年六月初五日奉旨開列，總裁、校對、分修、校刋諸臣職名。爲篇幅所限，僅擧其人名如次：

詩經傳說彙纂總裁王鴻緒、揆敍。南書房校對張廷玉、蔣廷錫、勵廷儀、王圖炳、魏廷珍、吳士玉、吳襄、蔡嵩、梅之珩、沈翼機、蔣漣、張大受、許王猷、徐雲瑞等外尙有十三人參與其事。校刋趙之垣。共動員儒者二十九人之多，共襄盛擧。這一部集羣策羣力所完成的鉅構，可以說是滿清盛世康、雍兩朝學者共同參與研究詩經的結晶，研究也非常持平而客觀，當時漢人在政治上的表現機會雖感缺乏，但在學術上深入追求的成就機會却可傲視前賢。他們在這部書中對商頌的研究結論，在卷首上、「作詩時世圖」中所明白指出「商詩」五篇均應列爲商代的作品，內容如下：（註二〇）

「商詩五篇：太甲之世，頌一篇：

那：鄭氏康成謂：『太甲祭湯也。』孔氏穎達謂：『那之作，當太甲時。』朱子：『不詳其世。』

仲丁以後，頌一篇：

烈祖：孔氏穎達謂：『箋稱：祭中宗。諸侯來助，明是其後，或子孫之時。未知當誰世？』朱子：『不詳其世。』

祖庚之世，頌一篇：

玄鳥：孔氏穎達謂：『禮、三年喪畢，祫於太祖之廟。序言：祫高宗，明是爲高宗而作祫；故知是祫於契之廟也。』朱子：『不詳其世。』

祖庚以後，頌二篇：

長發；殷武：孔氏穎達謂：『玄鳥、箋以爲高宗始祫。殷武、云祀高宗，則亦在其後；殷武、既在後；則知長發之作，亦在後矣。』朱子：『不詳其世。』」

按詩經傳說彙纂、作詩時世圖所稱，商詩頌五篇，其餘三百六篇皆指爲周詩云。清人在盛世，對詩經集體研究的結論既然這樣，而使商頌又有家可歸了。也正和前述二、「商頌爲商詩之說」㈢「聲淫及商，非武音也」一4.「商代禮的考證及發現」一節中，所引用董作賓甲骨史料相印證的結果相符合：「商頌五篇成篇年代的上限爲大甲（舊派），其下限不能晚於武乙、太丁（文武丁，爲殷末舊派之君）之世，是非常明顯的事實。所以商頌五篇當斷爲商代傳下來的作品，『商頌也就是商詩了』。」可謂殊途同歸的。不過孔穎達所稱「祫於太祖之廟」、「祫高宗」、「祫於契之廟」以及其所引用「玄鳥」箋以爲高宗始祫」的「祫」祭，按董氏的考證，前已言及，乃周禮「三歲一祫」，大合祭先祖親疏遠近也，以示合。而義雖近似商人的「劦」祭，如武丁時卜辭有「王大命衆人曰：劦田，其受年！」商人的劦祭是在一年中：彡、翌、祭、壹、劦五種主要祭祀的最後年終大祭劦祭，包括了鼓樂、羽舞、酒肉、稷黍之合祭，以祭天神、地祇、人鬼（祖先父母），所以在「劦」祭中要祝告天神、地祇，更要歌頌祖宗功德的，商頌就排上用場了。因而孔穎達指商人「祫」祭之辭是一項誤會，是以爲周禮所載的周人「祫」祭，就是商人的「劦」祭呢。祇要把「祫」都改爲「劦」就完全正確了。當然孔穎達、鄭玄時代還沒有發現「甲骨文」呢，當然也無人知曉「劦」祭的名詞存在。於是不能說他們的「疏」和「箋」是錯誤，因爲他們最少有保持古代傳說事實和眞相踪跡的功勞，唯其有他們的「疏」和「箋」，纔能構成清初學人公認「商頌就是商詩」的根據。

四、胡厚宣殷代舌方考得長發爲商詩說

詩、商頌長發篇中：「受小共大共，爲下國駿厖！敷奏其勇；不震不動，不戁不竦，百祿是總。」一節詩義，自古毛詩、鄭箋、孔疏均已不妥不明，及至朱熹集傳，則直指「小共大共、駿、厖之義未詳。」按「小共大共」毛音恭，鄭音拱、執也。一云：毛亦音拱。駿、音峻。鄭俊也。又一云：毛

亦作俊。讀厖，莫邦反。鄭作寵。孔疏正義曰：「傳讀共爲恭敬之恭，故爲法也。駿、大。厖、厚。釋詁文龍之爲和，其訓未聞。言小法大法，正謂執圭搢珽與諸侯爲法也。言謂下國大厚，謂成其志性，使大純厚也。王肅云：言湯爲之立法，成下國之性，使之大厚，乃荷任天之和道也。」以上諸釋辭皆牽强附會之甚，根本無法使學者信服。唯有朱熹尚能保持「不知卽不知」的「未詳」態度，甚爲可取。

㈠摘採胡厚宣氏「殷代𢀛方考」的重點問題，以印證小共大共」的共卽「𢀛方」說爲可採信：（註二一）

1.在考中一、「𢀛字之認識」中說：「𢀛方者，亦省稱𢀛，𢀛字間亦作𢀛，爲武丁時卜辭中最多見之國名。……至卜辭『土方正于我東鄙，𢦏二邑，𢀛方亦侵我西鄙田。』二語中之土方、𢀛方明爲二國，故𢀛方下着一亦字，似不能斷爲一國。且據安陽發掘報告獲甲有鬼方二字，則𢀛方非鬼方，亦非土方，可以斷定矣。……

陳夢家釋邛，謂其字从口从工，工於卜辭爲工字，而卜辭从口與否每相通，故𢀛者實卽地名工，當是邛之初文。唐蘭先生亦釋邛，謂「𢀛爲工在口中，口者凵盧也，工爲𠀀之倒形。卜辭有𠀀字郭釋工至精且確，𠀀倒爲工，當卽𢀛字所从之工。柏根氏藏甲骨文字有𢀛字，卽𢀛，當釋爲扛。又有𢀛字，卽𢀛，當釋爲攻。其所从之𠀀若𠀀，卽𢀛，或𢀛之所从，尤爲明顯。則𢀛爲从工之字，可斷然無疑。𢀛象在口中，以象意聲化例推之，當爲从口工聲，今無其字，卜辭用爲國名，則當是邛之本名。今案𢀛字所从之工，確爲工字，帝乙、帝辛時卜辭有成語曰：『工冊』，其工字或作工，或作𠀀，亦作工，可證。陳、唐之說，皆然。惟其字當書爲𢀛，雖从工聲，但是否卽爲邛，若邛筰之邛，則猶未敢定其必信也。」按識字來說，邛、𢀛當爲一字無疑。

2.在考中二、𢀛方之地理中說：「銅器有邛仲之孫伯戔盤及盦，邛君婦壺，考古圖謂盤得于河內太行石室中，其地皆在殷虛之西，卜辭菁一曰，允有來嬉自西，長叏角告曰：邛方浸我示□田七十人五，其地望亦正在殷虛之西，與土方爲鄰。」

又：「𢀛方之地域，在卜辭之中，其線索固甚明也。卜辭中每言有來𢦏（艱）自西，而某某告𢀛方來犯者：（共引卜辭三十八條在此不引述）……然則欲考𢀛方之所在，必於沚、長、𡴃、戉、唐、象諸地求之矣。（以上各地皆有詳考繫於文後，在此不一一作引也。）

又：「夫𢀛方在殷之西，殷王爲防𢀛方之內侵，往往以沚、長、𡴃、戉諸國，就地而封，使任邊防之職。𢀛方內侵，亦常至𡴃、唐、陝、方、鄭諸地。而沚在今山西南部，汾水以東，長在今山西虞鄉縣附近，陝在今河南陝縣，方在今山西夏縣，鄭在今陝西華縣之北，𡴃當與陝、方、鄭相近，戉在今山西平陰東北，唐在今山西蒲州迤西及於聞喜一帶之地。則𢀛方者，必在今山西省以西陝西省之地，可知也。

𢀛 者疑卽共。詩長發「小共大共」，書序『九共』，共字皆借爲工。小雅巧言『匪其止共，維王之邛』，共與邛協。詩大雅皇矣『密人不恭，敢距大邦，侵阮徂共。』方輿紀要：『涇州共池，在州北五里，詩侵阮徂共，今之共池是也。』舊說大都如是。呂調陽羣經釋地：『共阮邑，鄘州西之張村驛也，清水河經其東北。』今案大荒西經有共工國。路史國名紀共國地在宏農，虞舜時共工或云居此，通雅張氏曰：『共，阮之地名。』齊策：『王建入朝於秦，處之共松柏之間。』是關內秦地有共也。又阮者，左傳作邧，文公四年：『晉侯伐秦，圍邧新城，以報王官之役。』杜注：『秦地。』彙纂：『邧秦邑，當在今澄城縣境，新城今西安府澄城縣東北二十里有故新城。』史記魏世家：『文侯十六年，伐秦，築臨晉阮里。』沈欽韓曰：『邧卽元里也，在同州府東北。』姓纂：『阮在汧、渭之間。』共當與阮相近，亦可由阮地以推之。

故共卽殷代𢀛方之國，其活動區域，約在今陝北之地也。」

3.在考中三至十二所記：三、𢀛方之出來，引用卜辭四十以求徵。四、𢀛方之內侵，引用卜辭十一以求徵。五、內侵之原因，引用卜辭三以求徵。六、內侵之禱告，引用卜辭三十七以求徵。七、𢀛方之征伐，引用卜辭九十四以求徵。八、征伐之方略，引卜辭十一以求證。九、征伐之統帥，引用卜辭七十八以求徵。十、征伐之士卒，引用卜辭十以求徵。十一、𢀛方之羈縻，引用卜辭五以求徵。十二、征伐之時期：「由前引諸辭觀之，𢀛方之內侵，在三月者一次，在四月者一次，在五月者二次，在七月者一次，在十月者一次，在十一月者一次，在十三月者一次。殷之征伐𢀛方，在一月者二次，在五月者四次，在七月者一次，在八月者二次，在十二月者一次，在十三月者一次。大約在一年之中，𢀛方時時可以內侵，殷人亦時時可以征伐之也。在前引三百二十六條關於𢀛方之卜辭中，其紀有月份者，僅此二十條而已。雖其大部分皆以干支紀日，然絕無紀年之辭，此乃康丁以前卜辭之成例。」

按此段所考，可知𢀛方乃殷時西方的最大强敵，也是和殷時操干戈最多的國家。

4.在考中十三、結論中說：「總之、𢀛乃舌字，舌方爲武丁時卜辭中最常見之一國。其地在殷之西方。舌方內侵，常至𡆥、唐、彖、土、諸地，又常征伐沚𢦏、戉、𡆥諸國，殷人爲防禦舌方之內伐，乃就地而封沚、長、𡆥、戉等國爲侯白（伯）。而由此諸地考之，舌方必在今之山西省以西，則舌者，必爲大雅阮共之共，卽舌方之地，必在今之陝北也。」

5.卜辭或貞舌方之出不出，或貞舌方之來不來，或貞舌方是否出某地，或貞舌方是否夜出，或貞舌方之出，是否大擧，或既卜之後，又貞其是否果允出來；或貞舌方之出，是否作禍，或貞舌方還，凡此皆可見殷人對於舌方小心戒懼之程度。其記舌方之內侵者，或言征，或言敦，或言𢦔。其內侵之地方，曰沚、曰戌、曰𡧊、曰𡆥、曰至𦅼、曰□、□、方、果。或侵田，或征地，或𢦔邑，𢦔邑或多至四。其內侵之人數，少或七十有五，多或八百有奇。

在殷人心目之中，以爲舌方之所以內侵，其原因有二，曰帝不護祐；曰先祖作它。其禦之之方，先用禱告。禱告之祭，曰告，曰𠦪，曰匃。禱告之對象，有王亥、岳、泊、上甲、匚乙、示壬、唐、大丁、大甲、祖乙、黃尹、好、受令、令諸人。禱之不效，則繼以征伐之種類，曰觀、曰望、曰御、曰卽、曰見、曰遘、曰伐、曰征、曰𢀛、曰𢦏、曰戰、曰𢦔、曰追、曰擒、曰□、曰□、曰獲。雖征伐之時，亦仍叩之貞卜，問其是否能受祐於帝天。

其征伐舌方所用之戰略曰步伐，步兵也。曰逆伐，迎擊也。曰循伐，順勦也。又有□伐，□伐二種，則未詳。其征伐之統帥，一曰殷王，或王自征，或从𡍒乘，或从沚𢦏。二曰王子𠳋。

三曰近臣，或言多臣，或言多[illegible]，或言多[illegible]，或言自般，即師盤，或言[illegible]。四曰將吏，或言皇乘，或言多吏，吏者專任征伐之武官，或鎮使也。五曰侯白（伯），為沚戜、戉、羽、見。其征伐之士卒為民衆，或二千，或五千。然殷人既克𢀛方之後，亦不全採强暴之手段。對於𢀛方之俘囚，恒以為臣僕，蓋羈縻和親之術也。

至於𢀛方內侵，及殷人征伐𢀛方之時期，由卜辭觀之，一年之中，幾於無月不可。論者以春季為殷人之征伐時期；不知卜辭所謂：『今春伐某方』者，春之義皆為年，猶言『今年伐某方』，非春夏秋冬之春也。又早期卜辭，絕無紀年之例，即紀月份者，在此三百二十條中，亦僅二十條。……」因此確信由此考確定「小共大共」就是崛起時的𢀛方和壯大了的𢀛方而無疑。

(二)考得「𢀛方」為「共」則使商頌長發的經義大明

朱熹集傳指出商頌長發篇中：「小共大共、駿、厖之義未詳。」乃一大發現，唯未能深入求證而已，實乃史料不足徵的緣故；因當時尚未發現甲骨地下史料，故商代的先民活動狀況，仍然無法得其眞相，也更不知殷高宗武丁以前與西方「𢀛方」的敵對關係，或𢀛方終被征服的史實，所以殷高宗武丁在祭祀先公祖宗、先王祭祀的「[illegible]」祭上，在歌頌祖宗的功德，並兼及本身的成就，纔說出了這段得意的頌辭：「受小共大共，為下國駿厖，敷奏其勇；不震不動，不戁不竦，百祿是總。」

1.「小共大共」是經文研究的關鍵；按胡厚宣殷代𢀛方考，使用殷代所遺之甲骨卜辭三百二十六條，反覆考釋，得知「共」就是「𢀛方」，乃殷虛以西之國，活動區域，約在今陝北之地；也是武丁時卜辭中最常見的一個强國，經常入侵殷、唐、象、土諸地，也常征伐沚戠、戉、𠂤在武丁時經年和「𢀛方」交兵，戰鬥連年。在克服「𢀛方」以後，復封爲「臣僕」，以羈靡、「和親」的懷柔手段，對𢀛方投降的「君酋」。

又因爲殷人每於征伐之前，舉行祈禱，以求先祖護祐；由於武丁時祈禱的對象，確見不是所有祖先都一一加以禱告，而乃是每次祈禱都有特定的對象，如王亥（振）、岳、河、上甲（微）、匚乙（報丁）、示壬（主壬）、唐（湯）、大丁（太丁）、大甲（太甲）、祖乙（且乙）、黃尹（伊尹）、好、受令、令諸人。很明顯這些特定的先公、先王、賢相、名將，一定是對「𢀛方」征伐奏有大功的人，所以纔專向這些神主求助。也可發現，「𢀛方」崛起的上限，爲王亥，及其降服爲臣，乃在武丁時代。所以「小共大共」就可以解釋成「崛起的𢀛方，壯大的𢀛方。」在頌裏正是表面頌揚先公先王的武功所及，暗地裏不露痕迹的誇示武丁征服了「𢀛方」，統一了天下的眞實而偉大的成就。也同時說明了克服了「𢀛方」這一頑强大敵，是經過長期爭鬥，不斷奮戰才獲得此一勝利果實。

至於「駿、厖」之義，便迎刃而解了，駿音峻，毛亨、鄭玄二人皆作俊解，亦作俊。鄭又以爲「駿厖、當爲下國作英俊厚德之君，能荷負天之榮寵。」孔穎達則以爲「駿、大，厖、厚，言成湯與諸侯作英俊厚德之君也。」今人屈萬里教授則於詩經詮釋中解爲：「駿、大也。按：厖、荀子榮辰篇及大戴禮將軍文子篇俱引作蒙。蒙、覆被也。駿厖，言覆被之廣也；意謂下國皆受其庇護也。參馬瑞辰說。」也很可取。今人高亨詩經今注：「駿厖：駿借爲桓。『周禮、大宗伯』：『以玉作六瑞，以等邦國。』

此雜色。』厖讀爲尨（音忙），男執蒲璧。子執穀圭，伯執躬圭，侯執信圭，公執桓圭，王執鎭圭，二句指湯以大小之玉賜下國諸侯，以作桓圭或尨圭。」此注仍受毛、鄭二家影響，雖說周禮系沿殷禮而來，其制度畢竟有所改革，顯有張冠李戴之嫌，無乃不可乎？

2.殷、周二代禮制不同，祭法有別，不可並論。

毛詩小序：「長發，大禘也。」（註二二）

鄭玄箋：「大禘郊祭天也。禮記曰：王者，禘其祖之所自出，以其祖配之是謂也。」（註二三）

孔穎達疏：「正義曰：長發詩者，大禘之樂歌也。禘者，祭天之名，謂殷王高宗之時，以正歲之正月，祭其所感之帝於南郊。詩人因其祭也而歌此詩焉。經陳洪水之時，已有將王之兆，玄王政教大行；相土威服海外，至於成湯，受天明命，誅除元惡，王有天下；又得賢臣爲之輔佐，此皆天之所祐，故歌詠天德，因此大禘而爲頌，故言大禘以揔之。經無高宗之事，而爲高宗之頌者，以高宗禘祭得禮，因美之而爲此頌，故爲高宗之詩。但作者主言天德止述商有天下之由，故其言不及高宗，此則鄭之意耳。王肅以大禘爲殷祭，謂禘祭宗廟，非祭天也。毛氏既無明訓未知意與誰同？」（註二四）

又：「正義曰：祭法云：殷人禘嚳，而郊冥。注云：禘謂冬至祭天於圓丘，則圓丘之祭名爲禘也。又王制及祭統言四時祭名，春礿、夏禘、秋嘗、冬烝。注云：蓋夏殷制，則殷之夏祭宗廟亦名禘也。又鄭駁異義云：三年一祫，五年一禘，百王通義，以爲禮。讖云：殷之五年殷祭亦名禘也。然則祭之名禘者多矣！而知此大禘爲郊祭天者，以冬至爲祭乃是天皇大帝，神之最尊者也。爲萬物之所宗，人神之所主，非於別代異姓曲有所感助。經稱『帝立子生商，』謂感生之帝，非天皇大帝也？且周頌所詠靡神不舉，皆無圓丘之祭。殷人何獨捨其感生之帝，而遠述昊天上帝乎？以此知非圓丘之禘也。時祭所及親廟與太祖而已，而此經歷言玄王相土非時祭所及，又非宗廟夏禘也。五年殷禘，鄭於禘祫志推之，以為禘祭各就其廟，今此篇上述商國所興之由，歷更前世有功之祖，非是各就其廟之言，以此又知非五年殷祭之禘也。彼諸禘者，皆非此篇之義，故知此云大禘唯是郊祭天耳，祭天南郊亦名為禘。故引禮記以證之，所引者，喪服小記及大傳，皆有此文，大傳注云：凡大祭曰禘，自由也，祭其先祖所由生，謂郊祀天也。」（註二五）

按以上所敍皆知其依據周代禮制所及記載可知的範圍，無論如何都沒法取得商殷禮制祭法直接的記載，所以這些以傳說為根據的說法，和商代的眞正禮制又有不同之處。不過漢人傳經專家能推敲追述如此，已不失為後學治學的橋樑，也算難能可貴了。如據董作賓殷曆譜上編卷一殷曆鳥瞰所說，殷代禮制祭法，從卜辭中經整理過後所探得的概要，可分新、舊兩派；這是由斷代研究所得的結果。董云：「自般庚遷殷，至小辛小乙之世，在早期卜辭中，每不易分辨之，今姑以武丁為舊派代表，武丁在殷代為一極煊赫之中興名王，嘗見稱於後世。周公稱其『不敢荒寧，嘉靖殷邦。』（見尚書無逸）孟子稱其『朝諸侯，有天下，猶運之掌。』（孟子公孫丑）劉向稱其『飭身修行，思先王之政，興滅國，繼絕世，舉逸民，明養老；三年之後，蠻夷重譯而朝者七國。』（說苑君道）今於卜辭中亦可見其時之氣象雄偉，規模宏大，貞卜事項，包羅萬有，史臣之書契文字，亦充分表現其自由作風也。在本譜中，可見其曆法之因仍古制，無所改進，余名之爲『遵古派』，祀典亦迥異於祖甲；文字、卜事，又復多有不同。其時禮制，殆卽所謂『先王之政』。余故稱之曰『舊派』也。

武丁之後，祖庚承之，守其成法，未嘗更張。下及文武丁，乃復行舊派之禮制。此舊派之一系也。新派者，自祖甲創之，在卜辭中，充分表現其革新之精神。如曆制之改進，祀典之修訂，卜事及文字之釐定，皆其大端。就故籍考之，亦可見其背景，如無逸稱『祖甲不義惟王，舊爲小人。』馬融云：『祖甲有兄祖庚賢，而祖甲賢，武丁欲立之。祖甲以王廢長立少，不義，逃亡民間。故曰『不義惟王，久爲小人』也。」鄭康成云：「有兄祖庚賢，武丁欲廢兄立弟，祖甲以爲不義，逃于人間。故云『久爲小人』。」馬、鄭兩家之說，當出於一個流傳之故事，而敍述微異。此故事之背景，在武丁時，祖甲因不滿當時行用之禮制，或有所建白而未被採納，乃立之民間。及祖庚嗣立，一遵武丁時舊制，不敢稍有更易。斯時祖甲仍甘在野，不與合作。此殆「久爲小人」之眞實背景也。祖庚既歿，祖甲新立，遂毅然實行其革新禮制之計畫，此卜辭中足以爲之證明者也。

祖甲創此『新派』之後，廩辛、康丁、沿其禮制；武丁樂于田游，不重文事，新派禮制，猶復因循。至文武丁，銳意復古，極力摹仿舊派，然亦僅具皮相，且不過十三年。帝乙、帝辛則又復宗新派。此一系也。

在殷代新舊兩派禮制更迭行用之際，度不免有所爭議，甚至互相抨擊。殷亡之後，舊史奔周，周因殷禮，乃並採新舊兩派，（例如其曆法，稱『一月』爲舊派，稱『正月』爲新派。）而故事流傳，對祖甲有所褒貶，當亦緣此。馬鄭之所採，周公之所舉，屬於贊成新派者；其反對新派者，則見於國語。國語周語，衞彪傒之言曰：「玄王勤商，十有四世而興；帝甲亂之，七世而隕。」韋昭注云：「帝甲，湯後廿五世也。亂湯之法，至紂七世而亡也。」此帝甲即祖甲，「亂湯之法」即譏其改革禮制，顯然爲舊派口吻。史公作殷本紀，據此而以「淫亂」二字，爲帝甲一生之總評。明人小說，更發揮「淫亂」，曲意描繪，語涉穢褻，嗚呼！所謂祖甲者，固如是乎？」

㈢董作賓對新舊兩派祀典之異，又有詳盡扼要的敍述如下：「『國之大事，在祀與戎』，故殷代卜辭，祭祀之事，佔其多量。此類卜辭，雖至今尚未有作全部系統整理者，而其新舊兩派之不同，則已約略可知。舊派所祀者，有上甲以前之先世，如高祖夒，王亥，王恒，季等；上甲以下，則祀大宗不祀小宗；大宗之配，不及五世以上之先妣，祖妣而外，有黃尹（文武丁時作伊尹），咸戊；有河，岳，土（社）；此皆習見者也。舊派之祀典，有：

彡、壴、劦、㞢、𡘇、勺、福、歲（此八種見于新派祀典。）御、匚、𣍘、帝、校、告、求、祝。等。因其卜祀之辭，散列雜厠於他種卜辭之間，且不記月名者多，故不易推求其相互關係，及組織之系統耳。

新派所祀者，自上甲始，大宗小宗，依其世次日干，排入『祀典』，一一致祭，秩序井然，有條不紊。本譜所列祖甲（廩辛康丁附入），帝乙、帝辛三祀譜，即其例也。其祀典，以：

彡、翌、祭、壴、劦。

五種爲其主幹，由彡至劦，以次擧行，徧及祖妣，周而復始。以五種祀典爲一大組，自有其意義，據余所考定，彡爲鼓樂之祀，翌爲舞羽之祀，祭則用肉，壴則用食（黍稷），而劦爲合祭，蓋於最後聯合他種祀典而一併擧行也。五種祀典，皆同時用酒致祭、樂、舞、酒、肉、黍稷俱備，其組織可謂完密周到。與五種祀典相伴擧行者尚有：

又（卽舊派之㞢）、叔（卽賁）、勺、夕福、濩、[illegible]、歲、彡龠、彡夕、[illegible]、[illegible]。等祭。以上所擧，乃祖甲創修之祀典，爲新派禮制之一。廩辛、康丁因之，至帝乙、帝辛，而加以增修焉。

以舊派與新派較，可知兩者之異，在一駁一純。祖甲不惜廢祖宗成法，毅然改定祀典，上甲以前之遠祖，皆不致祭，黃尹、咸戊、河、岳、土等，亦俱廢除，獨於自上甲以來，妣庚以降之先祖先妣，特訂隆重之祀典，立卽實行，其革新之精神，可見一斑。孔子曰：「『非其鬼而祭之，諂也！見義不爲，無勇也。』祖甲之改革祀典，亦可稱有勇而不諂者矣。」（註二六）

董氏所考從地下史料得知，殷商的禮制祭法祀典，的確和周禮、禮記所言禮制祭法祀典也完全不同；殷代本身禮制祭法祀典就已分成爲兩派；新派和舊派，舊派以武丁爲代表，因爲殷高宗武丁是殷代的中興君主，無論在武功上，政教禮法上，都非常有建樹，尤其是在禮制祭法上集「商湯之法」而爲舊派之大成；而祖甲時又對禮制重新改革過，簡化祭法祀典而稱爲新派創始人。就是史稱「亂商湯之法者」，實際上對禮法的革新，也是很有成就，很進步的。就拿前述「禘祭」來說，周的「禘祭」

就有好多種，而殷代祇見於舊派禮法祀典上有「帝祭」，卜辭上沒有「禘」字，當然「禘」就是「帝」。而新派禮法祀典中遍檢卜辭，已不見有「帝」祭的出現，是已被祖甲革新祀典時删除了！而殷代改革後的祀典，以彡、翌、祭、壴、𠭯五種爲主幹；這五種中又以「𠭯」祭爲每年年終綜合大祭，時間是在冬至時候舉行。而「𠭯」祭在舊派時，就已成爲年終綜合大祭了！而鄭玄又按周漢的禘祫志推敲，其實，殷代除舊派尙有「帝」祭存在，亦非爲主幹祀典，新派根本就取消了「帝」祭；至於「祫」祭，周制三年一「祫」，殷代根本就沒有這一「祫」祭名稱，卜辭中不見此名。董作賓在祀譜中均未提起「祫」祭。因此毛序、鄭箋、孔疏所稱的「禘」就應是「𠭯」，那就完全對了。可見殷、周禮制祀典的不相同處，自然是不可以並論的。但毛、鄭、孔三氏解經是本乎周禮說法，而周禮也是根據商殷之禮而來的。祇是和卜辭的祀典名稱有出入而已。如果毛詩小序云：「長發，𠭯祭也。」鄭玄箋：「𠭯祭，郊祭天也。」孔穎達疏：「長發詩者，𠭯祭之樂歌也……。」就完全和商史眞象符合了。可惜三氏在世期間均未能讀過卜辭（甲骨文字）的關係，自然也無法探索到殷商的禮制祭法祀典了。不過三氏確認定長發篇爲武丁時祭天祭祖時，詩人所作在年終綜合大祭歌功頌德的樂歌。所以商頌長發篇爲殷人所作的頌詩，自然是商詩了。同時因武丁是殷商眞正統一天下的君主，無論在武功、政教、禮制、祭法、祀典各方面都奠定了非常自由而可以頌揚的規模，然則商頌長發篇是武丁在「𠭯」祭上所使用的祭天祭祖宗的樂歌頌辭，是絕對可信的史實。

五、商頌和正考父糾葛的求徵

㈠商頌五篇的作者：自漢以降，經師、史家、文士，論者各有不同的見解；有的說商頌的作者是正考父。有的說商頌是殷高宗武丁前後爲祀祖先及祀高宗時，祀典中所用的樂歌，爲商代詩人所作，作者不詳。也有的說是商頌是宋人贊美宋襄公所作。其傳說因家法不同，言說有異。爲正視聽，必辨明其是非，以解開兩千餘年來，商頌和正考父間糾葛不清的結。

㈡國語魯語下的說法：這可以說是商頌和正考父糾纏不清的開端。主要的原因是春秋末年的文字，到了漢魏以降的學者已無法完全瞭解，而造成各抒己見的見仁見智的說法來。於是糾葛就自然愈來愈多。玆錄原文於下：

「齊閭丘來盟，子服景伯戒宰人曰：『陷而入於恭。』閔馬父笑，景伯問之。對曰：『笑吾子之大也。昔正考父校商之名頌十二篇，於周大師，以那爲首。其輯之亂，曰：『自古在昔，先民有作；溫恭朝夕，執事有恪。』」

先聖王之傳恭，猶不敢專，稱曰：『自古、古曰在昔，昔曰先民。』今吾子之戒吏人曰：『陷而入於恭，其滿之甚也。周恭王能庇昭、穆之闕而爲恭，楚恭王能知其過而爲恭。』今吾子之敎官僚，曰：『陷而後恭。道將何爲？』」（註二七）

㈢三國吳韋昭的解釋，向來爲後世學者所推許，允稱公平落實。看來並不受漢代今古文家門戶之爭的影響，很能就題論事，這是韋氏注解的長處。他對這章書的解釋：「閭丘齊大夫閭丘明也。初齊悼公在魯取季康子之妹，及卽位而逆之季魴侯通焉，女言其情不敢予也。齊侯怒伐魯，魯與齊平，齊使閭丘明來盟，在魯哀八年也。景伯、魯大夫子服惠伯之孫，昭伯之子，子服何也。宰人、吏人也。陷、猶過失也。如有過失寧近於恭也。

馬父、魯大夫也。大、謂驕滿也。正考父宋大夫孔子之先也。名頌、頌之美者也。太師、樂官之長，掌教詩樂。毛詩序云：『微子至于戴公，其間禮樂廢壞，有正考父者，得商頌十二篇於周太師，以那爲首。』鄭司農云：『自考父至孔子，又亡其七篇，故餘五耳。』

輯、成也。凡作篇章，篇義旣成，撮其大要爲亂辭。詩者、歌也；所以節儛者也。如今三節儛矣；曲終，乃更變章亂節，故謂之亂也。

恪、敬也。先王稱之曰自古，古曰在昔，昔曰先民有作。言先聖人行此恭敬之道久矣，不敢言創之於己，乃云受之於先古也。此其不敢專也。驕爲滿，恭爲謙。

庇、覆也。恭王周昭王之孫，穆王之子。昭王南征而不反，穆王欲肆其心，皆有闕失，言恭王能庇覆之，故爲恭也。恭王楚莊王之子，知其過者，有疾召大夫曰：『不穀不德，覆楚國之師，若歿，請爲靈若厲。』子囊曰：『君實恭，可不謂恭乎？』大夫從之。」

唐云：「『同官曰僚。』昭謂此景伯之屬下僚耳，非同官之僚也。同僚、謂位同者也。詩云：『

我雖異事，及爾同僚。』失道尙爲恭，如其得道將何爲事也。」（註二八）

㈣分析：論者爲急於說明商頌究竟爲商人所作，或爲周人所作。于是均於魯語中斷章取義，而引用閔馬父的一段話：「昔正考父校商之名頌十二篇於周太師，以那爲首……。」往往流於曲解閔馬父的原義，而更造成商頌和正考父間的瓜葛，糾纏不清。而這一段原文的解釋，韋昭以爲：「正考父宋大夫，孔子之先也。名頌、頌之美者也。太師、樂官之長，掌敎詩樂。毛詩序云：微子至于戴公，其間禮樂廢壞，有正考父者，得商頌十二篇，於周之太師，以那爲首。鄭司農云：自考父至孔子又亡其七篇，故餘五耳。」據此得知左丘明的國語魯語所謂閔馬父之言，和韋昭引用毛亨的毛詩序，以及鄭康成的箋，意見完全一致，並未曲解或任何異說出現。依俞平伯在古史辨第三册下編，論商頌的年代一文所載，指明這毛序、鄭箋均爲古文家的說法，「把商頌當作商代的作品，只是曾經散失，經正考父的補訂而已。」（註二九）

而史記宋微子世家太史公贊：「……襄公之時，修行仁義，欲爲盟主，其大夫正考父美之，故追道契、湯、高宗，殷所以興，作商頌。」宋裴駰集解言：「案韓詩商頌章句亦美襄公。」然唐司馬貞索隱言：「今按毛詩商頌序云：『正考父於周之太師得商頌十二篇以那爲首。』國語亦同此說，今五篇存，皆是商家祭祀樂章，非考父追作也。又考父佐戴、武、宣，則在襄公前且百許歲，安得述而美之？斯謬說爾！」（註三〇）司馬遷號稱良史，所敍所論所贊，大多必求有據，考史記一百三十篇的敍史，皆有文獻可徵，然其間容有疏忽之處，以前文司馬貞所指責，允稱妥善，五篇指皆爲商家祭祀樂章，非考父追作一節；正和今人董作賓在殷曆譜上編殷曆鳥瞰文中所說殷代禮制祭法，從卜辭中得知分新舊兩派，追祭先公先王的卜辭，歷歷在目，祀典也非常分明；再驗諸五篇商頌內容也頗相和，前此已有詳述。又正考父嘗佐戴、武、宣，是在襄公百餘年前，可知司馬遷書此贊時，引用的詩爲魯詩，殆其所習者爲魯詩的緣故而已。師承如此，所以不及查對，而產生了謬說。兪平伯也說：「司馬遷用魯詩說，殆魯義如此。……韓詩薛君章句曰：『正考父，孔子之先也，作商頌十二篇。』是魯、韓義同。今文家均以商頌爲宋襄公時大夫正考父所作，爲周詩，非商詩也。」由此觀之，今文學派諸鉅子均以爲商頌爲正考父所作而用美宋襄公；然宋襄公又晚正考父一百餘年在世，可直接證明正考父根本沒作商頌，商頌自爲商人所作無疑。唐人司馬貞索隱的說法爲正確了。

㈤結語：郭紹虞的文學史講稿的評斷最爲簡單，只要一考正考父的年代，便可以決此疑獄。以史記左傳定正考父的年代，則正考父非活到一百五、六十歲是不及事宋襄公的，所以商頌是商代的文學作品。想法高明可取。

六、商頌殷武篇異議的求徵

詩經商頌殷武篇，共六章，三章六句、一章五句、二章七句。原文如下：

撻彼殷武，奮伐荊楚，罙入其阻，裒荊之旅，有截其所，湯孫之緒。

維女荊楚，居國南鄉，昔有成湯，自彼氐羌，莫敢不來享，莫敢不來王，曰商是常。

天命多辟，設都于禹之績，歲事來辟，勿予禍適，稼穡匪解。

天命降監，下民有嚴，不僭不濫，不敢怠遑，命于下國，封建厥福。

商邑翼翼，四方之極，赫赫厥聲，濯濯厥靈，壽考且寧，以保我後生。

陟彼景山，松伯丸丸，是斷是遷，方斲是虔，松桷有梴，旅楹有閑，寢成孔安。

㈠經傳所載的詮釋成說：

小序：「殷武祀高宗也。」孔穎達正義曰：「殷武詩者，祀高宗之樂歌也。高宗前世殷道中衰，宮室不修，荆楚背叛，高宗有德，中興殷道，伐荆楚，修宮室；既崩之後，子孫美之。詩人追述其功而歌此詩也。經六章，首章言伐楚之功，二章言責楚之義，三章、四章、五章，述其告曉荆、楚，卒章言其修治寢廟，皆是高宗生存所行，故於祀而言之，以美高宗也。」是皆言詩爲頌揚高宗伐楚的功德。（註三一）

首章鄭玄箋云：「有鍾鼓曰伐。罙、冒也。殷道衰，而楚人叛高宗，撻然奮揚威武，出兵伐之，冒入其險阻，謂踰方城之隘，克其軍率，而俘其士衆。」是言高宗不畏險阻而打敗叛殷的楚人。鄭玄箋又云：「氐、羌狄國，在西方者也，享獻也世見曰王，維女楚國，近在荆州之城，居中國之南方，而背叛乎？成湯之時，乃氐、羌遠夷之國，來獻來見，曰商王是吾常君也。此所用責楚之義，女乃遠夷之不如。」是明言楚國的人已不尊商王，反不如遠在秦隴以西的夷國氐、羌懂禮了！尚能尊商守綱常。也是贊美殷高宗武丁的伐楚叛商的功勞，可和成湯比美，而能守住湯王始創的業基，不失爲人子孫所應有的善行。所以鄭玄又說：「湯孫之緒爲太甲之等功業，高宗之功與太甲等同也。」

宋朱熹詩經集傳釋云：「賦也。撻，疾貌。殷武，殷王之武也。冞，冒。裒，聚。湯孫，謂高宗。舊說：以此爲祀高宗之樂。蓋自盤庚沒而殷道衰。楚人叛之，高宗撻然用武以伐其國，入其險阻，以致其衆，盡平其地，使截然齊一，皆高宗之功也。易曰：『高宗伐鬼方，三年克之，』蓋謂此歟？』」這一段的詮釋，等於是對鄭玄箋，孔穎達正義的再一次肯定。祇是多舉一旁證，易經所載，也有高宗伐鬼方的史事。（註三二）

宋范處義曰：「玄鳥既祀高宗矣！而此詩又祀高宗，何也？意商頌作於高宗之子若孫，故祀高宗爲不一。玄鳥則美高宗之中興，以有祖德故也。此詩則直述高宗中興之盛也。」此一推論則更較切合詩意，若是武丁的兒子或孫子爲祀高宗所爲之詩，各抒所懷，自有不同的稱述。

宋嚴粲曰：「廟寢既成，以安高宗之神，以蓋廟成始祀，則祭之之詩。」如此推測。是必高宗之子用祭高宗的詩無疑。按殷代王室世系所示，武丁是殷商禮法舊派集大成的人物；崩後先傳位庶子祖庚，史稱其賢，但在位不久，又再傳曾爲庶（小）人的嫡長子祖甲嗣位，是爲「亂商湯之法」的，禮法新派的改革者，按理則定爲祖甲繼續建廟廟成祀武丁時所用祭祀而作的詩了。因尚書無逸篇記載祖甲的史料，說祖甲政績頗佳，如：「其在祖甲，不義惟王，舊爲小人。作其卽位，爰知小人之依，能保惠於庶民，不敢侮鰥寡。肆祖甲之享國三十有三年。」董作賓先生甲骨學六十年中有詳細說明，如祭成湯必用乙日，是神主中，原當有「大乙」之名，卜辭中稱「唐」。新派祭祀先祖，從上甲以下：

…。已見前文敍述，在此不另贅言。

元劉瑾曰：「高宗七世親盡而立廟，此詩其作於帝乙之世乎？」此說不甚可能。武丁爲始建廟者，再經過祖庚、祖甲、廩辛、庚丁、武乙、太丁至帝乙而廟成，未免時間太長，是由公元前一三二四年起至公元前一一九一年帝乙嗣位廟成，則此廟必經過一百三十三年始成，規模之大是空前絕後的，按殷墟的發掘紀錄也未曾有過這樣的偉大建築出現，實無可信之處。然就算帝乙時所作的詩，仍然還是殷商的詩歌。相反如言廟由高宗武丁建起，在位五十九年，崩，祖庚嗣位，在位七年而崩，祖甲繼立爲殷王，宗廟完成，而以新法祭祀先祖先王之神主，則作殷武之頌，是比較可信的說法。

㈡民國二十年出現的異議：

在民國二十年顧頡剛主編的古史辨第三册下編，載了俞平伯所寫號爲（雜拌兒）的論商頌的年代。主要在討論商頌爲商人作，抑周人作；其先入的主觀見解，是目的要使作者必須成爲周人的作品。首先引用經史所記相關問題的說法，並以斷章取義的手段，例舉古文家的說法，如毛詩商頌那篇的小序中話，再引國語上閔馬父的一段話，用來代表古文家對商頌的看法，「把商頌當作商代的作品，只是曾經散失，經正考父的補訂而已。」

再引史記宋世家司馬遷據魯詩的說法；史記集解裴駰依據韓詩的諸說，以代表今文家的意見，「均以商頌爲宋襄公時大夫正考父所作，爲周詩，非商詩也。」

又因在他寫此文以前，曾讀過郭紹虞的文學史講稿，所論已構成他立論的障礙，所以他先發制人的引出郭說的觀點，以表明他對郭說持相反的看法，好壁壘分明。他引郭說如下：「郭紹虞君對此問題有一評斷，而殊簡單。他以為只要一考正考父的年代，便可以決此疑獄。他從史記左傳定正考父的年代，而以為他非活到百五六十歲不及事宋襄公。所以他遂用古文說，而以商頌為商之文學。」我確實認為這是最好定年代的方法。然而俞平伯却說：「其實這種斷制是不很精確的，我們決不該把商頌泥定在正考父身上。」又說：「我們所注重的是：即使宋襄公時沒有正考父其人，而仍不能斷定商頌為商人所作。換句話說，正考父與商頌並無生死不離的係屬，我們不妨撇開正考父來談商頌。」這種論調不但是似是而非，更是避重就輕的做法。

俞氏又提出一連串輔助其說的疑難和異議，並主張「第一要考辨商頌大概的年代。（到底是商詩還是周詩？）至於誰做，誰校訂，且放着不談；因為我們實在不知道。用什麼來考辨呢？第一是情理，第二是證據。」俞氏的疑問是什麼？完全是些沒頭沒尾的對經史不求甚解的强不知為知的「刁蠻惡性懷疑」。空顯露出他對經史研究程度不夠深切，都是些不成問題的問題，也不講情理，也不找證據的反是俞氏自己了！不信你看看他所提出的疑問就知道了！

1.「商詩既為周太師所保存，何以不風不雅而獨有頌？」這一問題，前文二、曾有詳細的求徵。在殷亡之前，殷的賢臣及殷的太師少師乃持其祭器樂器奔周。事見史記殷本紀。又「太師疵，少師彊，抱其樂器而奔周……乃斷棄其先祖之樂，乃為淫聲，用變亂正聲，怡說婦人；」事見史記周本紀。頌也是三百篇的詩，和風、雅並列詩經之中，商頌就是商詩，前文已有詳細交待。

2.「詩序說：『微子至戴公，其間禮樂廢壞，』豈不有曲筆圓謊的嫌疑？」太師少師都奔周了，當然禮樂廢壞了！又「商人既有頌，宋爲商後應當保存；怎麼反要到周去找？頌爲宗廟之樂，宋國卽使是個破落大戶，也何至於丟得乾乾淨淨，臨了反靦顏到新朝去尋尋覓覓？這件事實不近情理。」武王伐紂史實史記已有詳載，此爲第一次兵險之大亂，樂師歸周；「三監之亂」，周公東征，誅太子祿父，重立微子啟宋君，是二次動亂，史有明紀，至此宋有何能力來保存商頌之詩呢？眞是明知故問了！那怕它不丟得乾淨。宋人正考父能到周室太師處去尋覓，還算是有心人，不失爲商湯的孝子賢孫呢？爲子孫扶正禮樂，應該在任何難堪情況下都得找回頌詩來，祭祀是不可不誠的，這正是盡情盡理的史實，而是功不可沒的美談呢？又說：「從此我們得到一暗示，就是商頌出現得很晚，大約在周之中世，所以詩序的作者非找補兩句話不可。」這段話可以說是完全沒有史料作根據的胡說八道，正如兪氏後文自己說的信口開河呢！又從何處得到的暗示呢？商頌又怎麼出現得很晚呢？

3.「周人採詩，何獨不錄宋詩？」此一幼稚問題，史有明敍，其自不求解；其實不難解答，非周人不採宋詩，而是宋人無詩可獻才是問題的關鍵所在。

兪氏又不相信商頌是正考父作的，這點倒是可取！然「說美宋襄公却頗有幾分像。」這又是把古史用二分法給破壞了！請問兪氏又根據什麼史料而造成這種觀點呢？眞令人不可思議！可眞是異說了！實在是在說夢話，並沒見兪氏舉出任何可信服的根據來。

至於兪氏又拉出皮錫瑞詩學通論上的話來印證所謂「商頌複雜綿密，周頌簡單質樸。」皮氏說：

「商質而周文，不應周頌簡，商頌反繁。」其實皮氏的說法在文藝理論上，文學演化上的根據都很薄弱，兩個民族文化的本質不同，產生的文學作品自然不同，也絕對不能說前朝的文化一定不如後朝的文化品質的；正如說「唐詩應該不如宋詩好」是一樣的不合理則的要求。「商質」是說商頌的本質崇尙樸實；「周文」是說周頌的文采華麗，「不應周頌簡，商頌反繁。」「簡」並不代表喪失文采的華麗，「繁」也並不能表示本質不夠樸實，而況「繁雜」和「簡單」的形式的形成，是在乎詩人由刺激到反應上，心所知的物，物所感的心，的强弱如何而定。所以兪氏引此說也不能代表商頌應在周頌之後出現的肯定意義。因爲「史不足徵也」。又以商頌與魯頌比，兪氏認爲是同時的作品，又說：「魯頌是美魯僖公，商頌是美宋襄公；魯頌是魯人的詩，商頌是商人的詩，一樣的夸大，一樣的鋪排。要把商頌放在魯頌以前數百年，這個排列是怎樣的奇怪。」這眞是不知道兪氏是在說些什麼？只多表明商頌不是商人的詩，是宋人的詩，而且雖然沒有根據，我也這樣自信是這樣的對。一位學人竟這般自專，自以爲是，還是前所未見古人，後所不見來者的。

最重要的兪氏所說的證據，他說：「在商頌本身。商頌之那與烈祖均言『湯孫』，玄鳥又言及『武丁孫子』。這都不能確指其年代；因爲商王是湯、武丁的孫子，而宋公也正是他們的孫子。我們不能確定其爲宋，却也不能確定其爲商。只有殷武篇中却有可供考辨的。玆錄其首二兩章：『撻彼殷武，奮伐荆楚，罙入其阻。裒荆之旅，有截其所。湯孫之緒。』又『維女荆楚，居國南鄉。昔有成湯，自彼氐羌，莫敢不來享，莫敢不來王。曰商是常。』」

兪氏引此直指「伐楚」事實。他說：「主商頌爲商詩者，以此爲高宗（武丁）之事；主商頌爲宋詩者，以此爲宋襄公之事。我們先論高宗伐楚，這件事是沒有旁證的。在周易上有『高宗伐鬼方；』但經考釋，鬼方是在北方，與荆楚並非一家，所以不能取來作證。而且我還可以舉出一反面的證據，就是商時未有荆楚之號。我們且看史記。史記楚世家裏邊說楚爲帝顓頊之後，陸終生子六人，其六爲季連，芈姓，楚其後也。再說季連之後中微，或中國，或在蠻夷，弗能紀其世。周文王時，有季連之苗裔曰鬻熊，事文王。至成王時，封其玄孫熊繹爲楚子。史記之敍述古代事，每採用傳說，類多荒率之言。卽依此而觀，在周以前未曾有楚國，彰彰甚明。季連之後中微，至不能紀其世系，則未曾立國南方，爲商之大患，不言而喻。若說商頌記商人之言，豈非無病而呻，活見鬼。再看左傳，說：『若敖、蚡冒篳路藍縷以啟山林，』是在若敖、蚡冒之前，楚國尚未開發，更何事於强盛。而考若敖、蚡冒之年代，則在周幽王以後；其上距商代，至爲遙遠。若說在他們之前數百年另有一强大之荆楚，與商對抗，實令人無從設想。」又說：「若把這事歸在宋襄公身上，却是很像。宋襄公本是夸大狂，他想做盟主，想去伐楚國，都是事實，不容得懷疑。把這事來說商頌，正相符合。」又把商頌作了一段不倫不類的翻譯，就算他的猜想正確，更完成兪氏的自說自話的結論：「歸到本傳，我以爲說商頌是周時，較爲得體。」對「伐楚」的異議，完全沒有深入考證，就下論斷說商代以前沒「荆楚」，繼而又說史記楚世家之說爲不可信，前文用到史記馬遷用魯詩說是可取的，在此馬遷的楚世家全貌對兪文不利，又說：「史記敍述古代事，每採用傳說類多荒率之言。」眞人嘴兩層皮，翻過來，調過去都是理。事情還沒交待清楚，就武斷說：「在周以前未曾有楚國，彰彰其明。」諸如此類，是考證未信不實，强自爲說，誣陷經典歷史，所立之說又完全憑藉猜測想像，不是强古從今，就是强人從己，若不然就是張冠李戴，或者是顚倒是非、曲直、本末，有如在作亂點鴛鴦的文字遊戲，難怪自己把這篇文叫做「雜拌兒」，說到最後他還是站在今文學派的立場，反對郭紹虞的從古，商頌就是商詩說，而露出他已的狐狸尾巴來，「商頌是周詩，較爲得體。」這也難怪，在民初到二十五年，文史學家都在搞懷疑，受唯物論的衝擊，趕前進，學新潮，於是以揚棄本位歷史文化爲快意，如不打倒孔家店，推翻司馬遷，好像就是沒有入學者之林，便視爲落伍了。兪平伯是教詩詞的名教授，對經典、歷史、文字研究不深，所以這考據失敗了。當然顧頡剛所提出的後援兪文的小考據，只不過是說宋襄公和魯僖公同時，魯頌作於僖公時，有「莊公之子」一語作爲旁證來間接證明「商頌之爲襄公時作甚是可能？」也不敢挺起胸膛說「就是宋襄公時所作的話」。再附會以魯頌的「戎狄是膺，荆舒是懲，則莫我敢承。」來影射「殷武」詩「奮伐荆楚」爲齊桓公伐楚，宋襄公從行事作爲潤色而已。其實是太牽强了！也透出顧氏對兪氏之文仍屬未甚滿意，才有此一補充說明，但也挽救不了兪氏論據不足的病。然兪文終不失爲具備「强辭奪理性」的「趙高指鹿爲馬文章」。毫無可以採摘徵信餘地，當然其說也就不攻自破了。

㈢對殷武篇中荆楚、氐羌、景山的求徵：

1.荆楚的求徵：荆楚、毛傳云：「荆州之楚國也。」由此得知，荆乃古州之名，楚乃古之鄉邦方國之名，部族之稱。荆州乃古九州之一，最早見於尚書禹貢，是夏書的首篇。曰：「荆及衡陽惟荆州。江漢朝宗于海，九江孔殷，沱潛既道，雲夢作乂。」爾雅釋地曰：「漢南曰荆州。」李巡曰：「漢南其氣燥剛，稟性彊梁，故曰荆。荆，彊也。釋名以爲取荆山之名。今湖南、湖北及四川舊遵義重慶二府。貴州舊思南、銅仁、思州、石阡等府，及廣西之全縣，廣東之連縣，皆其地也。周、漢皆置荆州。」

楚乃鄉邦方國之名，部族之稱，先有部族，後立方國，至周成王時始封爵建國。是先有族國而後得以封立，楚之稱是在封前既有。遠在殷商之前已有荆楚之方國了，祇未聞遍稱而已。詩經商頌殷武篇：「撻彼殷武，奮伐荆楚」就是明證。玆引史記楚世家所載：「楚之先祖，出自帝顓頊高陽，高陽者黃帝之孫，昌意之子也。高陽生稱，稱生卷章，卷章生重黎。重黎爲帝嚳高辛居火正，甚有功能，光融天下，帝嚳命曰祝融。工共氏作亂，帝嚳使重黎誅之，而不盡，帝乃以庚寅日誅重黎，而以其弟吳回爲重黎後，復居火正爲祝融。吳回生陸終，陸終生子六人，坼剖而產焉（陸終娶鬼方氏之妹謂之女嬇）。其長一曰昆吾，二曰參胡，三曰彭祖，四曰會人，五曰曹姓，六曰季連，芈姓，楚其後也。昆吾氏夏之時嘗爲侯伯，桀之時湯滅之；彭祖氏殷之時嘗爲侯伯，殷之末世，滅彭祖氏。季連生附沮，附沮生穴熊，其後中微，或在中國，或在蠻夷，弗能紀其世，周文王之時，季連之苗裔曰鬻熊，鬻熊子事文王蚤卒，其子曰熊麗，熊麗生熊狂，熊狂生熊繹，熊繹當周成王之時，擧文武勤勞之後嗣，而封熊繹於楚蠻，封以子男之田，姓芈氏，居丹陽。」今人俞平伯無據而稱周前無楚國爲無稽濫言。丹陽故城在今湖北秭歸縣東。

余遍揀甲骨文字，楚字从（見粹一三一五）、粹、七三、新、一五四七、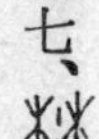粹、八四二、新、四四九一、羋字从（見新寫三五八）李孝定甲骨文字集釋：「按說文『羋、羊鳴也。从羊象聲气上出，與牟同意。』史記楚世家『六曰季連，羋姓，楚其後也。』證之卜辭「」字，史遷所記，殆不誣也。」由此得知殷商之時已有羋姓的楚國了。又見竹書記年補證卷一，帝癸一名桀，五年商侯履遷于亳。十一年商師征有洛克之，遂征荊，荊降。越絕書亦有荊伯的記事。楚即荊也。

氐字甲骨文字通氏字，孫詒讓曰：「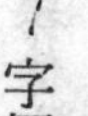字恆見反書作同」。李孝定甲骨文字集釋引商承祚曰：「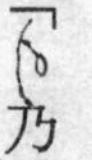乃氐羌之氐，小篆作乃其從出卜辭，有合稱氐羌或單稱氐或羌者」。又見甲骨文字集釋第十二、之詳說氏氐爲字。

羌字則甲骨文字从（見粹七五）。而獨不見「荆」字，遍揀甲骨學諸賢君子的巨著，如孫海波之甲骨文編上下，金祥恆續甲骨文編，董作賓先生全集，李孝定甲骨文字集釋，台大古文字研究室編中國文字，文史哲編輯部漢語古文字字形表，日本文學博士島邦男編殷墟卜辭綜類，胡厚宣之甲骨學商史論叢初集上下及續集，以及其他較完備的甲骨書籍，各家均未考及「荆」字。案「荆」字，說文：「楚木也。从艸刑聲。」古文作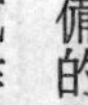、或作。繫傳古文作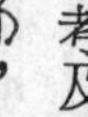，臣鍇曰：「荊州因此爲名也，故其國名楚。」段注古文「荆」作。說文義證作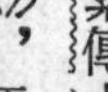，賈誼書：「步陟山川坌冒楚棘。」裴頠表：「陵上荆一枝圍七寸二分者被斫。」淮南人閒訓故：「師之所處，生以棘楚，高云楚，大荆也。」本

草：「牡荆生河間南陽冤句山谷或平壽，都鄉高岸上及田野中。唐本注云：『此即作棰杖荆是也。實細黃色，莖勁作樹，不爲蔓生，故稱之爲牡，非無實之謂也。』案漢書郊紀志：『以牡荆莖爲幡竿，此則明蔓不堪爲竿，今所在皆有。』圖經云：『俗名黃荆，葉如萞麻，疏瘦花紅作穗，實細而黃，如麻子大，或云即小荆也。』如下二圖。尚書舜典：『扑作教刑』鄭注：『扑檟楚也。』禮記學記：『榎楚二物收其威也。』鄭云：『榎榴也。楚荆也。二物可以扑撻犯禮者。』三禮圖：『楚焞以荆爲之，然以灼龜必以荆者，凡木心皆圓，而荆心方，是以用之見附（三圖、方心圖）。』呂氏春秋直諫篇：『葆申束細荆五十，跪而加之於背。』」諸例證古者以荆爲教刑工具，荆條扑打犯者。概荆細長而直緣故，又易得，質鬆而不傷骨而已，所傷者爲皮肉。荆「⿱艸刅」古文爲會意字，案楚，木也。以字從艸，故云木，蓋此物不大，故從艸，好叢生，故楚從林。古文荆又从⿱艸刅見說文句讀。

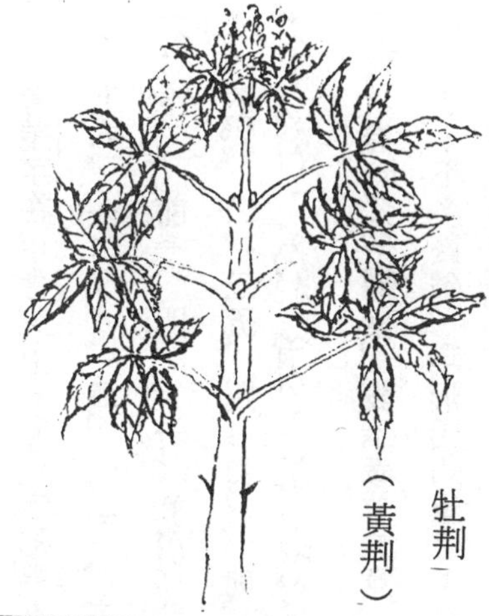

本草綱目四圖卷下

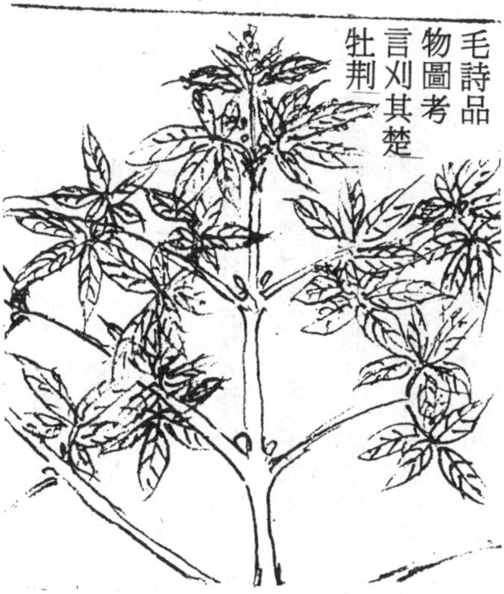

篆文□，見斠詮。諸聲補逸：「荆古文作□刅聲刅古文刑字，刑荆同部聲相近。」古籀補補：「□、古鉢文。」金文編：「□、荆，說文、楚木也从艸刑聲，古文作□，□即□，傳寫者誤分爲二，故作□，其从艸者，蒙上文小篆之荆而誤，既云楚木，不當从艸。」方濬益說貞敦：「貞從王伐荆。」甘伯敦：「甘伯從王伐反荆，荆从井。作□。」□敦：「□馭從王南征伐楚荆。荆作□。」師虎敦：「左右戲緐荆，荆作□。」

考羌字在甲骨文上的變化字形最多，也最大。例如：□、粹七五；□、藏、三二、三；□、藏、七六、一；□、藏、一二二、三；□、餘、七、一；□、拾、三、三；□、前、一、九、六；□、前一、四一、一；□、前、一、四一、七；□、前、一、四二、一；□、一、四二、二；□、二、三五、四；□、前、二、四四、五；其他散甲骨文中字例如：□、□、□、□、□、□、□、□、□、□……不計其數。董彥堂先生曰：「羌字从人誼，爲牧羊之人。有時又帶繩索，表示牽羊之意，羌，羊同音，互相通假。」氏字例亦繁多，如□、□、□、□……不多贅敍，字形氏的土字□在左，在右，或高，或下，皆可通行使用。

由此二例得之，古文荆字□、□、□、□、□，皆可。概荆爲楚木，前文已詳釋，本不當从艸，考□的字形也不外會意牡荆杈條帶葉特徵而已。至於葉也可以移去，以表示荆條的修直及生態形式便了。如□，□的反書也同樣達意，案古文、甲骨文的書寫通例亦甚合理。余師孫海波氏甲骨文編下，附錄，待問篇中載有以下不解識的字例十五箇，排列於後：

、藏一五十、三；、二二二、二；、二四九、二；、二五八、四；、二六五、四；、前、四、六、八；、、七、三八、一；、後上、十八、三；、上、三一、九；、甲一、四、七；、一、二四、十五；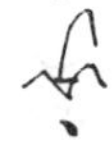、二、九、一；、戩、十三、三；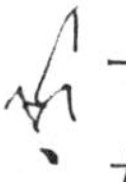、十三、四。

余觀察荆字，說文義證諸家卓識及記述，並驗之本草綱目四圖卷下牡荆（黃荆）圖譜，毛詩品物圖考。「言刈其楚」牡荆圖譜，更親至山野取回山栽盆景牡荆盆栽（見附二圖），經一年時間，親手栽培，藉以觀研其生態、杈芽、枝條、莖幹、形象，得以貫通，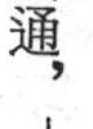、、；就是甲骨中待問篇的、、 諸字的原來書寫方式，再加以演化而成的西周古文字。又對照甲骨文楚字，、、的字形，知是從字演化而成的文字。

復讀胡厚宣先生甲骨學商史論叢，初集上，殷代年歲稱謂考五、春（、），舉列證六十七條中十九條弦外餘音，涉及「伐下」事，使余悟到「武丁伐荆楚」事例，可以得到驗證和答案。在胡厚宣甲骨學商史論叢初集上下及續集中每每論及武丁征伐事例，伐𢀛方，專有考釋之文，其他如伐土方、伐鬼方、伐氐、伐羌均曾涉及，唯有伐荆楚事未及考釋，但胡氏亦有歸納事例的大功勞，在商頌殷武篇中，有「奮伐荆楚」的史事，更指明「維女荆楚，居國南鄉」。荆楚位居殷都之南，正合殷人「下荆」之稱。在胡氏卜辭地名與古人居丘說一文中，也嘗提及「下」、「下 隸」諸地名。僅將其在殷代年歲稱謂考中，武丁時代「下」卜辭十九條錄之於後：

庚申卜賓貞今吿王囚望國伐下[illegible][illegible]受㞢又。（粹一一〇八）

庚申卜賓貞今吿王从望乘伐下[illegible]受㞢又。三（粹一一〇九）

庚申卜㱿貞今吿王从望乘伐下[illegible]受㞢又。（續三、一一、三）（六）

辛巳卜㱿貞今吿王勿从望乘伐下[illegible]弗其受㞢又。

辛巳卜㱿貞今吿王从望乘伐下[illegible]受㞢又，十一月。（續三、一一、五，後九七九；徵征二六）

辛巳卜賓貞今吿王从望乘伐下[illegible]受㞢又，十一月。（續三、八、九）（七）

貞今吿王勿祚从望乘伐下[illegible]，下上弗若不我其受又。（庫一五九二）

貞今吿王勿祚从望乘伐下[illegible]，下上弗若不我其受又。（庫一六一四）

貞今吿王勿祚从望乘伐下[illegible]下上弗若不我其受又。二（前五、三五、三）

貞今吿王勿祚从望國伐下[illegible]下上弗若不我其受又。三（龜一、二四、一五）（八）

丙申卜，㱿貞今吿王勿伐下[illegible]弗其受㞢又。（徵征二八續三、一一、四）

貞今吿王勿伐下[illegible]弗其受㞢又。（戩一三、四、續三、一一、二）（九）

□□卜□貞今吿王叀下[illegible]伐受㞢又。（徵征二四、續三、九、一）

□□卜□貞今吿王叀下[illegible]伐受㞢又。（龜二、九、一）（一〇）

□□卜□貞吿叀王从望乘伐下[illegible]受㞢又。（續二、三一、二、佚二〇）

□申卜㱿貞今吿王从望乘伐下[illegible]下上若受我又。四（徵征二五、續三、一二、一）

丙戌卜，㞢貞今𢀛 王从 𢀛 乘伐下□我受㞢又。（藏二四九、二、通五一六）

貞今 𢀛 王勿以 𡍮 乘伐下□ 弗其受㞢又。（戩一三、三續三、一二、二）

貞今 𢀛 王勿从 𡍮 乘伐□。四（佚五三三）

根據這段卜辭的資料記載推算起來，是武丁在位時由庚申至辛巳，四十年間（武丁在位五十九年），由名臣 𡍮 乘將兵伐下□（下荊）共十九次，王从 𡍮 乘伐者八次，王親自出擊兩次，皆獲勝（受之右）。王不从臣 𡍮 乘伐下□者九次，皆失敗（弗其受之右）。可見伐下□（下荊）是武丁時的大事，共計戰果是十勝九敗，終平定下□（下荊）。可見正合殷武篇第一、二章的詩旨，「撻彼殷武，奮伐荊楚，罙入其阻，裒荊之旅，有截其所，湯孫之緒。維女荊楚，居國南鄉，昔有成湯，自彼氐羌，莫敢不來享，莫敢不來王，曰商是常。」

在四十年中貞人共歷經㞢、㱿、賓，三人。

武丁征伐下□（下荊）年代推算表“有○者爲確知年代”

○					○										○													
辛	壬	癸	甲	乙	丙	丁	戊	己	庚	辛	壬	癸	甲	乙	丙	丁	戊	己	庚	辛	壬	癸	甲	乙	丙	丁	戊	己
巳	午	未	申	酉	戌	亥	子	丑	寅	卯	辰	巳	午	未	申	酉	戌	亥	子	丑	寅	卯	辰	巳	午	未	申	酉

										○
庚	辛	壬	癸	甲	乙	丙	丁	戊	己	庚
戌	亥	子	丑	寅	卯	辰	巳	午	未	申

（在四十年中繫年伐擊下□確知者四次。）

武丁在四十年中有十九次征伐或出擊下（下刔）。而在卜辭中確知年代者，祇有四次。餘皆不知征伐年代。

殷商在武丁時代，因在西方及南方均有些強大的部落和種族，經常有內侵的記載，據史料所載者也都不夠詳明或者是些有頭無尾的零散舊聞傳說而已，史已失記。殷高宗武丁號稱中興之主，也是靠這些典籍傳說來體會一些重要征伐事件。自從甲骨學興起，逐漸又發掘出部分的地下材料，加以考釋，對史事始克略加補綴，使「地上」「地下」資料並重，參酌使用，愼重選擇，並淘汰窳說，方能盡情研鑽，以求一得之偏愚。武丁時代約在公元前十三、四世紀間。

2氐、羌的求徵：

前已證出伐荆楚的概要，繼續再推敲氐羌和高宗武丁的來歸征伐過程。如想知伐氐、羌，必先瞭解武丁伐鬼方的說法。甲骨文也記有高宗「武丁伐鬼方」卜辭，鬼方作「」。同時卜辭「鬼」的寫法也很多諸如：

後、下、十三、八、、拾、四、十、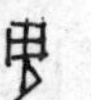、前、四、十八、三、、前、四、十八、六、、前、四、十八、六、、後、下、三、十七、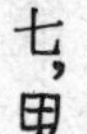菁、五、一、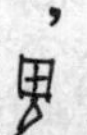、甲、一、二二、十八、、甲編二九一四、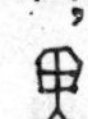、甲編、三三四三、、乙、四二四、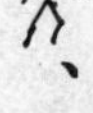、乙、八六五、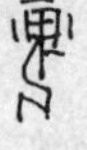乙、三四〇七。

鬼除殷商民族王室用以祭祀所代表的「人鬼」一義以外，按說文所說：「鬼，人所歸爲鬼。从人

象鬼頭。鬼、陰气，賊害，从厶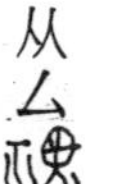古文从示。」人死曰鬼，曰鬼曰歸的說法，仍不離殷人的信仰：「天神、地祇、人鬼」的觀念，人鬼卽指死去的父母祖先而言。依于省吾說：「叕存二八『企若兹鬼』。鬼爲惡劣之義，庫、一三五四『叀鬼』與『叀吉』對文，則鬼爲不吉明矣，此言道途若此之惡劣也。」卜辭恒言多「鬼夢」亦類此義。又如「鬼獲羌。」界乙八六六五；「鬼亦得疒」菁、三一，釋者指爲人名，則義不全合；因此「鬼」就是指方國的「鬼方」而言，「羌」就是指「西羌」或「氐羌」而言。因在武丁之時，西方諸族，以「鬼方」爲最强，「氐羌」二族皆爲其服庸從屬之族，常相率入侵殷商之田，所以「武丁」嘗率兵擊之，易既濟：「高宗伐鬼方，三年克之。」後漢書西羌傳，則以鬼方爲西戎地，當在今青海。詩大雅蕩之篇：「內疊於中國，覃及鬼方。」然惟竹書紀年稱王季伐西落、鬼、戎。可知王季正當殷的末季，周已漸强大，伐鬼方後，則爲西方的盟主了。觀此得知鬼方尚在岐周之西；考諸古器物文字，鬼方地尙在汧、隴之間（陝西、甘肅二省間），或更向西陲了。金文鬼作，見陳昉簋；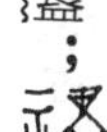、見子禾子釜；、見梁伯戈从攴。所以在詩經商頌殷武篇：「昔有成湯，自彼氐羌，莫敢不來享，莫敢不來王，曰商是常。」觀此則又知鬼方也包括在內，也可推知湯之時，鬼方也未如武丁時之强大了。

方字在卜辭中甲骨文的寫法很多，如：、藏、十、三、、藏、三、二、四；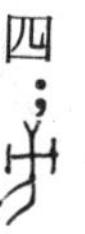、藏、三、五、二；、藏、五、六、二；、藏、一四九、二；、藏、一五四、三；、藏、一六二、四；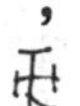、藏、一九三、三；、藏、二一八、二；、餘、七、一；、拾、四、

三；等不同字形。詩經引用方字詩如甫田：「以社以方，我田既臧」，雲漢：「祈年孔夙，方社不莫」……。葉玉森曰：「殷人稱國曰方。如土方、馬方、羊方、井方、盂方、苦方（𢀛方）等國名。卜辭言『𢀛方出』卽言某（共）國出寇，乃告于列祖也。」

東世徵曰：「『大方』卽『大邦』是殷人自稱。」見歷史研究一九五六年一期四十葉，夏代和商代的奴隸制：「殷王朝在侯服和甸服中，皆設有國家的官吏—邦伯……在甲骨文中，邦伯寫作方伯。「方」、「邦」二字古音相同，實是一字，這些邦伯在甸服和在侯服的稱號不同，甸服的地方官吏稱伯……侯的名稱，是給予附屬部落氏族酋長的。殷王所派在侯服地方去監視或管治佔領地的也稱侯。所以在甲骨文中稱侯者，絕不稱伯，稱伯者絕不稱侯。」

再觀「氐」，不僅和「氏」爲一字或通假，爲辭類使用等說；並另有專字；皆牽强爲誤「氐」實爲方國之稱。「氐」字小篆作「」，甲骨文中出現最多如：

、藏、一、一；、藏、三五、三；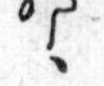、、藏、一一九、一；、拾、十二、三；、前、一、十二、五；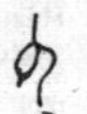、前、一、二九、二；、前、一、四八、一；、前、四、三二、五；、前、七、二三、二；、後、上、十六、十；、後、下、三、十五；、後、下、九、四；、菁、七、一；、甲、一、二、十五；、戩、九、八；、，戩、四、四、六……。

於卜辭中所出現的實例：

貞令畢[illegible]衆伐𢀛方（後、上、十六、十、）
戊辰貞翌己亞之、[illegible]衆人[illegible]□彔宁保我（前、七、三、一、）
（上缺）…𢓊[illegible]王族从㐭蒐古王事六月（前、七、三八、二、）
乙丑□貞令𦐂衆鳴[illegible]、[illegible]、[illegible]从㐭蒐古事七月（前、七、二三、二、）
辛酉卜㱿貞羽[illegible]㞢族从[illegible]□[illegible]（菁、十一、七、）
丁未卜㱿貞令𩫏[illegible]㞢族[illegible]㞢友五月（前、七、一、四、）
令𩫏[illegible]多射衞示乎[illegible]六月（後、下、二五、七、）
侯虎往余不[illegible]其合[illegible]乃事歸（前、七、三六、一、）
甲寅卜㱿貞尹[illegible]及子　貞弗其[illegible]及子（前、七、四二、一、）
貞敍弗其[illegible]血　貞敍[illegible]相伯血（前、一、四六、三、）
貞[illegible]牛五十（戩、二五、一、）（前、一、二九、一、）
王貞[illegible]其十牛（前、五、四六、一、）[illegible]羊（後、下、十二、十三、）[illegible]麋（前、四、四八、八、）
[illegible]麑（甲、一、二五、十一、）氏麑于上甲（粹編、七、五五、）
令𩫏[illegible]㞢族尹（前、七、四、）勿曰戈[illegible]齒王（甲、一、六、二、）

李孝定以爲：「[illegible]爲氏族者，𩫏即令郭字，郭氏、戈氏、均殷代之氏族也。」見駢枝五九至六十葉釋氏。

商承祚曰：「[glyph]乃氏羌之氏小篆作[glyph]乃其從出卜辭，有合稱氏羌或單稱氏或羌者」見福攷三葉下（見甲骨文集釋第十二、三、七四一頁三行引）。

東世徵曰：「卜辭『[glyph]歲』爲氏歲是被統治者交納貢賦，『受年』是統治者徵收實物年貢的名稱。」見歷史研究一九五六年一期夏代和殷代的奴隸制。所言甚有見解，非常正確。又如卜辭中所見：

己卯卜㝐貞、翌甲申用躲[glyph]羌自田（契卜、三五、）

癸酉卜箙貞、　翌甲申用□[glyph]羌易曰甲□用自田（續存下、五三、）

丙午卜卽貞叉[glyph]羌、　翌丁未其用（京津、三四二九、）

勿令䡇[glyph]三百躲（乙、七七六一、）

乙丑卜躲貞[glyph]　芻其五百隹六（乙、六九六、）

貞追弗其[glyph]牛（後、下、四〇、七、）

辛酉卜爭貞、勿乎[glyph]多寇伐舌方弗其㞢叉（續存下、二九一、）

辛丑卜㐬貞、羽令[glyph]戈人伐舌方𢦏（金璋、五、一三、）

丁未卜貞勿令䡇[glyph]衆伐舌□（粹、一〇八二、）

貞王勿令䡇[glyph]衆伐舌方（後、上、一六、一〇、）

丁未卜爭貞、令𦥑[glyph]㞢族尹車㞢友（甲、二、七、六、）

王畐□人口允□□三百（後、下、四、一、）

王□□人□□（藏、一一三、一、）

羌、同羗字，卜辭作□、□、□、□、□、□、□、□、□……字形，前文嘗述及，董彥堂先生曰：「羗字从羊从人誼爲牧羊之人」。葉玉森曰：「按卜辭叚羊爲羌，如本辭之「□」；頗疑爲羌之正字，說文羌下出古文□，王國維氏羌伯敦跋（觀堂別集補遺）謂：□乃□之譌，不知卜辭上亦作□，似象羌人首上之飾物，又作「□」（前、四、三七、一、）□則象奔形，古文妻字亦从此作」。（見甲骨文集釋二卷六十一葉下）

陳夢家曰：「卜辭記羌事者可分爲三類：一、記征伐羌或羌方的其動詞爲：伐、𢦏、𢦔、追、逐、□、□、㚔、奉（卽撻）等。二、記俘獲羌人其動辭爲隻（獲）、執、𢦔、氐、來等。三、記俘獲羌人的用途：㈠用作从事勞作的奴隸。㈡用羌卽在祭祀中，殺之以爲犧牲。由乙項知殷王於祭祀時用羌（卽殺羌人）以獻於其祖先。而卜辭所記用人之祭，僅限於羌人，羌白（伯）及少數其它方伯在此待遇中，所殺的羌，實同於作爲犧牲的牛、羊、豕」詳見甲骨文集釋第二七六至二八二葉。又曰：「由於羌人作爲犧牲的事實，以及羌方地望的推測，我們以爲羌可能與夏后氏爲同族之姜姓之族是有關係的」見同上二八二葉。例：「今䕫（秋）叀□伐羌」（甲、一、七九二、）的卜辭乙卯卜𡆥貞、今□令□田从𢦔至于𤕦隻羌。三（前、七、二、四、）

按董作賓甲骨學六十年，四、後期研究的進程記載：「從第三次發掘得到了大龜四版，從大龜四版發現了『貞人』，從『貞人』推演成『斷代研究』新方案，甲骨學纔進入了『分期整理』，『分派研究』的程途。」在1分期整理（一）關於貞人中指出：

岳、內、𡧊、小𡧊、取、𢆶、犬、率、㱿、亘、賓、害、品、爭、永、箙、韋。十七人，皆爲武丁時史臣，也都是武丁時代人物。所以肯定斷將本文所引用卜辭範圍，均未超出武丁在位五十九年時限，允稱可靠資料。也可以證明在武丁時征伐之方國，及臣服的方伯來。玆就研考所及和涉及本文部分方國，除前引述的伐𢀛方外，便是伐下𠂤（荆楚），伐土方、順便伐羌方；根據資料顯示，氐、羌兩族，似乎從湯（大乙、或稱唐、或稱天乙）時已經臣服，不過在武丁時羌人偶爾也有背叛再被伐現象，所以殷人痛恨羌人，甚至以羌人來向祖先獻祭，有如牛羊一樣。如要對照一下商頌殷武篇：「昔有成湯，自彼氐羌，莫敢不來享，莫敢不來王，曰商是常。」就可確信和卜辭所記史料的史實兩相符合了！也充分證明商頌殷武篇是殷代祭祀所用的樂歌了！同時也可以說明武丁在位五十九年中，時時在向四方擴張，在武功上眞是眩赫一時的，也不失爲英異的明主。玆概括列表印證於下：（𠂤代表伐下荆；土代表伐土方；方代表伐𢀛方等各方伯；卜代表該年有重要貞卜記載事件。）

武丁時代征伐下𢀛、土方、及氐羌從討五十九年推算編年表

干代	辛	壬	癸	甲	乙	丙	丁	戊	己	庚	辛	壬	癸	甲	乙	丙	丁	戊	己	庚
支年	巳	午	未	申	酉	戌	亥	子	丑	寅	卯	辰	巳	午	未	申	酉	戌	亥	子
征伐	𢀛				土$_4$	𢀛卜	卜		卜	卜		土	土				𢀛土$_2$			𢀛土$_3$
干代	辛	壬	癸	甲	乙	丙	丁	戊	己	庚	辛	壬	癸	甲	乙	丙	丁	戊	己	庚
支年	丑	寅	卯	辰	巳	午	未	申	酉	戌	亥	子	丑	寅	卯	辰	巳	午	未	申
征伐		卜				方	方$_2$卜							方卜			卜	卜		
干代	辛	壬	癸	甲	乙	丙	丁	戊	己	庚	辛	壬	癸	甲	乙	丙	丁	戊	己	庚
支年	酉	戌	亥	子	丑	寅	卯	辰	巳	午	未	申	酉	戌	亥	子	丑	寅	卯	辰
征伐	方$_2$				方$_2$			方			卜	方					土	卜	方羌	

3.景山的異說求徵：

按景山究竟在何處，毛傳、鄭箋、孔疏、均不記載，也無所考證。朱注但言：「景、山名，商所都也。」考寰宇記所載：「景山在楚丘城北三十八里。」在河南偃師縣南。詩商頌：「陟彼景山」。曹植洛神賦：「陟通谷，陵景山。」就是指殷武篇所稱的景山所在地。

書立政：「三亳阪尹。」鄭康成云：「三亳者，湯舊都之民服文王者，分爲三邑；其長居險，故言阪尹；蓋東成皐，南環轅，西降谷也。」皇甫謐說：「三亳、穀熟爲南亳，即湯都；蒙爲北亳，即景亳；湯所受命。偃師爲西亳，盤庚所徙。」按南亳、北亳，皆在今河南商丘。西亳在今偃師。後儒

多從之。商丘縣本古閼伯之墟，曰商丘，周爲宋國都。所謂景亳，乃殷三亳之一。史記殷本紀：「自宋州北五十里大蒙城爲景亳。湯所盟也，因景山爲名。」水經注：「泊水又東遷大蒙城北，疑卽蒙薄也。所謂景薄謂北薄矣。」椒擧云：「成湯有景亳之命者也。」准前諸說分析，景山爲商都，在楚丘城北，三十八里處，是在河南偃師縣南；鄭康成所稱湯舊都，可能是「東成皐」，就是皇甫謐所指「蒙爲北亳，卽景亳，湯所受命」的地方；商丘縣本是古閼伯之墟，入周宋國都此。也就是殷本紀自宋州北五十里大蒙城的景亳，後又以景山爲名；也就是水經注中所指的大蒙城北，蒙薄；所謂景薄，或稱北薄的地方，該處多山林。

據今人任遵時注詩經地理考第一編山川部分！景山條：「案景山在今河南商丘附近，卽九域志以爲在宋城（今商丘）東北七十里者。或說其山在今河南偃師縣，非也。蓋商丘乃湯都之所在，景山則商都之望也，故商丘小稱景亳，或曰北亳。而偃師則盤庚所徙，乃西亳也，非景山之所在也。」

又任氏自注道：「顧棟高：毛詩類釋，卷三，頁十云：『朱子曰：（景山，商所都之山名。）在今河南府偃師縣，所謂北亳也。』案河南府偃師縣，卽今河南省偃師縣是也。」由前任遵時說證知朱子的說法，景山在偃師說不確。

在觀殷武篇六章經文中，連在三、四兩章中透露：「天命多辟，設都于禹之績，歲事來辟，勿予禍適，稼穡匪解。」「天命降監，下民有嚴，不僭不濫，不敢怠遑，命於下國，封建厥福。」屢言「天命」，是直指湯的建國乃受命於天的大義，再責「楚方」不可構禍不修方國之職，多多敎民稼穡；商的受命以治天下之民，一點都不僭越，或者濫用大權，懈怠大政，以爲方國的典範，並已行裂土分封了，自當各享其幸福生活，不可倡亂。就可印證「景山」爲湯受命之所，「天命」所歸於湯的大義。在此建京師，代代相傳，商的後王自當託福於商邑了，因有湯的威靈顯赫，當可確保後代子孫能福壽康寧了。所以在第四章中又說：「商邑翼翼，四方之極，赫赫厥聲，濯濯厥靈，壽考且寧，以保我後生。」

當盤庚遷殷之後，時爲公元前一四〇一年，復興。此後直至殷紂滅亡爲止，不再遷都了。中經小辛、小乙二代殷道復衰；至二十二代英主武丁，引用賢相傅說等人輔政，殷道大治，號稱中興；在位五十九年，史載者强調政教得行，而少言武功；但按卜辭所示，則不但政教大興，在祭祀禮法上也成爲舊派的集大成者，更在武功上有後來居上之勢，也絕對勝過商湯的成就。如征夷方、克鬼方、伐𢀛方、土方、服氐、羌，奮伐荆楚（下[illegible]）、人方等方國，使八方來享，造成殷代鼎盛時期，史稱殷高宗中興。據卜辭顯示，董作賓等甲骨學專家的考證，高宗武丁在禮法祭祀上已集舊派的大成，在殷墟（河南安陽小屯村）十次發掘，找到了偉大的宮室基址，十五次又找到宮室、竇窖以外的陵墓、宗廟建築見附後（四、五、六圖），以及繁重而複雜的殺人殉物儀式遺物等；這又更可充分證明，武丁在殷大興土木，構築宮殿、陵墓、宗廟成爲事實；實較盤庚時代的爲政作風手法，更加積極和進步。而且一切的建築木材棟樑，都是從商湯都城北亳，即景亳的「景山」，取得大木良材，再運來殷都，而建宮室、陵墓、宗廟，用來作成百世不遷之廟，以祀奉殷商的列祖列宗。所以在廟成祭祀的樂歌中，明白祝告祖先，建廟專誠去取了景山的松柏良材，用作宗廟的楹柱榱桷棟樑，而完成寢廟，用來奉安先王神主，俾能得到成湯的護祐。所以在殷武篇中說：「陟彼景山，松柏丸丸，是斷是遷，方斲是虔，松桷有梴，旅楹有閑，寢成孔安。」

毛傳曰：「高宗之前王有廢於政教不修寢廟者，高宗既伐荆楚，四方無事；乃使人升彼大山之上，觀松柏之木丸丸然易直者，於是斬斷之，於是遷徙之，又方正而斲之；於是之時，工匠皆敬其事，不惰慢也。以松爲屋之榱桷，有梴然而長陳列其楹，有閑然而大；及寢室既成，王居之而甚安矣，美其能修治寢廟，復故法也。」

鄭箋云：「椹謂之虔，升景山掄材木，取松柏易直者，斷而遷之，正斲於椹上以爲桷與衆楹，路寢既成，王居之甚安，謂施政敎得其所也。高宗之前王有廢政敎，不修寢廟者，高宗復成湯之道，故新路寢焉。」

孔穎達曰：「今美高宗之能修寢廟，明是前王有廢政敎、不修寢廟者也。案殷本紀：『盤庚崩，弟小辛，崩，弟小乙立，崩，子武丁立。盤庚始遷於殷明。卽爲寢廟其不修者，蓋小辛、小乙耳，未知誰世，故不斥言經止有寢耳。」

朱熹注曰：「此蓋爲百世不遷之廟，不在三昭三穆之數，旣成始祔而祭之之詩也。」

民國初年王國維於說商頌下說：「此山（卽景山）離湯所都之北亳不遠，商丘蒙亳以北，惟有此山。商頌所詠，當卽是矣。」又說：「惟宋商邱，距景山僅百數十里。又周圍數百里內別無名山，則伐景山之木以造宋廟，（這是大疑問）於事爲宜（也是大疑問）」。

今人李辰冬著詩經通釋嘗引王說前述兩節，以印證商邑就是宋都，又先引讀史方輿紀要說：於曹縣曹南山說：「又有景山在縣東南四十里。」隨後再肯定的下了斷語：「他（王說）的論斷甚是。所謂商邑就是宋都，也就是現今的商邱。然他說商邱離景山有一百數十里，不確。據方輿紀要說：『曹縣、東南至河南歸德府百二十里』。歸德府卽今之商邱。曹縣離商邱一百二十里，景山又在曹縣之東南四十里，那麼、景山離商邱只有八十里。」

其實二人的意思第一證明商邑就是商邱，唯宋的商邱距離景山最近。第二證明伐景山之木以造宋廟爲宜。就完全成了異說。因爲商邑就鐵定是商邱，商邱也不是周時宋國的唯一專用都城，早在商湯時已經是都城了！況且商湯先居亳，在今安徽省，亳南也有蒙城，史有明載亦云爲湯伐夏桀時與諸侯會於此地而成大運。又史載盤庚遷殷在今河南安陽，武丁採景山的大木以運至殷，而建百世不遷的宗廟。並且成湯在亳居住一段時間，以後才遷到契的封國商，也就是商邑，又稱商邱而再以此爲都的。至於伐景山之木以造宋廟，是完全沒有歷史根據的猜想而已。也是完全附翼「商頌是宋人美宋襄公所作」的誤說罷了！前文已有足夠考證，更無須在此贅辯。

又按春秋僖公四年：「春王正月，公會齊侯、宋公、陳侯、衞侯、鄭伯、許男、曹伯侵蔡、蔡潰；遂伐楚，次于陘。夏，……楚屈完來盟于召師，盟于召陵。」據史記十二諸侯年表，是年爲宋桓公二十六年。越五年，宋桓公薨，子襄公立，是年爲魯僖公之九年。以庶兄目夷爲相。繼齊桓公爲諸侯盟主。與楚爭霸，目夷諫不聽，戰於泓，被傷而卒，在位十四年，實際主盟不足五年就一敗塗地。更休言建百世不遷的宗廟了！

據春秋僖二十一年：「秋宋公、楚子、陳侯、蔡侯、鄭伯、許男、曹伯會于盂，執宋公以伐宋。」又「十有二月癸丑公會諸侯，盟于薄，釋宋公。」「二十有二年、冬十有一月己巳朔宋公及楚人戰于泓，宋師敗績。」「二十有三年、春、齊侯伐宋圍緡（宋邑）。夏五月庚寅宋公茲父卒。」（茲父就是宋襄公）、所以左傳云：「宋襄公卒，傷於泓故也。」後世史學家就有許多人以爲春秋時所謂五霸者，實際上宋襄公不能稱其爲霸，祇不過是四位眞正的霸主而已。

如按竹書紀年補證卷一載：「帝癸一名桀元年壬辰，帝即位居斟郡。」「帝癸十五年商侯履遷于亳。」史記云：「天乙立是爲成湯，自契至湯八遷，湯始居亳，從先王居作帝誥。」竹書紀年補證卷一又載：「帝癸二十一年商師征有洛克之。遂征荆，荆降。」越絕書曰：「湯行仁義，敬鬼神，天下皆一心歸之；當是時，荆伯未從也，湯於是乃飾犧牛以事，荆伯乃媿然曰：『失事聖人，禮乃委其誠心。』」竹書又載：「帝癸二十八年昆吾氏伐商，商會諸侯于景亳。」左傳曰：「商湯有景亳之命。」括地志：「宋州北五十里大蒙城爲景亳，因景山爲名。」竹書紀年補證卷二載：「殷商成湯……十八年癸亥王即位居亳，始居夏社。十九年大旱，氐、羌來賓。（詩商頌殷武曰：「昔有成湯，自彼氐、羌，莫敢不來亨，莫敢不來王，曰商是常。」）按世紀曰：「湯即位十七年而踐天子位。」三統曆同。竹書紀年補證卷二又載：「湯二十年大旱，夏桀卒於亭山。」括地譜曰：「桀放鳴條三年而死。其子猥粥妻桀之衆妾，避居北海，隨畜移徙中國謂之匈奴。」竹書紀年補證卷二載：「商湯二十七年遷九鼎于商邑。」

盤庚、名旬（史記作陽甲弟）元年丙寅王卽位居奄，見竹書紀年補證卷二，同書又云：「七年應侯來朝；十四年自奄遷于北蒙曰殷。十五年營殷邑。」尚書正義引作：「盤庚自奄遷于殷，殷在業南三十里。」史記正義引作：「北蒙曰殷墟，南去鄴四十里。」索隱引作：「盤庚自奄遷于北蒙曰殷墟，南去鄴州三十里。」水經注云：「洹水逕殷墟北。」竹書紀年曰：「盤庚卽位，自奄遷于此，遂曰殷。」御覽引云：「盤庚旬，自奄遷于北蒙曰殷。」路史引云：「盤庚旬，自奄遷于北冢，曰殷虛。」北冢、蒙字爾。事見書盤庚。

竹書紀年補證卷二：「武丁名昭。元年丁未王卽位居殷，命卿士甘盤。三年夢求傅說得之。六年命卿士傅說視學養老。十二年報祀上甲微。二十五年王子孝巳卒于野。二十九年肜祭大廟，有雉來。三十三年伐鬼方，次于荆。三十四年王師克鬼方，氐、羌來賓。四十三年王師滅大彭。五十年征豕、韋。五十九年陟（卒）。王殷之大仁也。力行王道，不敢荒寧；嘉靖殷邦，至于大小無時或怨；是時輿地東不過江黃，西不過氐羌；南不過荆蠻；北不過朔方。而頌聲作，禮廢而復起，廟號高宗。」

由前考諸多記載得知，湯立後始居亳，後再遷至景亳，景亳古稱北亳，就是後世的商邱，也就是古昔契的封地商，所謂景亳就是因離景山不遠，而得名。盤庚遷殷後，已成先王的舊都，逮至武丁卽位，重修太廟，纔遠道到景山取松柏的良材，運往殷都以供建築。本有祈求先王護祐，而克重復陽王的基業的用意。所以驗諸商頌殷武篇的原詩，以及歷代的詮釋完全符合。至於殷遠在商邱的北方，商邱在景山的南方，僅百餘里。到西周微子啟建宋都也在商邱，到東周春秋時代的宋襄公也仍然居於商邱，一直臣服於周，遍查群籍，宋襄公時也並無再建宗廟的記載，同時也無此必要和可能性。王、李二氏的猜測說法，純屬異說，不可採信，完全是虛構不實，而毫無根據。再請看一下商頌殷武篇第六章的內容，就可以自解了。「陟彼景山，松柏丸丸，是斷是遷，方斲是虔，松柏有梴，旅楹有閑，寢成孔安。」用白話來轉述就是：「攀登到那景山上，看到了一遍松柏又大又直，選好了的良材把它鉅斷運回殷地，工匠都能敬愼製材，砍成方方正正，拿松木做椽桷，長陳在屋楹上，造成的寢廟非常寬大，無論神人居住，都很安適。」

〔附註〕五

註　一　朱熹集注四書集注四部刊要乙種本論語集注卷一泰伯第八，頁三十三。臺北市世界書局印行，民國四十六年本。

註　二　鄭玄注孔穎達疏十三經注疏禮記注疏卷三十九樂記頁六九二。臺北市藝文印書館印行，民國五十年版。

註　三　鄭玄注孔穎達疏十三經注疏禮記注疏卷三十九樂記頁六九四。臺北市藝文印書館印行民國五十年版。

註　四　董作賓先生全集乙編五冊甲骨學六十年，四、後期研究的進程頁九十二－九十三。臺北市藝文印書館印行，民國六十六年初版。

註　五　董作賓先生全集乙編五冊甲骨學六十年，四、後期研究的進程，殷代禮制的新舊兩派，頁一〇三－一一八。臺北市藝文印書館印行，民國六十六年初版。

註　六　清王鴻緒編詩經傳說彙纂，作詩時世圖商詩五篇，頁三十九。臺北市鐘鼎文化出版公司發行。借印。國立臺灣大學藏本。民國五十六年初版。

註　七　胡厚宣稱撰甲骨學商史論叢初集上冊，殷代舌方考頁二一九。民國三十三年成書，臺北市大通書局印行，六十一年初版。

註　八　三國吳、韋昭撰國語韋氏解魯語下，頁一五三，臺北市世界書局民國四十五年初版。

註　九　鄭玄注孔穎達疏十三經注疏禮記注疏卷三十八樂記，頁六八二，臺北市藝文印書館印行民國五十年版。

註一〇　同註二，頁六八二。

註一一　同註三，頁六八二。

註一二　朱熹撰禮記集說禮記卷之七樂記第十九，頁二一八。臺北市臺灣啓明書局印行，粹芬閣影印古本民國四十年初版。

註一三　同註四，頁二一八。

註一四　同註五，頁二一八。

註一五　司馬遷撰史記卷三殷本紀第三，頁〇〇二二。臺北市開明書店，民國二十三年鑄版五十年影印本。

註一六　司馬遷撰史記卷四周本紀第四，頁〇〇一三。臺北市開明書店民國二十三年鑄版五十年影印本。

註一七　朱熹撰禮記集說禮記卷之七樂記第十九，頁二一九。臺北市臺灣啓明書局發行粹芬閣影印古本民國四十一年初版。

註一八　朱熹撰禮記集說禮記卷之七樂記第十九頁二二一。臺北市臺灣啓明書局發行粹芬閣影印古本民國四十一年初版。

註一九　同註一八，頁二二一。

註二〇　同註六，頁三十九。

註二一　同註七，頁二一九—二七九摘要引用求徵，共分五項加以敍述。

註二二　毛詩商頌鄭氏箋，孔穎達疏，十三經注疏毛詩注疏卷第二十小序商頌長發篇頁八〇〇。臺北市藝文印書館印行民國五十年版。

註二三　同註二二，頁八〇〇。
註二四　同註二二，頁八〇〇。
註二五　同註二二，頁八〇〇。
註二六　董作賓先生全集乙篇五冊甲骨學六十年，四、後期研究的進程，頁一〇三—一一八。殷代禮制的新舊兩派。臺北市藝文印書館印行，民國六十六年初版。
註二七　三國吳韋昭撰國語韋氏解魯語下，頁一五三。臺北市世界書局民國四十五年初版。
註二八　同註二七，頁一五三—一五四。韋氏解所述全貌。
註二九　顧頡剛編著古史辨第三冊下編，一五七兪平伯論商頌的年代頁五〇五。臺北市明倫出版社根據樸社初版重印，民國五十九年臺初版。
註三〇　司馬遷撰史記卷三十八宋微子世家第八太史公讚中言，司馬貞索隱論頁一三六。臺北市開明書店民國二十三年鑄版五十年影印本。
註三一　毛詩商頌鄭氏箋，孔穎達疏十三經注疏毛詩注疏卷二十之四，商頌殷武篇小序頁八〇四。臺北市藝文印書館印行民國五十年版。
註三二　宋朱熹詩經集傳釋義，頁一六八。臺北市臺灣啓明書局印行採用粹芬閣古本影印民國四十一年初版。

（附圖一）殷代王室世系圖

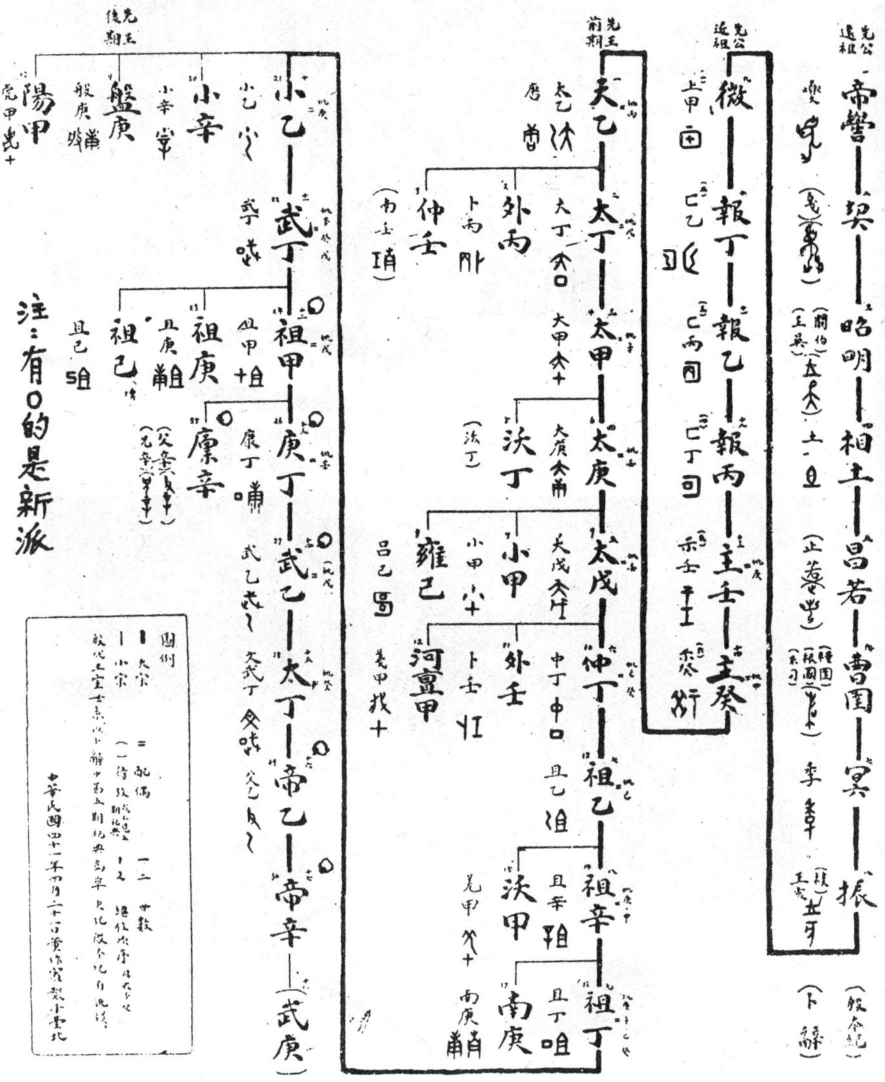
先公遠祖
帝嚳—契—昭明—相土—昌若—曹圉—冥—振
（殷本紀）
（卜辭）
先公近祖
微—報丁—報乙—報丙—主壬—主癸
上甲
匚乙
匚丙
匚丁
示壬
示癸
先王前期
天乙—太丁—太甲—太庚—太戊—仲丁—祖乙—祖辛—祖丁
外丙
仲壬
沃丁
小甲
雍己
外壬
河亶甲
沃甲
南庚
先王後期
小乙—武丁—祖甲—庚丁—武乙—太丁—帝乙—帝辛—（武庚）
陽甲
盤庚
小辛
祖庚
祖己
廩辛
注：有○的是新派
圖例

（附圖二）牡荊盆栽。親至山野取回培植一年作生態觀察。
牡荊盆栽。培植一年後的生態形狀，與 字形象吻合。

（附圖三）下圖左側樹頭爲荊木方心圖，灼龜必以荊，凡木心皆圓，而荊心方。

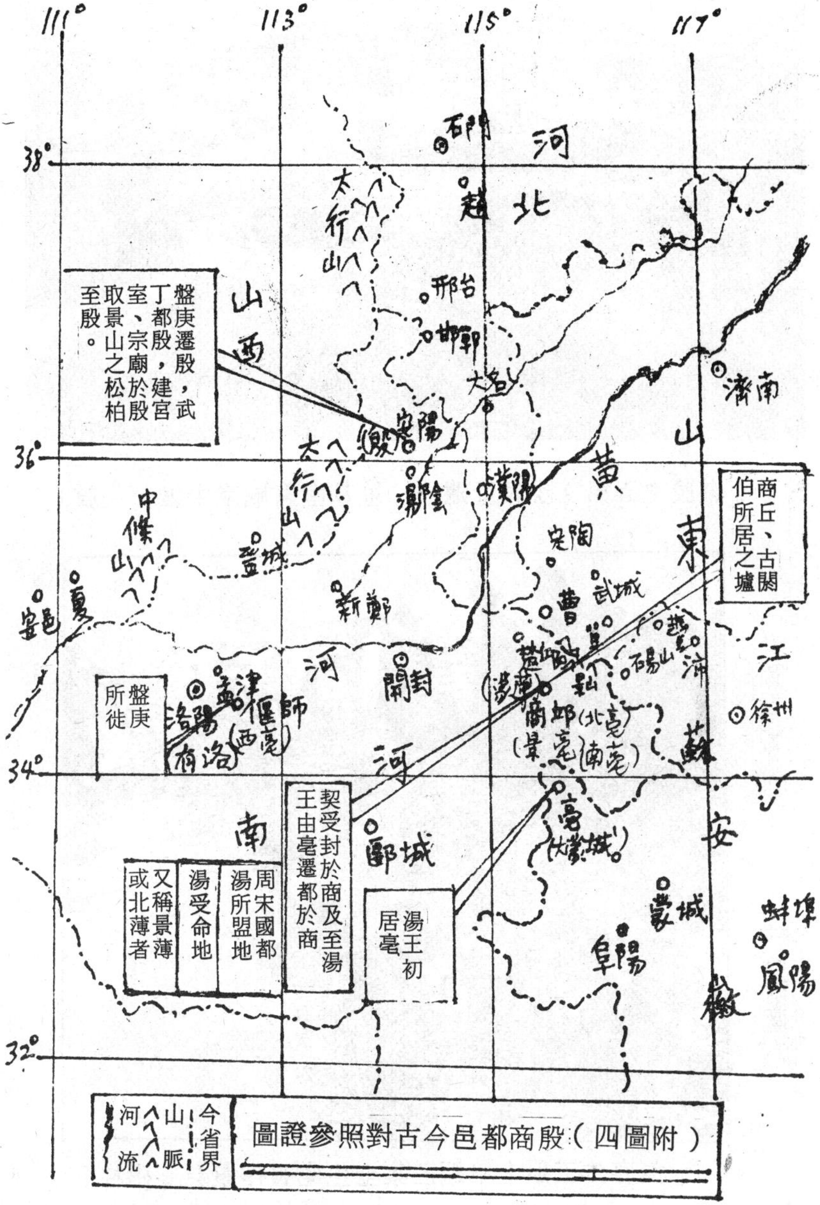

（附圖四）殷商都邑今古對照參證圖

殷代都城中宗廟宮室基址。遺址發現（第五次發掘）。

⇧（附圖五）

⇨（附圖六）

柱礎。見董作賓先生全集乙編第七冊工作存眞。

七、商頌五篇稽古字（集古字以求徵）

詩經原載五篇十六章一百五十四句

㈠那、一章二十二句、原文

猗與那與，置我鞉鼓；奏鼓簡簡，衎我烈祖。

湯孫奏假，綏我思成；鞉鼓淵淵，嘒嘒管聲；

旣和且平，依我磬聲；於赫湯孫，穆穆厥聲；

庸鼓有斁，萬舞有奕；我有嘉客，亦不夷懌。

自古在昔，先民有作；溫恭朝夕，執事有恪；

顧予烝嘗，湯孫之將。

稽古：東周文字—以春秋時代文字譯詩求徵

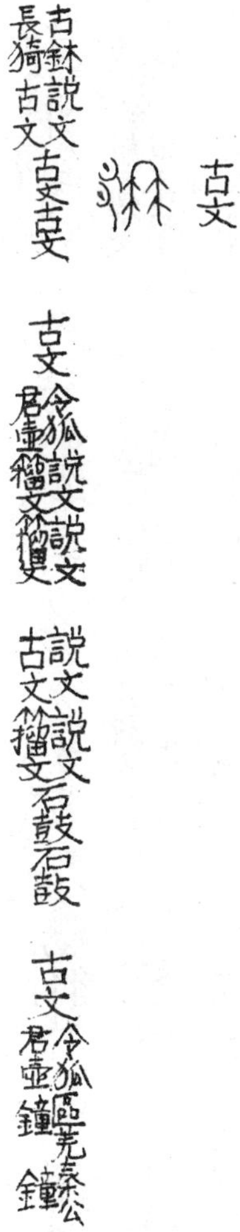

三體　說文說　石經　古文　古文說

江陵　令狐　古文
楚簡　君壺　古鉢　題文

說文　說文　楷文　檔文　石鼓　鼓

說文　說文管剛籀
籀縕

石鼓　泰公　統壺　橫文　經縕

中山中山　古文
王壺王壺　籀縕　六書

說文　說文　三體　古文　獵文　石經　說

令狐　三體　君壺　石經　鄱王

說文　三體　誤楚說文六書　古文　古文　石經　說

六書令狐說文六書

三體　石經　三體　石經

三體石經古鉢石鼓
鼓說文三體恭惜
古文有經漶城里附

三體　石經

今古下各　芳華文兮
軟狼朝夕　執金文相！

三體　石經　陳庚陳庚　肉資
三體　石經　鐘銘
石經古鉢鼓古文

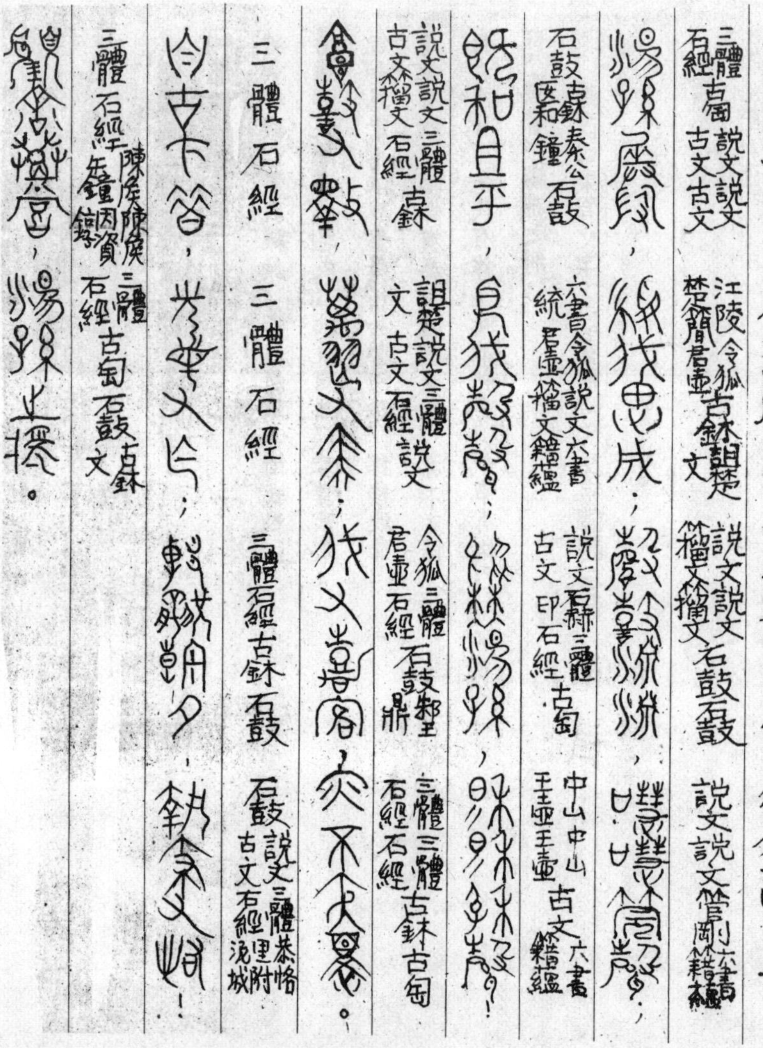

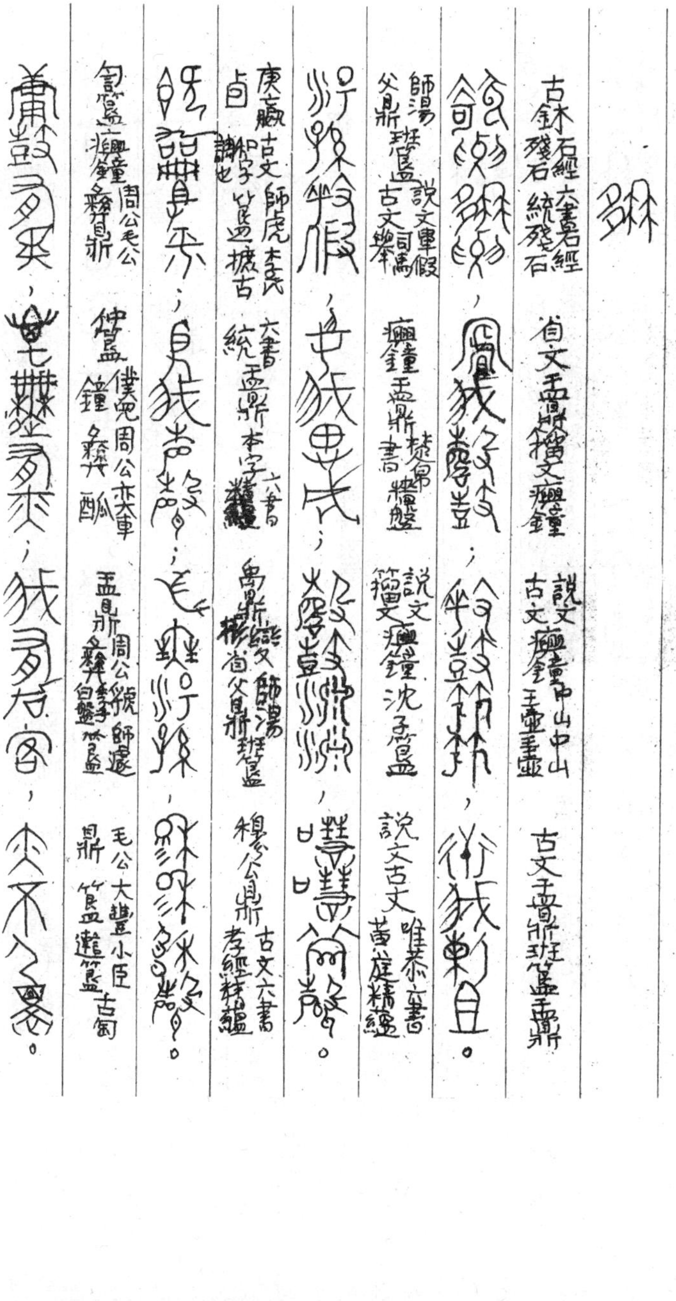

稽古：殷商文字—以甲骨文字譯詩求徵

古文

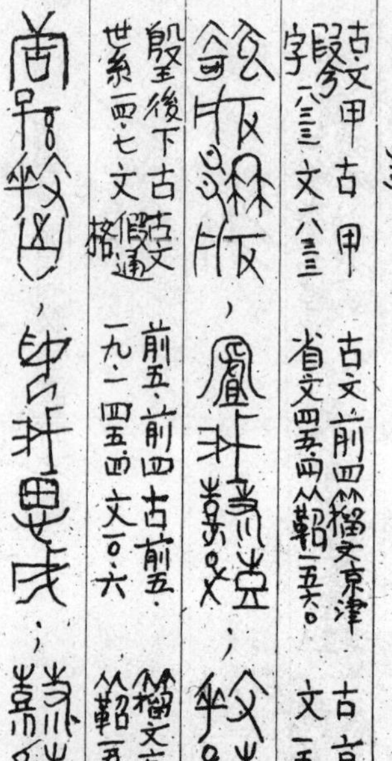

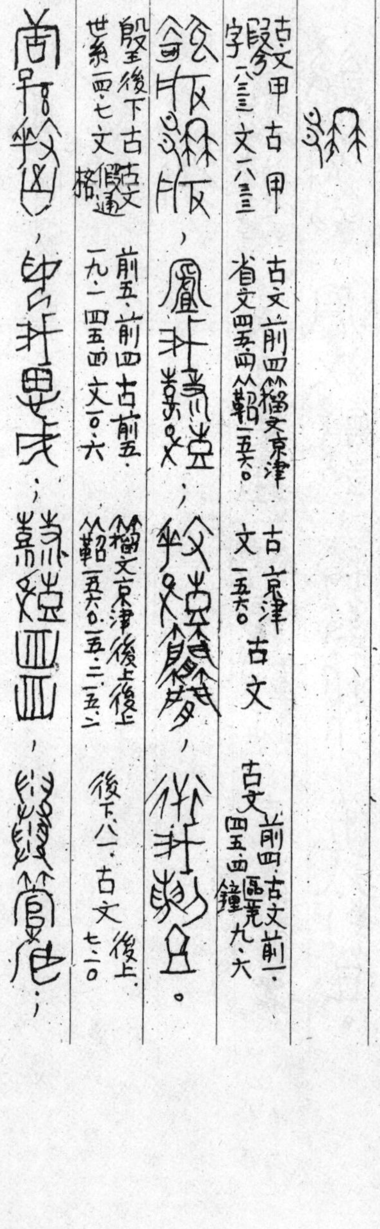

粹、前三、前六、古
四九三四五二六六文

前六、前四、前四、後上
三□二四五四□五七□

古文殷文殷王後下，甲上，爲類編世系（五七
一六三六，古文後上、七□

金，京文粹殷
前三、粹、粹殷
七□、五六□三三九
三□五三四二三文

前四、粹、詁林李乙盤伯
四五四三、盤一九二

甲、乙、粹、古文
三九六四□七六、齊侯
三六四□七六三鐔

音、粹、粹、粹
前四、粹、古文鐵
三□七、孟鼎一□二八三三
二五三二九、類編天一

甲、甲、甲、甲
粹、古文粹粹
三九三□三□七二四二九三
一三七、孟鼎一三八三二

白、由、中、影
□、甲、中、犬、絲
三□七、古文
殷王後下、前七、古文、
裏三、九、四□四發首
世系西七三三一謀角

殷、甲、甲卡、卓史
裏三、九、四□四發首
世系西七三三一謀角

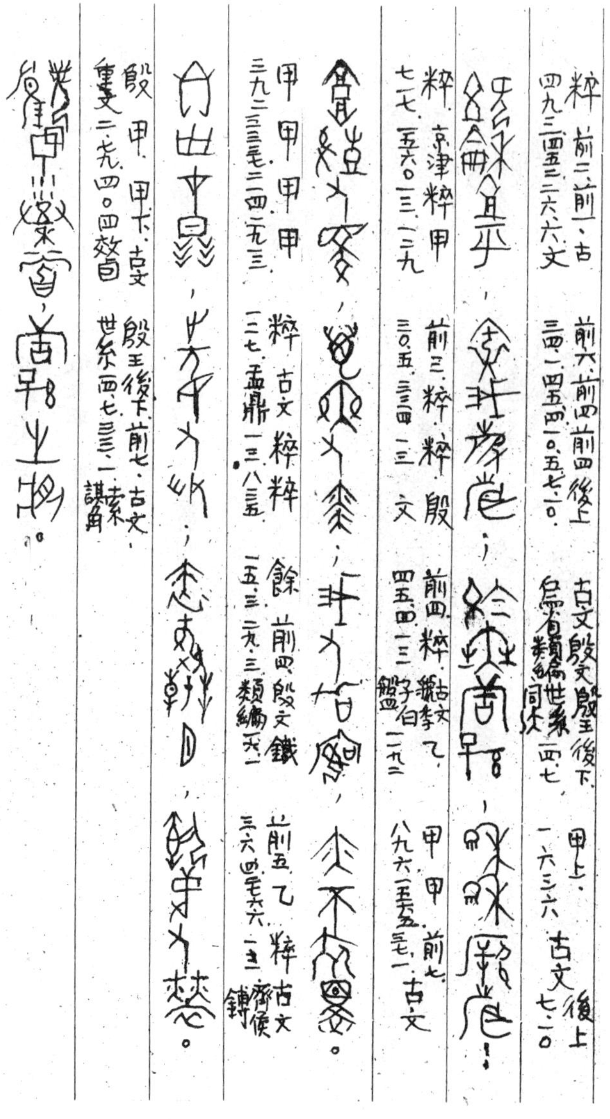

(二)列祖　一章、二十二句、原　文

嗟嗟烈祖，有秩斯祜；申錫無疆，及爾斯所。
既載清酤，賚我思成；亦有和羹，既戒既平。
鬷假無言，時靡有爭；綏我眉壽，黃耇無疆。
約軝錯衡，八鸞鶬鶬，以假以享，我受命溥將！
自天降康，豐年穰穰；來假來饗，降福無疆！
顧予烝嘗，湯孫之將。

稽古：東周文字—以春秋時代文譯詩求徵

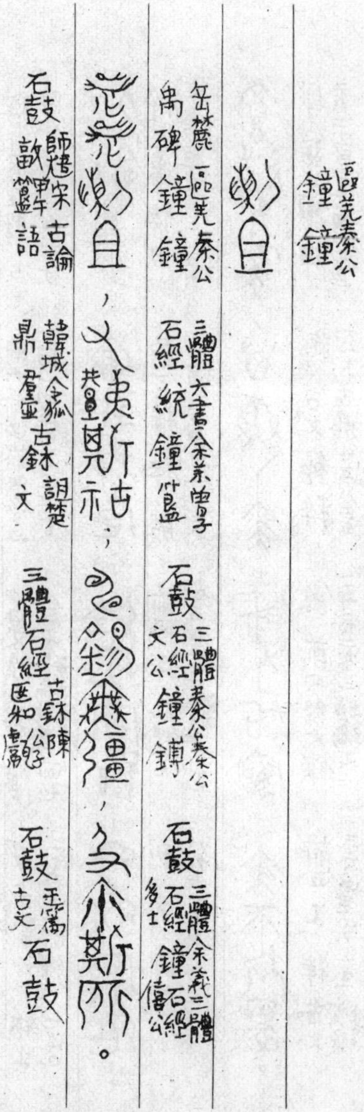

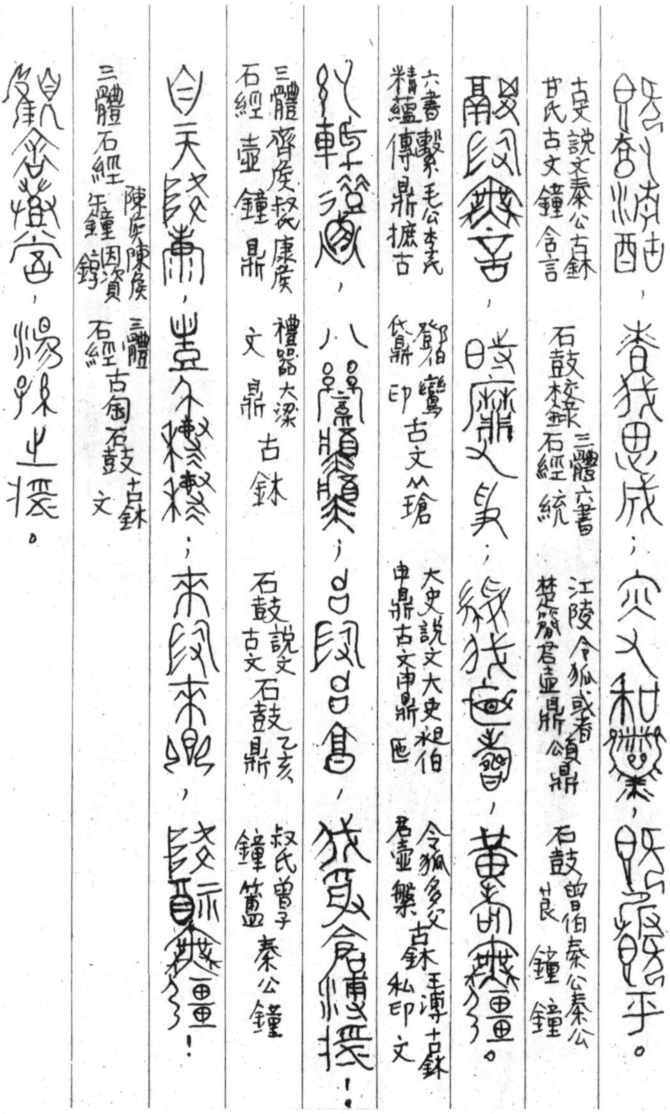
古文說文秦公古鉥
甘氏古文鐘含言
三體六書
石鼓校錄石經統
江陵令狐或者頌鼎公鼎
楚簡君壺鼎
石鼓曾伯秦公秦公
艮鐘鐘
六書繫毛公李氏
精蘊傳鼎摭古
鄧伯鑾古文从瑲
氏鼎印
大史說文大史祖伯
中鼎古文中鼎匜
令狐多父古鉥王溥古鉥
君壺盤私印文
三體齊侯敦康侯
石經壺鐘鼎
禮器大梁
文鼎古鉥
石鼓說文
古文石鼓乙亥鼎
叔氏曾子
鐘簠秦公鐘
三體石經
陳侯陳侯
鐘因資鎛
三體
石經古匋石鼓古鉥
文

稽古：西周文字譯詩求徵

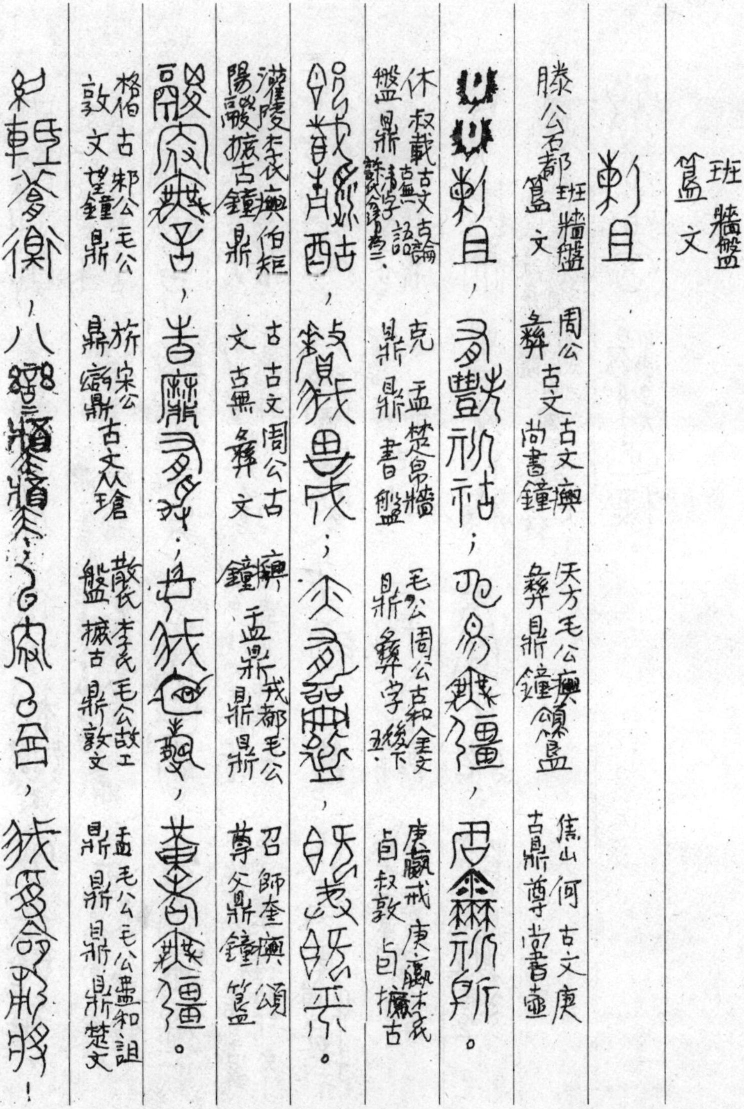

毛公鼎 毛公鼎 散盤 康侯鼎 聃敦 頌壺 十鐘 牆盤 李氏牆盤 擴古 吳尊 散盤 叔氏鐘 擴鐘 頌簋

自古在昔，先民有作；溫恭朝夕，執事有恪！

古文石經 古文書 效卣 統 師湯 班 毛公 父鼎 簋 鼎 楚文 詛

顧予烝嘗，湯孫之將。

稽古：殷商文字——以甲骨文字譯詩求徵

古文前一·四五·九六 鐘

猗與、

古鑄嗟字 郘鐘 薔字 商頌古字 古文前一·四五·九六 鐘 粹一三 文 古文余義伯其鐘 古文 鄱簋 佚三二 甲六四·八 甲 後下一三·五 四七 前六 前七 六二七 四二·三 古文 余義鐘 古文 魚匕

猗與那與，置我鞉鼓；奏鼓簡簡，衎我烈祖。

佚 前二 古文 殷文 六九五 一〇·一 古清 重文 古文 杜伯盨 簋 四四 文 一〇·六 甲 八九六 粹 前二 一三·四五二一 古文 文編 六四二 粹 四九三 古 粹 文 四九三 文 古

(三)玄鳥　一章、二十二句、原　文

天命玄鳥，降而生商；宅殷土芒芒，古帝命武湯，
正域彼四方。
方命厥后，奄有九有；商之先后，受命不殆，
在武丁孫子。
武丁孫子，武王靡不勝；龍旂十乘，大糦是承。
邦畿千里，維民所止；肇域彼四海。
四海來假，來假祈祈，景員維河，殷受命咸宜，
百祿是何。

稽古：東周文字—以春秋時代文字譯詩求徵

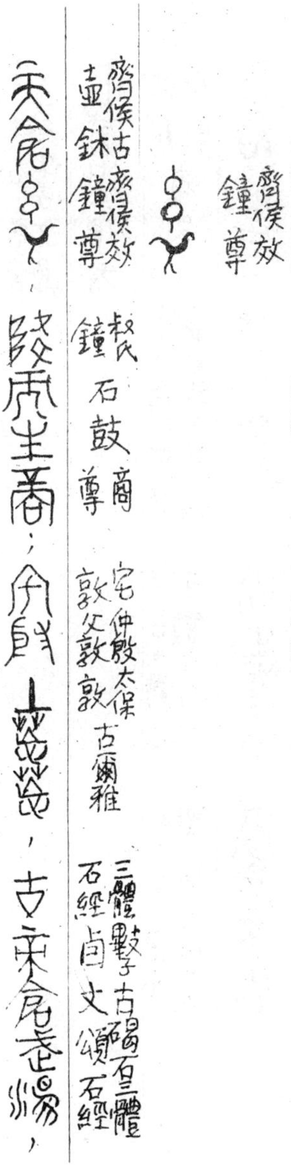

寅簋敦古　古文老子　古乙亥鼎

正域彼四方。

乙亥古鼎　鉢古文　應公鼎　三體石經　師酉敦　三體石經　父敦　石經　商尊　三體石經古　鼓　石經文　多父盤　古文　三體石經　老子

方命厥后，奄有九有；商之先后，受命不殆，

三體石經　古文　古鉢辭　古石　文　匋鼓

在武丁孫子。

古鉢　父　古文　匋　石鼓　古鉢石　文　鼓　校錄　三體石經　古鉢　龍伯戟　毛公鼎　古鉢　古老子　伯盤　邾公華鐘　古鉢　古秦公敦　齊侯鎛

武丁孫子，武王靡不勝；龍旂十乘，大糦是承。

六書通　精蘊　六書統　古鉢　古匋　古鉢　古文　三體石經　古石鼓　寅簋　尊　敦　古老子文　古老子

邦畿千里，維民所止；肇域彼四海。

古文　古老子　石鼓　古文　說文　石鼓　古文　頌鼎　碧落碑　石鼓　文　借鼎　古鉢　仲殷父　多父盤　古鉢　古秦公敦　博山鑪

四海來假，來假祁祁；景員維河，殷受命咸宜，

齊侯鐘 乙公敦 秦公敦 石鼓 作何

百祿是何。

稽古：西周文字譯詩求徵

邾公經鐘 鄦侯尊

玄鳥

毛公鼎 〃 邾公經鐘 鄦侯尊 散盤 僕兒鐘 頌敦 乙亥鼎 晉公盦 古匋字 盂鼎 〃 六書統 盂鼎 師湯父鼎 毛公鼎 父乙鼎

天命玄鳥，降而生商；宅殷土芒芒，古帝命武湯，

商鐘 古文 石經 籀文 毛公鼎

正域彼四方。

毛公鼎 〃 盂鼎 古說文 應公鼎 周公彝 盂鼎 周公彝 乙亥鼎 毛公鼎 殷狀 鐘 古說文 毛公鼎 大盂鼎 六書統 簠 統

方命厥后，奄有九有；商之先后，受命不殆，

啓毛公古鉢班毛公 尊鼎魯丁簋鼎

在武丁孫子。

毛公古鉢班毛公 鼎魯丁簋鼎　毛公乙古大簋古 鼎鼎文簋鉢　郘伯姬盂古 鐘鼎鼎文　毛公古文毛公古 鼎糦不从鼎文

武丁孫子，武王靡不勝；龍旂十乘，大糦是承。

古盉盂史頌 書統鼎敦　古韓成庚罍 陶器鼎壺尊　毛公古石籀古 鼎文經文文

邦畿千里，維民所止；肇域彼四海。

籀古檣李氏 文文盤攈古　檣李氏 盤攈古齊侯鎛鐘　單從員古古 鼎鼎陶陶　盂毛公〃咸父古 鼎鼎〃乙簋鉢

四海來假，來假祁祁；景員維河，殷受命咸宜，

盡和頌毛公古 鐘鼎鼎鉢

百祿是何。

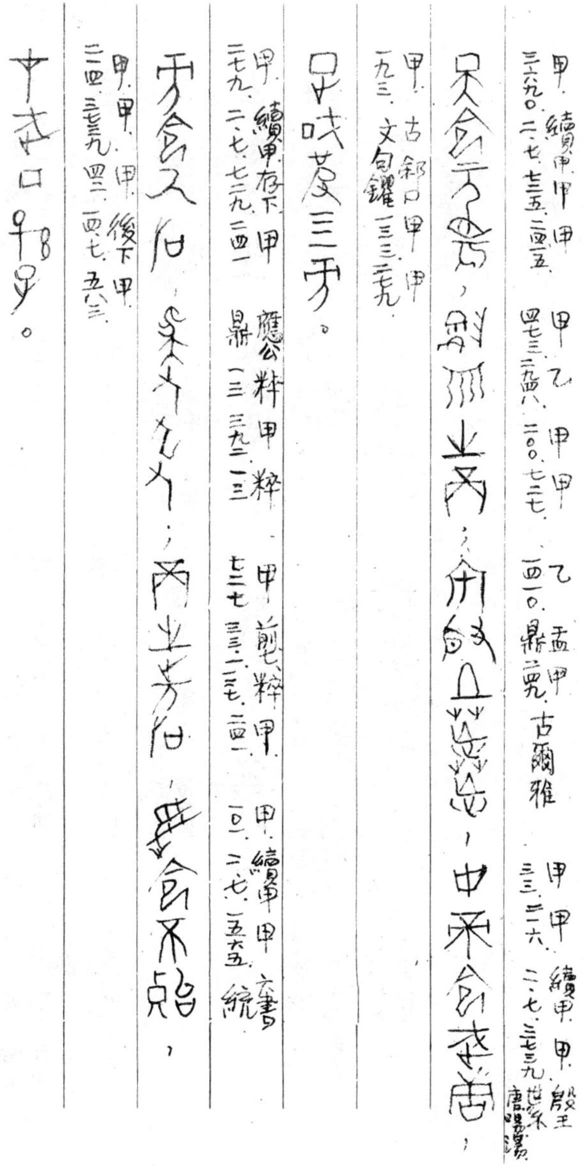
甲 甲 七三五 二四五
甲 續甲 甲 甲 三六九〇 二、七 七三五 二四五
甲 乙 甲 甲 四七三 二九四八 二〇〇 七二七
乙 四一〇
孟甲 鼎二四九 古爾雅
甲 甲 續甲 甲 殷王 三三 二六 二、七 二七三九 世系 唐陽湯
甲 古 鄴甲 甲 一九三 文句鑼 一三三 二六九
甲 續甲 存下 甲 二七九 二、七 七二九 二四一
應公 粹甲 粹 鼎 一三 三九二 三
甲 前七 粹 甲 七三七 三一 二三七 二四二
甲 續甲 一〇一 二、七 一五六五
六書 統
甲 甲 甲 後下 甲 二四 三七三九 四三 四七 五〇二

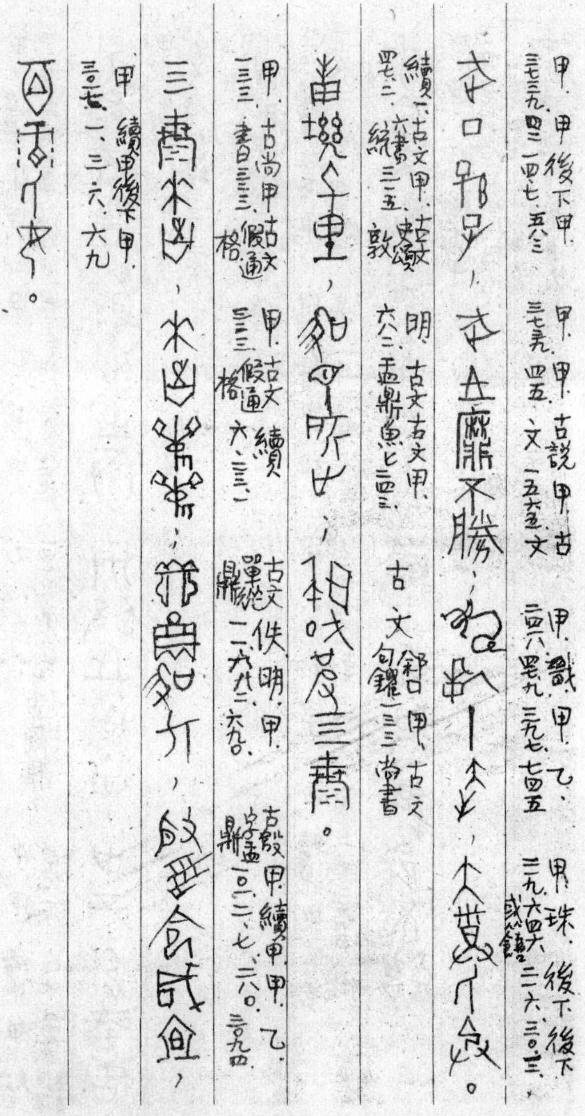
甲. 甲後下甲.
三七三九.四三 一四七.五八三
甲.甲.古說甲.古
三七三九.四五.文 一五六三.文
甲.識.甲.乙.
二四六.四七九.三九七.七四五
甲.珠.後下.後下
三九.六四六.或鐘 二六.三〇.三
續一六.古文甲.古文
四七六二.六書 統三五.敦
明 古文古文甲
六二.孟鼎.魚匕.四三
古 文 鄀 甲.古文
句鑃 一三.尚書
甲.古尚甲.古文
一二三.書三三.假通 格
甲.古文
三三.假通 格
續 六.三三.
古文 佚.明.甲.
二六九二.六九〇
甲 續甲後下甲.
三一七.一.三.六.六九

(四)**長發七章**　一章八句、四章章七句，一章九句，一章六句。

濬哲維商，長發其祥；洪水芒芒，禹敷下土方，
外大國是疆；幅隕既長，有娀方將，帝立子生商。
玄王桓撥，受小國是達，受大國是達；率履不越，
遂視既發；相土烈烈，海外有截。
帝命不違，至于湯齊，湯降不遲，聖敬日躋，
昭假遲遲，上帝是祗，帝命式于九圍。
受小球大球，為下國綴旒，何天之休！不競不絿，
不剛不柔，敷政優優，百祿是遒。
受小共大共，為下國駿厖，何天之龍！敷奏其勇；
不震不動，不戁不竦，百祿是總。
武王載旆，有虔秉鉞，如火烈烈，則莫我敢曷；
苞有三蘖，莫遂莫達，九有有截；韋顧既伐；
昆吾夏桀。
昔在中葉，有震且業，允也天子，降于卿士！
實維阿衡，實左右商王。

稽古：東周文字——以春秋時代文字譯詩求徵

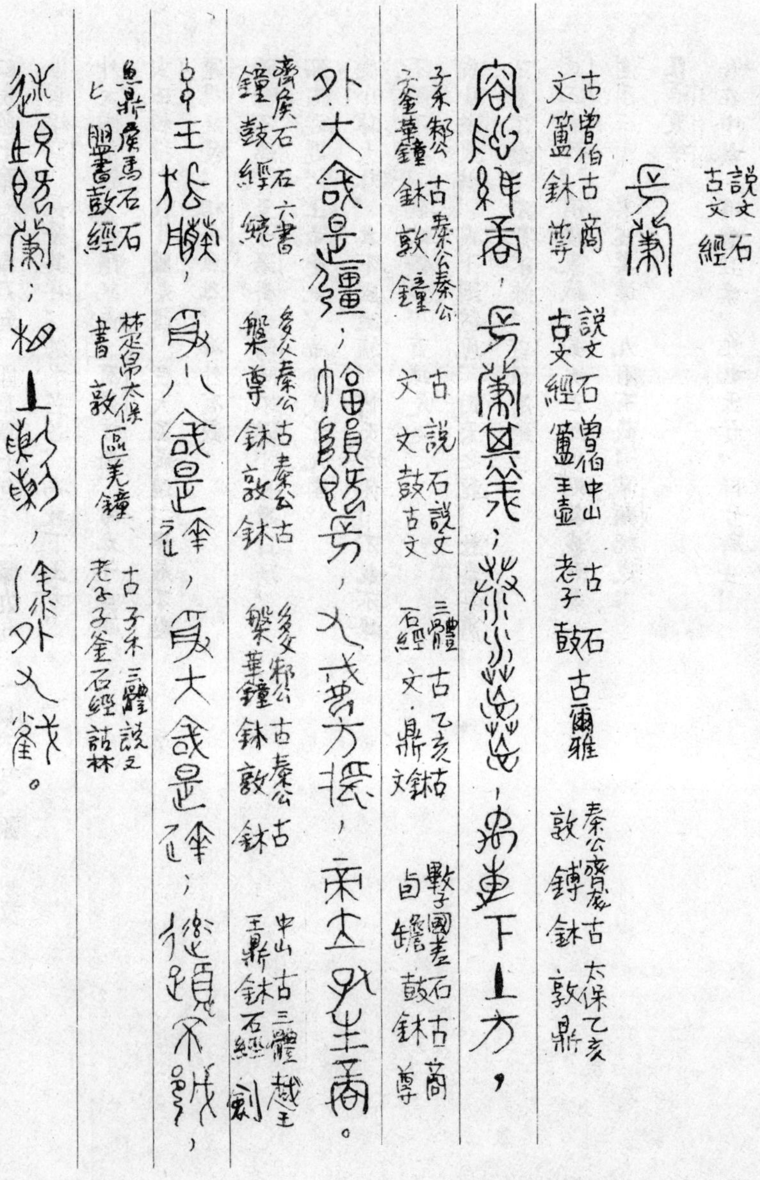

不𧰪不𤎡，不𤎡不𤎡，𤎡𤎡𤎡𤎡。

古鉢石師檔石　　三體智壽公三體者沪　　三體齊侯公今狐恆侯三體
文鼓敦經　　　　石經鼎石經鐘　　　　　　石經　　蓋盤君壺鼎　石經
　　　　　　　　三體石經、區美鐘

古三體中說文　　晉公魚鼎晉公　　師餘　　黃壽三體　石三體
鉢石經鼎古文　　父敦　　　　　　三體石經說文　鼓石經　石經
　　蓋　乜　蓋鉢古　　　　　　　俞父蓋　　　　盤　石經　鼓石經

戎王𤙺縣，𤘽文秉𤙺，尸火𤙺𤙺，𤙺𤙺𤙺𤙺；

蓋文三粹，𤐩𤐩𤐩𤐩，𤐩𤐩𤐩𤐦，𤐩𤐦𤐩𤐩，

古文四年秦公
爾雅邦秦公
爾雅戟蓋鉢

日𤏩𤏩𤏩𤏩。

三𤏩體石經工盅　　　石　信婦齊侯石　　叔氏石中山古
三體石經工鐘王壺　　鼓楚簡壺鼓　　　　鐘鼓玉壺鉢

答七𤏩東華，又𤏩賁蕃，兒世𤏩𤏩，辟弓𤏩士，

嚴　　古鉢撫古
盤　　古鉢撫古
散　　石商石
盤鼓鼎尊鼓

禽維何𤏩，禽在司𤏩王。

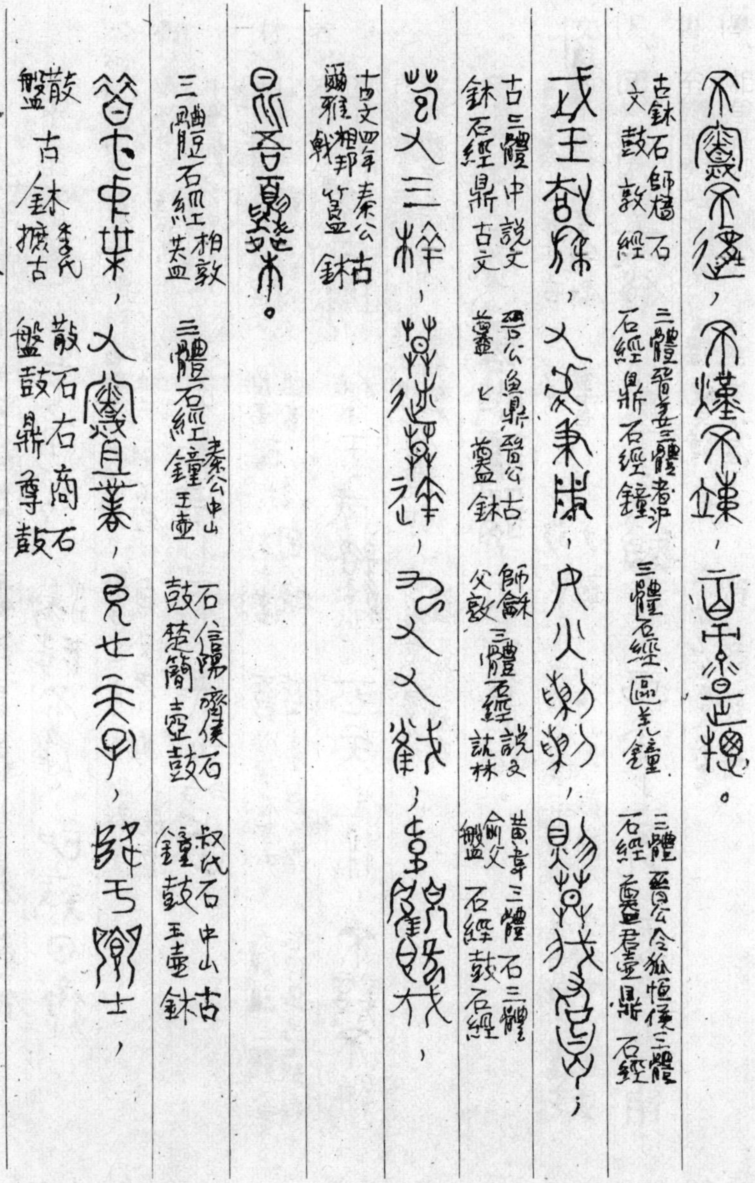

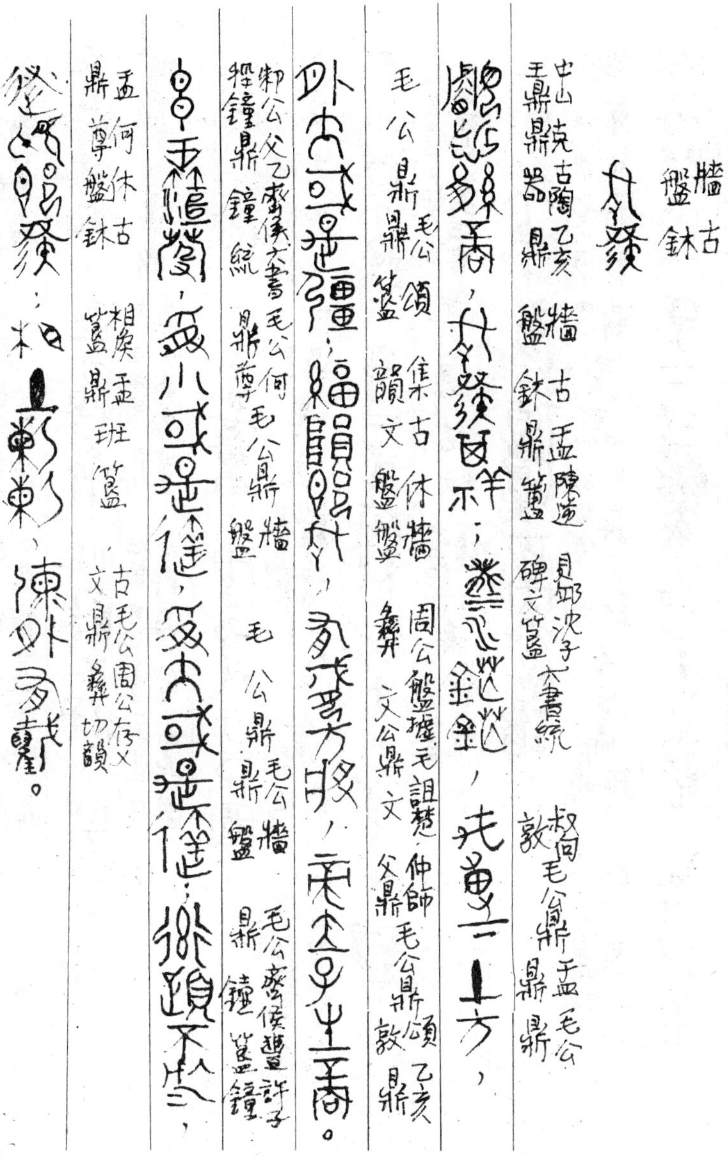
牆盤
古鉢
中山王鼎
克鼎
古陶器
乙亥鼎
牆盤
古鉢
鼎
盂鼎
陳逆簋
六書統
叔向敦
毛公鼎
毛公鼎
頌鼎
集古韻文
休盤
周公盤
何尊
齊侯鎛
許子鐘
盂鼎
何尊
休盤
古鉢
相侯簋
班簋
切韻

仲師父鼎 毛公鼎 大豐簋 父乙卣　盂鼎　師湯父鼎 叔弓鎛 侯父匜　師湯父鼎 散盤 大豐簋 伯遲父鼎　禹鼎 毛公鼎 史頌簋 存又切韻

帝命不違，至于湯齊，湯降不遲，聖敬日躋，

毛公鼎 李氏攈古 伯遲父鼎　毛公鼎 仲師父鼎 盂鼎 召伯簋　仲師父鼎 毛公鼎 齊書 盂鼎 盂鼎 趞尗鼎 綰鼎 圜印

昭假遲遲，上帝是祗，帝命式于九圍。

毛公鼎 何尊 說文 毛公鼎 說文　召鼎　毛公鼎 齊侯鎛 鐘 大書 綰　古鉢 毛公鼎 揚鼎　大豐簋 仲競簋 簋 大豐簋 六書 綰

受小球大球，為下國綴旒，何天之休！不競不絿，

大豐簋 牆盤 大豐簋 古尚書　毛公鼎 古文　盄和鐘 頌鼎 毛公鼎 六書 綰

不剛不柔，敷政優優，百祿是遒。

毛公鼎 何尊 何父敦 毛公鼎 何父鼎 召鼎　毛公鼎 說文 說文 鼎 鉉生　古鉢 毛公鼎 邵鐘　毛公鼎 說文古文 盂鼎 牆盤

受小共大共，為下國駿厖，何天之龍，敷奏其勇，

大豐簋 楚帛書 大豐簋 毛公鼎　大豐簋 說文 大豐簋 綰 六書　盄和鐘 頌鼎 毛公鼎 六書 故

不震不動，不戁不竦，百祿是總。

毛公父乙載古　周公毛公班虢季　古文毛公班　何◻◻孟毛公古文
鼎鼎鼎文　彝鼎簋子白盤　石鼓鼎簋　尊父卣鼎鼎說文

武王載旆，有虔秉鉞，如火烈烈，則莫我敢曷；

爾周公孟說　◻◻于孟◻◻播　孟周公彝存乂　◻中山休大保
稚彝鼎十古　父卣鼎父卣盤　鼎周公彝切讀　鼎圭壺盤簋

苞有三蘖，莫遂莫達，九有有截，韋顧既伐，

昆疕毛公盡古
王鐘鼎邾鐘嘗

昆吾夏桀。

何啓令伻邾侯　周公楚◻師虎盡叔　班子仲毛公鼎　散孟宅◻子
尊尊簋鐘鐘　彝書簋鐘　簋匜　盤鼎鼎卣

昔在中葉，有震且業，允也天子，降予卿士，

散古平阿毛公　散齊毛公乙亥父乙
盤陶器戈鼎　盤鐘鼎鼎鼎

實維阿衡，實左右商王。

稽古：殷商文字，以甲骨文字譯詩求徵

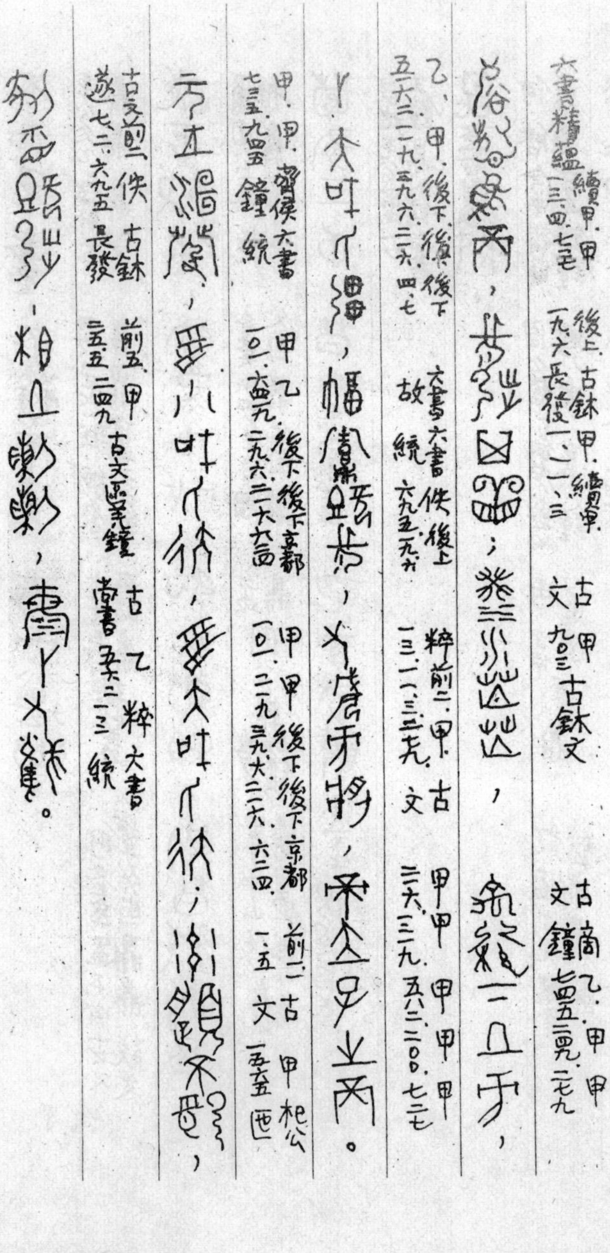

甲、續甲、甲、古鐙、乙、甲、前粹、[竹]甲、甲、存、于鼎、佚三、
二六、二七、二三至遵字、七五至、三至、三九五、七三、二九五、四至三五五三九六、三六、古敀、七三古文

平舍不占，至于商邑，商邑不林、ㄓㄓㄓ◎巤，

古文甲、甲、　甲、續甲、古甲甲乙酉戌
頌敀三夫遠文　存又　二二三夫三　二夫、二七、文三三九二古辨
　　　　　　切韻　　　　　　　　　　　　古文

訟也不杁，二不卜祟，不舍君于九口。

甲乙、說甲說文　後下古文六書　甲甲、前七前五、甲、前五、甲、商書
○二蓮古球二五古球　○四三元九　一六九三五九三、一二六三、五夫三、四五至、統
　　　　　　後下古文發字統　　　　　　　　　五五五一五三五至

ㄓ川珤大珤，伊ㄓ二叶旅ㄓㄓ，尚界ㄓ來！不孜不絥，

甲、攔[乙]、甲、古文商彝　　甲、續甲、後古
二五四三三五壺、桼、鐘穴文、古文　　甲、續甲後宗古
　　　　　　　　　三○七一三二六文　　三○七一三二六文

不帅不界，發政優優，百祿ㄏ遒。

甲乙、髮代甲、齓[甲]　前五言、後下古、前四　甲古文
一○一六四元稍方元、叾考　○一叾七盎宋文、玉三三克、三三九二三二六　鐘文尹怂
　　　　　　　　　　　　　　　　　　　　　　　　商古甲尹古文

毌ㄓ川呂大呂，伊ㄓ二叶駿ㄓㄓ，虫呆ㄓ盎毿，發毿田慮，

甲乙書甲、佚　　　　　　甲古文甲古
一五六五統一二五五三　　一五五爾雅五茣彖文　三○七一三二六文

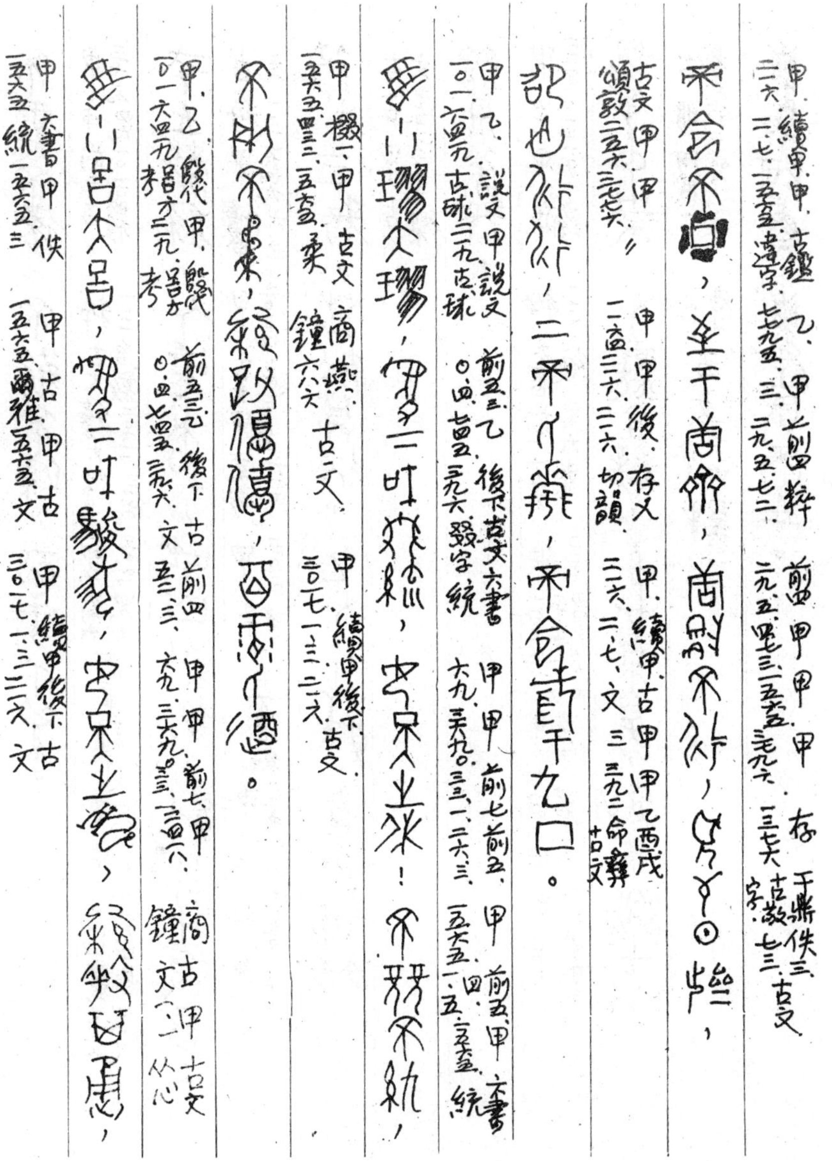

不靈不○不○，○○○○。

甲 前二 古 粹 古文 續六後上 前○ 前六 區差鐘 古甲 前四 壺古文
三七六 四一○ 爾雅 一三 追敦三二○ 三六 言二 羿三 文 二○二四五 鼎 說文

古粹甲 續甲 ○○○ 昭○ 劉劉 劉劉井○○
文 一三九四 京都甲 二○三四 敦三二二 六四 三九二 粹 一三 六書統 甲乙 佚甲
三五八 公三 六五 一九六

○文三粹 ○○○○ 乞乂乂○○ 吾○○○ 吾長
古文三甲古 夫
文 老子 壺柔

○○○○。
古甲古夫
文 老子 壺柔

甲 甲甲甲 商
二六三二九八 鐘 粹 六書前二古文 佚 古真甲 甲 甲甲甲
一三 統 二六六某 平安三六 三七君鼎三六六九三
三七 九四○ 四三二

○中某，○靈且緣，○女○○，○于○士，
古文甲
老子六三 戈 古文甲
七七 四二

○○○○，○○司○○。
古明阿武古
老子六三 戈
古文甲
七七 四二

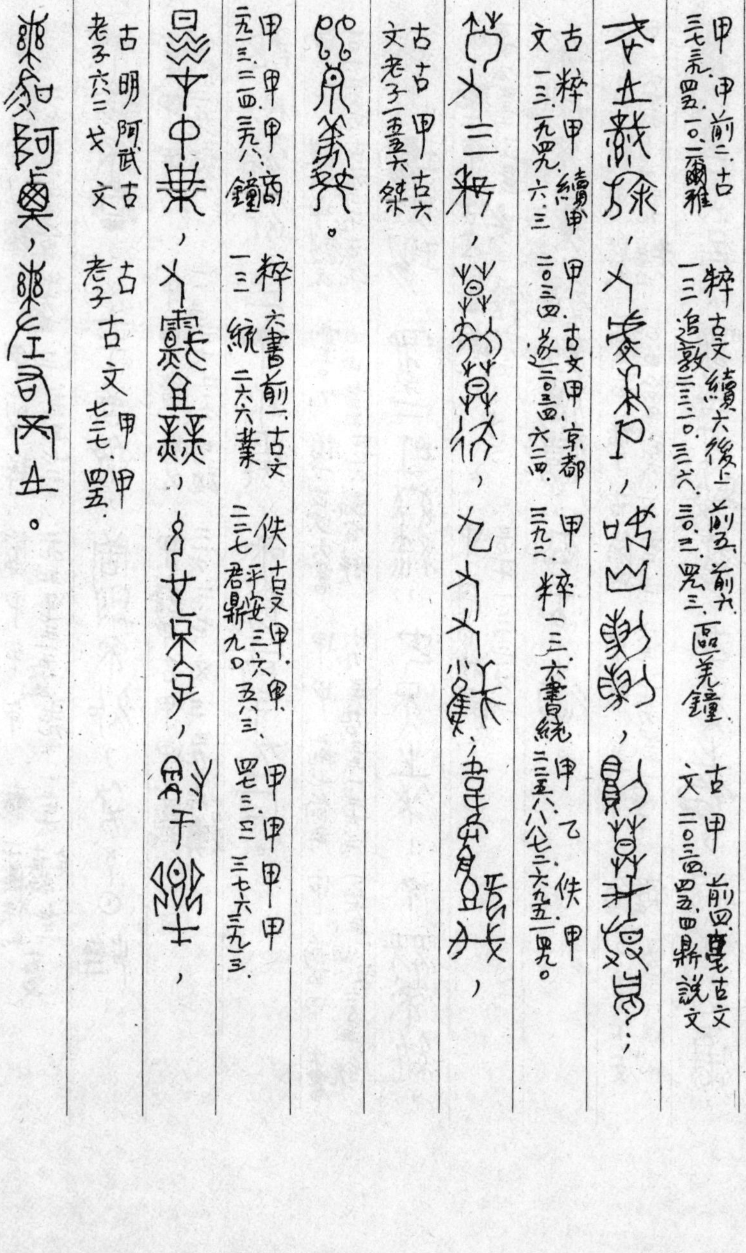

(五)殷武　六章、三章章六句，二章章七句，一章章五句。原　文

撻彼殷武，奮伐荊楚，罙入其阻，裒荊之旅，
有截其所，湯孫之緒。
維女荊楚，居國南鄉，昔有成湯，自彼氐羌，
莫敢不來享，莫敢不來王，曰商是常。
天命多辟，設都于禹之績，歲事來辟，勿予禍適，
稼穡匪解。
天命降監，下民有嚴，不僭不濫，不敢怠遑，
命于下國，封建厥福。
商邑翼翼，四方之極，赫赫厥聲，濯濯厥靈，
壽考且寧，以保我後生。
陟彼景山，松柏丸丸，是斷是遷，方斲是虔，
松柏有梴，旅楹有閑，寢成孔安。

稽古：東周文字，以春秋時代文字譯詩求徵

仲殷父敦　古鈢

殷武

古古仲殷古　魯老子父敦鉢　詛三體說文王孫古文侯馬曾伯秦公　楚文石經古文詛鐘宋字盟書曾盤鐘壺 䢼阻　辛山楚說文石薛子　禹碑古文鼓仲宴簋

撻彼殷武，奮伐荊楚，罙入其阻，裒荊之旅，

三體說文曾伯三體　石經詁林簠石經　三體古石古　石經匋鼓鉢

有截其所，湯孫之緒。

古齊侯說文王孫　鉢匜古文詛鐘　古古吳王古　鉢鉢姬鼎鉢　三體詛三體　石經楚文石經　三體古石區羌　石經老子鼓鐘

維女荊楚，居國南鄉。昔有成湯，自彼氐羌，

晉公恆侯三體石鮑伯　蓋鼎石經鼓匜　晉公恆侯三體石石　蓋鼎石經鼓鼓　中山商秦公古　王鼎尊敦鉢

莫敢不來享，莫敢不來王，曰商是常。

齊侯古秦公三體　壺鉢尊石經　古書齊侯石秦公石古　精蘊壺鼓敦鼓鉢　子禾說文石三體　子釜古文鼓石經　石三體中山三體　鼓石經王壺石經

天命多辟，設都于禹之績，歲事來辟，勿予禍適，

胡氏十口、中山古
千文老子王壺鉢

[illegible]卓。

齊侯古叔氏三體　古古三體中山　三體說三體說　三體恒侯中山秦公
壺鉢鐘石經　鉢文石經王壺　石經文石經文　石經鼎王壺簋、曾侯乙字

天命降監，下民有嚴，不僭不濫，不敢怠遑，

古石　古　古　中山王古曾子
鉢鼓　鉢　王壺墓圖文簠

命于下國，封建厥福。

商齊侯陳子冀戈　古乙亥石古　石赭印古、大晉　戈文古戈　古秦公
尊壺　文鼎鼓老子　文籀鑑　文鐘

商邑翼翼，四方之極，赫赫厥聲，濯濯厥靈，

頌中山秦公郘子資太史邾公、令狐侯馬、古
鼎王鼎鐘壺　中鼎兼鐘君壺盟書鉢

壽考且寧，以保我後生。

蔡侯古碧落中山鄂君古　秦公古　秦公古　乙亥穆公秦公晉姜
盤老子文王鼎舟節鉢說文　敦文　敦文　鼎鼎敦鼎

陟彼景山，松柏丸丸，是斷是遷，方斲是虔，

鄂君信陽三體說　舟節楚簡石經文　薛子仲說三體古　安簠文石經鉥　籀文　文　詛楚石古　文鼓鉥

松桷有梴，旅楹有閑，寢成孔安。

稽古：西周文字譯詩求徵

盂毛公　鼎鼎

殷武

籀盤　石經　盂鼎　毛公鼎　令鼎　大保簋　師虎簋　毛公鼎　弔伯簋　盂鼎　師虎、盂簋　古璽且為阻、簋鼎　古　師虎　毛公　矢簋

撻彼殷武，奮伐荊楚，罙入其阻，裒荊之旅，

周公彝　存又切韻　盂鼎　庚壺　師湯父鼎　班簋　毛公鼎　古匋

有截其所，湯孫之緒。

古盂 師虎 毛公
陶齋鼎 簋 鼎　遹 毛公 王盂 衛 鼎 鼎 鼎 盉　何 周公 前五 師湯 尊 彝 一〇六 父鼎　毛公 石鼓 金氏 鄭羲 鼎 經 孫盤 伯亳

維女荊楚，居國南鄉，昔有成湯，自彼氐羌，

夆莫 毛公 大豐 牆 故
父自 鼎 簋 盤 敦　夆莫 毛公 大豐 牆 父乙 父自 鼎 簋 盤 鼎　何 乙亥 毛公 頌 尊 鼎 鼎 鼎

莫敢不來享，莫敢不來王，曰商是常。

毛公鼎 召 盂 尊 鼎　豐姞 戎 盂 向叔 毛公 秦公 敦 鼎 鼎 尊 鼎 敦　毛公 令 牆 盂 鼎 彝 盤 鼎　毛公 佳事 古 師酉 鼎 叩 孝經 敦

天命多辟，設都于禹之績，歲事來辟，勿予禍適，

籀 師羲 古 觶 子
文 敦 籀文 甗

稼穡匪解。

毛公鼎 散 頌 盤 鼎　毛公 盂 周公 興 鼎 鼎 彝 鐘　大豐 說 大豐 說 簋 文 簋 文　大豐 毛公 古 盂 和 簋 鼎 鉌 鐘

天命降監，下民有嚴，不僭不濫，不敢怠遑，

毛公 王盂 鼎 鼎 鼎　康侯 毛公 王盂 叔氏 丰鼎 鼎 鼎 鐘

命于三或，中■■■■。

乙亥矢　　　籀
鼎■盂鼎　　文　毛公鼎　輔城
　　　　　　■■■省　盂　六書
　　　　　　　　　　　　　精縕　右■文　盂
　　　　　　　　　　　　　　　　　　　　鐘

■■■■，三方■■，■■■■，■■■■，
鼎■■■■頌　毛公保孟師望　　　　　　■■
鼎■鼎鼎　教

■■■■，■　■，■■■■。

沈子石■■啟　古　古　毛公何
篇經鼎■自　　■文　■文鼎尊　毛公鼎
　　　　　　　鼎六畫本義　　鼎　毛公鼎

■■■■，■■■，是■是■，方■■■，
　　　　　　　　　　　　　　　■
古說周公封　矢胡氏周公同
書文■■■　　　　篇午文■篇
　　　　　　　　　　■盤■鼎

■■■■，■■■■，■■■■。

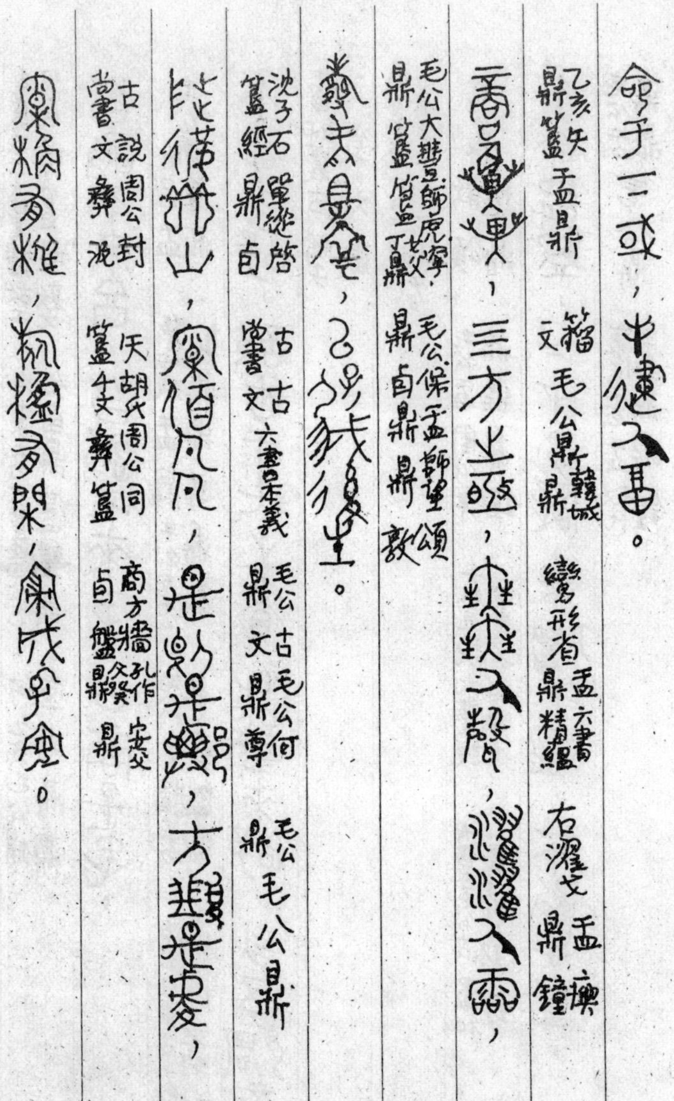

稽古：殷商文字，以甲骨文字譯詩求徵

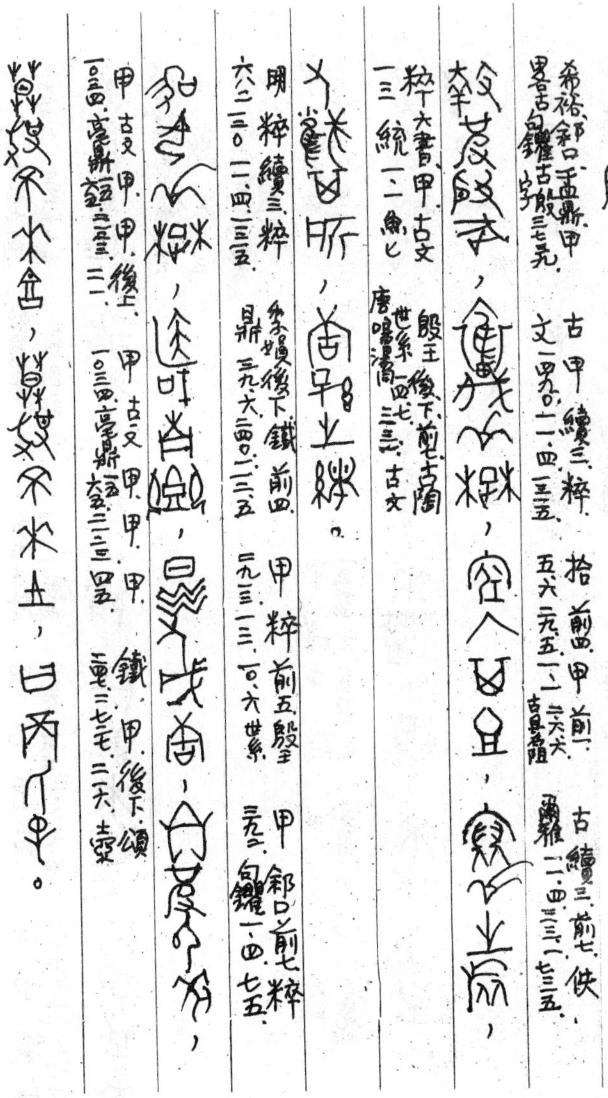

甲·續甲·前·
三·六·〇·二七·五三·一·七四

粹·珠戈墨·甲·古·前七·卓缽·
敦都敦三·文·三三·一

甲 乙·甲·前
二·六·三·二六·六·三三·七·四
甲·甲·鐵·師酉
六·四·〇·二九·三三·竹墨

只仐吊 。骰旹於上續，廿弟朱卷，以申虫香，

榴·師[ ]橘後·
文·敦·文·二·五

[榴柒帚匪鈴]。

甲·續掌甲·侠·
三·六·九·二·七·四三·七三
乙·孟·粹·古·
一·五·五·文·五五·文
甲·說·甲·說·文
一·五五·文·故·

只仐吊[ ]，二中爻舉，不曆不澡，不抄齒書，
甲·古·六雲文手·
故·金龍斯

只仐吊[ ]，
續甲·申乙·後下·
二·七·三·賣五·克·六
後上·古·存下甲·
三·六·文·七·九·賣

仐干二吊，半建久酉。

甲·燕·孟鼎·
七·三·七·九
甲·甲·前七·韓城
三·三·九·三·鼎·新
殷文類編·左下·後上
七·九·七·〇
前三·七·春下·乙
七·三·九·岳七·

[ ]連車，三矛止亜，夾蚊久危，羽羽久雨，

丁亥·前七·立前一·粹·
甲·乙·七七·前藏·圓原甲
乾三·三·二六·六·八·二六·三五
公·四·四·〇·八·坤一〇·〇
八·三

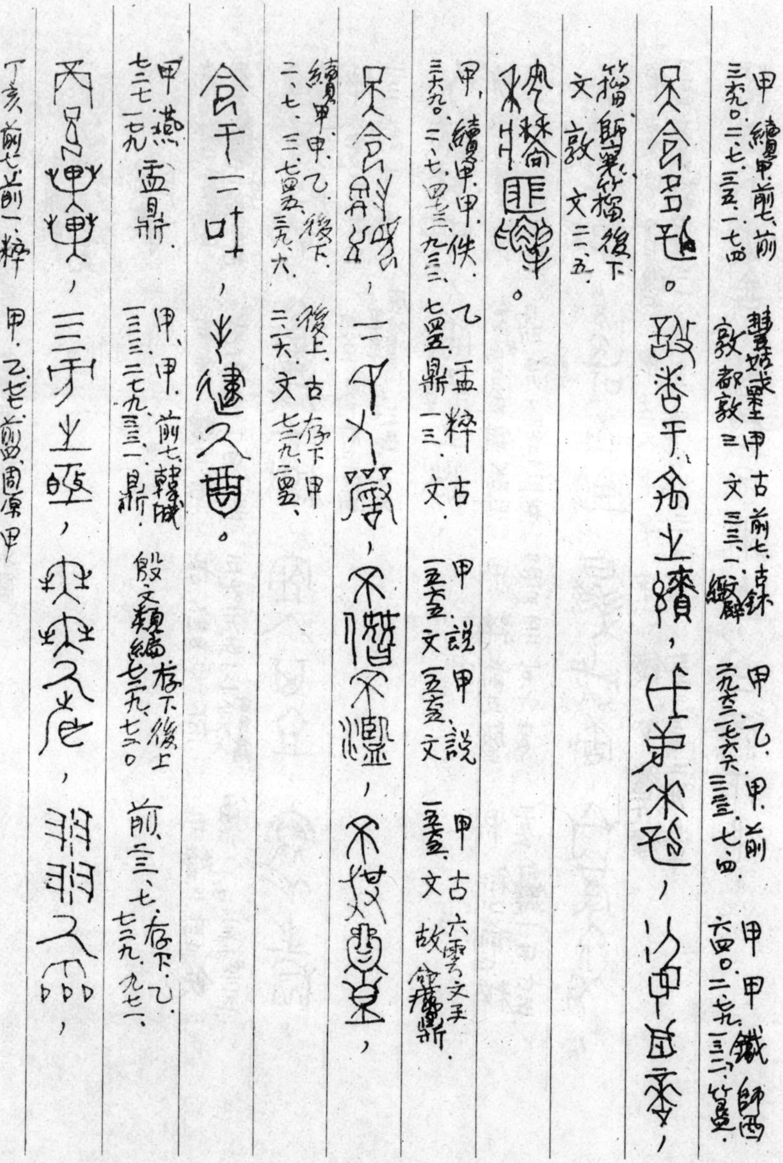

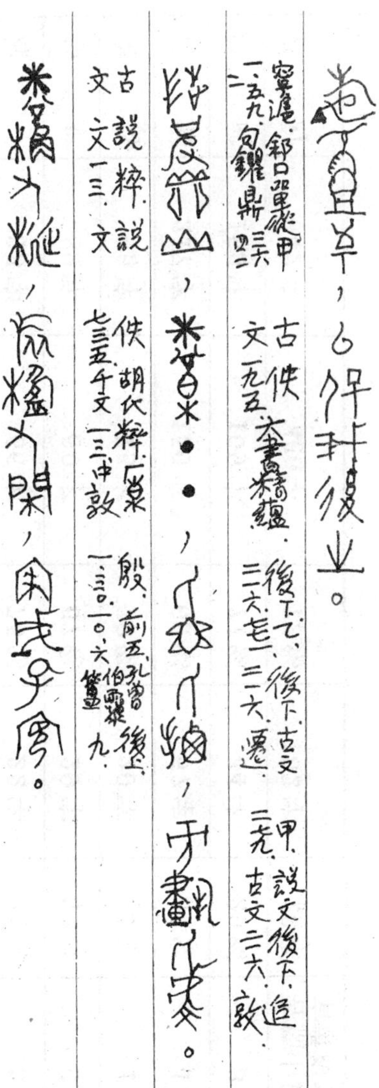

㈥結語和統計

爲求商頌五篇爲商詩可信程度的公算如何？特以東、西周文字，殷商文字同時譯成詩篇以求徵信。其中東、西周文字是可以用來完全達到轉譯程度。然後再以殷商文字轉譯，結果發現：商頌五篇總計六百四十二字，用古文字補入的缺字有一百八十二字，佔全文的百分之二十八百分比；已知字爲四百六十字，佔全文的百分之七十二百分比率。這是令人異常興奮的百分比率。於是商頌爲商詩的可靠性，是可以獲得肯定的事實。

如按董作賓先生著的甲骨六十年一書中所稱：「孫（海波）書，附錄所收不可識的一一一二字，連可識的共有二二一八字；李孝定君的集釋，收可識的一千三百七十七字，十年之後，已較孫君增多十分之四。李君的採錄也並非完備。本來識字是很難的。（董氏對所謂十萬甲片的現存材料總數指爲九六一一八片。據他猜測，殷代貞卜所用的文字，總數是不會超過三千以上的。日常使用文字他就沒再蠡測了。）」而今用集古字的方法，藉使商頌復原，稽古的結果顯出商頌五篇中，已識字能佔百分之七十二比率，是大可以證明這五篇商頌是應當被斷定爲殷商人的作品。玆將統計數字表排列於後以求徵：

用集古字方法復原商頌五篇證明當爲商詩統計表

商頌篇名	該篇總字數	已有甲骨文字數	百分比	補入的缺字	百分比	可信度次序
那	88字	66字	75%	22字	25%	2位
烈祖	89字	60字	67%	29字	33%	5位
玄鳥	95字	75字	79%	20字	21%	1位
長發	217字	150字	69%	67字	31%	4位
殷武	153字	109字	71%	44字	29%	3位
統計	642字	460字	72%	182字	28%	各篇中均存有重複文字

陸、詩三百篇流傳的求徵

一、概　說

詩三百篇流傳問題的成爲問題，在民國初創之前，未嘗聞及，而民初非孔人物中，以陳獨秀所主編新青年雜誌爲先導，以非周、孔，廢禮敎爲天下號召；當時學人有錢玄同、胡適諸人嘗爲文附和之。及蜀人吳虞出（註一）論學則疑六經，非孔子、非孝、非禮；進而主張「打倒孔家店」，於是學術及社會輿論風氣爲之一變；而陳氏所倡純爲別有用心者，目的在打破傳統學術，揚棄歷史文化；好引進共產邪說，用來鼓噪風潮而已。而吳虞則以爲：「孔學之助張君主以行專制，借禮制法制而確立其專制不平，直接關係於吾人之生命財產、權利義務者極大。苟由禮制法制之精神，以推論其得失，而再以各立憲共和國家之憲法、民法、刑法所規定者，一一比較對勘之；而後孔子之學說，二千年來，貽禍於吾人者，昭然若揭！」當時學者非孔範圍，多以倫理道德爲依據，而吳虞則獨以法制立論，這是他與衆不同之處。

吳虞論中國傳統學術，極稱諸子，而非孔孟；在諸子之中最推崇老子，他說：「孔子問禮於老子，老子或告以大同小康之說。但孔子背其師說，舍道德而崇仁義，不說大同之道，而偏主張小康之天下，以重差別的禮，謂『貴賤有等，長幼有差；』曲學阿世以媚顯貴。」這眞是毫無根據的對孔子誣衊，放言無忌的謾罵，完全是猜想憶度之辭，此說也不知其出於何處？純屬「杜撰」，無稽之誤。

最後吳虞的非孔已經作到狂妄的地步，本來是襲取章炳麟、康有爲、梁啟超早年的餘論。因康有爲但疑六經而不非孔，梁啟超非孔而不徹底，而吳虞則非孔疑經，徹始徹終，放言不論。嘗笑章、梁諸人非孔不徹底說：「章炳麟諸子學略說，攻孔子最有力；其訄書幷引日本遠藤隆吉：『支那有孔子，爲支那禍本』之言。梁啟超新民叢報攻孔子誅少正卯，以爲吾國歷史之最大污點。而炳麟於後著之檢論，每去前說。啟超於近年講演，不復攻孔。蓋炳麟於革命之頃，啟超於變法之際，幾不保首領，追怨專制壓力之由來，多本孔學；切身之痛，故言之不憚其詳！其後炳麟雖欲爲籌邊使而未得，然求田問舍，油碾之業，已足安居；遂受賄而與孫傳芳擬電，投降軍閥而不惜；艷羨尊貴，故不復攻孔。啟超自任司法總長時，卽非雙馬車不坐；王凌波之香巢，流連忘返；近則汽車如電，財產增多，安富尊榮，咀嚼孔學有餘味焉！逃亡之危險，『六君之授命』，已忘之久矣！至於尊孔之人其行爲多不足道；試舉其著者。王闓運五經皆有著述；身入民國，不改滿清衣冠；乙卯十一日，首先電袁世凱稱帝，附會讖語，一錢不值。康有爲著大同書、孔子改制考，昌明孔教；而『保皇之會』，『復辟之謀』，皆反抗民國；甚乃侵占西湖，盜竊經卷，穿窬之智，尤爲可醜！」王闓運爲吳虞之師祖（註二）與其主張不合，也照樣破口大罵，凡是不非孔者，皆在其痛詆之列。

然於詩三百篇流傳問題有關部分，則爲吳虞的非六經的流傳舊說，他以爲：「六經皆出荀子，漢唐以來，所傳之孔學，皆荀學。」這眞正是大膽的假設，可惜的是沒能夠去小心求證。而造成强古從今，以一蓋萬，以偏蓋全，以不知爲知，以非爲是的說法。在論學上這都是不可挽救的錯誤謬說。既然六經皆出荀子，「刪詩」和整理詩經，傳播詩經便都成了荀子一人一手包辦了！但我們却不否認荀子確是孔子再傳弟子之後的一傳詩大儒之一。

平心而論，詩三百篇，能成經，能流傳於後世，絕非一二人所能爲力的。大體來說可分爲二端：一是詩作品本身具有傳播性能的存在。二是人爲的流傳因素和不斷擴散所造成的流傳。然眞正傳詩三百篇於後世者，無人能否認孔子才是第一人。

二、詩三百篇的作品本身就具有傳播性能的存在

詩、不分古今中外，它本身就是一種文藝作品，這是不容否認的事實。詩、是一種性靈的產物；是人類最原始的口頭文學。是人類心理的一種特定的活動狀態，由刺激到反應上的直接對喜怒哀樂的運用言語表達形式和方法，而完全出自內心和自動，這種自然而然的抒情言語，往往是簡捷而精鍊的；

不需修飾而合於眞善美的條件，因作品本身徹底表達了作者的遭遇和感受；再遇有共同際遇的讀者讀後，自然產生了共鳴作用，因此作品本身也就具備了強烈的輾轉傳播性。這種作品最早是謠，再發展而成爲可歌的歌謠，再進化而成爲詩歌，終於演變成爲詩。所以詩歌在文字未發明前就廣博的爲先民所利用它來抒情了。

㈠在傳統理論上來講：能充分表明詩作品的形成原理的，就屬毛詩大序中的一段話：「詩者、志之所之也。在心爲志，發言爲詩，情動於中而形於言，言之不足，故嗟歎之，嗟歎之不足，故永歌之；永歌之不足，不知手之舞之，足之蹈之也。」（註三）在這裏面可以體會到的是：詩是人類心志的頃向。人的意象在內心沒表達出來的時刻就是志向，要用言語發表出來就叫做詩。感情在內心中發動了而且表達在言語上，言語的表達還不夠所以慨歎，慨歎還不夠滿足感情的表達就用長歌來發洩，若長歌再表達的不夠意思，就手舞足蹈的跳起舞了！這包括了詩、歌、舞不可分的一系列文藝擧動了。更說明了詩、歌、舞三者都有本身的傳播性能。至於詩序究竟是孔子作、卜商作、毛公作或爲衞宏所作在此均無關重要，另有篇章說明所以不作辯解。（註四）宋朱熹認爲詩序不可靠，在詩經集傳上刪去毛詩大序，自己作了詩經傳序，其中有一段話這樣說：「人生而靜，天之性也；感于物而動，性之欲也。夫既有欲矣，則不能無思；既有思矣，則不能無言；既有言矣，則言之所不能盡而發于咨嗟咏歎之餘者，必有自然之音響節奏而不能已焉，此詩之所以作也。」其實這些說法也都沒超出毛詩大序的範圍，然却可以作爲大序的注脚。同時毛詩大序和詩經傳序也都能對「詩的概念」有極大闡釋作用。

㈡在實際作品上來講：詩三百篇作品本身都具備有誘惑作用和吸引作用，一旦被讀者發現便愛不忍釋的「低吟高歌」了！例如：讀到周南第一章的關雎篇：「關關雎鳩，在河之洲，窈窕淑女，君子好逑。參差荇菜，左右流之；窈窕淑女，寤寐求之。求之不得，寤寐思服，悠哉悠哉，輾轉反側。參差荇菜，左右采之；窈窕淑女，琴瑟友之。參差荇菜，左右芼之；窈窕淑女，鐘鼓樂之。」這是一首男子向女子求愛繼而求婚的詩，寫出男子想對象想到魂夢顛倒的地步。其中「窈窕淑女，寤寐求之。求之不得，寤寐思服，悠哉悠哉，輾轉反側。」寫男子連覺都睡不着了的片面想思，眞令人叫絕，這是三百篇中家戶喻曉的名詩。

再如衞風碩人篇：「碩人其頎，衣錦褧衣，齊侯之子衞侯之妻，東宮之妹，邢侯之姨，譚公維私。手如柔荑，膚如凝脂，項如蝤蠐，齒如瓠犀，螓首蛾眉，巧笑倩兮。碩人敖敖，說于農郊，四牡有驕，朱幩鑣鑣，翟茀以朝，大夫夙退，無使君勞。河水洋洋，北流活活，施罛濊濊，鱣鮪發發，葭菼揭揭，庶姜孽孽，庶士有朅。」這是衞人賦詩特別描寫衞莊姜的美艷絕倫，對君上又溫柔體貼而出於名門大國的名女人，美而有德，並且懂禮。尤其第二節詩說明莊姜是天生麗質：「十指尖尖像白茅嫩芽，皮膚細膩像凝結的脂房，皙白的香頸像綿輭的白色蝤蠐蟲的胴體。美齒潔白整齊好像一排葫蘆子，方方額上秀髻有如螓蟬頭，灣灣一雙眉又像蛾鬚，笑的時候口輔恰巧和面貌適襯，水汪汪一雙大眼睛眞正黑白分明。像兩顆白水銀套着兩顆黑水銀。」經衞人這一形容莊姜的形像之美，而竟變成國人傳統評鑑女人美貌的標準了。這種引人着迷的詩篇作品，是根本不用人來傳播的，是可以說到了不脛而走的地步。

諸如此例不勝枚舉。都可以充分證明詩三百篇作品本身就具有傳播性的存在。不但如此，就是歷代大詩人不朽名詩，其作品本身也都有强烈的「傳播性能」的存在。

㈢欣賞和對照：①欣賞：詩是一種性靈的產物；是人類最原始的口頭文學。最好的解釋莫如對「童詩的欣賞」。民國七十二年金鐘獎被提名入圍，博得極高評價的鳳山文山國小老師陳佳珍，他化了六年時光教「學童作詩」，斐然成章，已公諸國內各報，據記者王建屏的專訪中報導：「孩子的想像力是無窮盡的，如何激發他們把對事物抽象、童稚、擬人化的想像，寫成詩句，是這位園丁努力的目標。因此他教孩子用『聲音』來寫詩，用『眼睛』來唱詩。陳佳珍教詩的『教具』是錄音機和幻燈片，從錄音帶上傳來田園裏青蛙、公雞、火車、鐘聲和大自然的聲音等，他讓孩子們聽，使每顆小腦袋產生不同的想像，童趣的詩句自然的形成。再告訴孩子們：『把火車想成人，把青蛙當成好朋友，他們發出的聲音，就好像對你們說話。』於是孩子們驚人的發揮了潛能。」

三年洪郁芬寫「火車」：「火車迷路了，到處找爸爸，進了山洞，以為天黑了，就嗚嗚大聲哭了！」

二年樊家鳳寫「小河」：「小河真倒楣，山一流淚，就流在小河身上，小河一生氣，就嘩啦嘩啦的罵。」

二年樂麗欣寫「小螞蟻」：「小螞蟻，真大膽，偷東西，不怕人看見。」

林惠蘭寫「考試」：「一張張魔紙，傳到我顫抖的手中。我像爐中的餅乾，希望趕快出爐。」

楊雅裙寫「影子」：「地上躺了一個人，不知道是誰？打扮跟我一模一樣。」

蔣蘭芬寫「停電」：「哇！停電了！爸爸是個救護員，媽媽是睜大眼睛的貓，我們却是一隻受驚的小老鼠。」

他利用音響、幻燈、卡通……來啟迪，孩子們一遇到新奇的事物，隨時有「刺激」，隨時有「感動」，隨時寫下來，孩子的心聲，赤裸裸地表露。

詩的境界，就是眞、善、美，在童詩的王國裏，每個孩子的心地，都是純眞無邪，和樂觀的、美麗。陳佳珍說：「因爲孩子本身就是寫不完的詩。」

②對照：我們要拿這幾首童詩來和詩三百篇的作品來對照一下，會發現一些什麼？除了天眞純潔和自然坦誠有別外，原始性質則相同。例如：

衛風木瓜三章：「投我以木瓜，報之以瓊琚，匪報也，永以為好也！投我以木桃，報之以瓊瑤，匪報也，永以為好也！投我以木李，報之以瓊玖，匪報也，永以為好也！」這是青年男女在田野耕作休息期間，所唱的山歌，投桃報玉的相戲相許以取樂，一遍天眞爛漫，顯示出社會的祥和純樸來。朱熹以爲「疑亦男女相贈答之辭，如靜女之類。」（註五）

王風采葛三章：「彼采葛兮，一日不見，如三月兮！彼采蕭兮，一日不見，如三秋兮！彼采艾兮！一日不見，如三歲兮！」這是青年男女相悅相慕相戀已久，一日不見便興起深切的懷念了，有如三月、三秋、三歲般長久。葛、蕭、艾都是農業社會的必需品，經常採取在生活上利用。

鄭風狡童二章：「彼狡童兮，不與我言兮，維子之故，使我不能餐兮？彼狡童兮，不與我食兮，維子之故，使我不能息兮？」這是有女與人相愛，而見絕於人；之後對其男友橫加戲謔，所以才伸明「你這狡猾的人，不跟我說話了，是為你的緣故，就使我不能吃飯了？你這狡猾的男孩，不再跟我一齊吃飯了，是為你的緣故，讓我不能睡覺了？」

周南芣苢三章：「采采芣苢，薄言采之；采采芣苢，薄言有之。采采芣苢，薄言掇之；采采芣苢，薄言捋之。采采芣苢，薄言襭之。」芣苢就是車前，喜歡生在道旁，婦人相與采此車前，歌頌其事以取樂。朱熹以為：「采之未詳何用，或曰：其子治產難。」（註六）

前面舉出的童詩：火車、小河、小螞蟻、考試、影子、停電和詩三百篇裏的木瓜、采葛、狡童、芣苢諸詩，在時代上看，它們一今一古相距約三千年，在文藝作品的價值來看，可以說誰也不讓誰，不分高下。在作者的身份上來看，是現代兒童、古代青年男女和村婦；然而作品的寫成，都是從刺激到反應上一種直覺的經驗和感受，所以都是不折不扣的性靈產物，因此這些作品都可以看做是人類最原始的口頭文學，這作品中也都找不出任何修飾的痕跡來，也都是合乎眞、善、美的原則。同時也都不需外力來替它吹噓，作品本身就自然有傳播能力。

由此觀之，詩三百篇的作品本身，篇篇都是眞善美的化身，篇篇都是直覺經驗（註七）的表達，篇篇都是人類心理活動狀態的共鳴，篇篇都是人性的呼喚。

三、孔子是三百篇人為的流傳和擴散的開端

詩三百篇這一部所謂詩經的作品，詳細的篇數是三百一十一篇，亡軼篇章的數目有六篇，是名存詩亡了！毛詩實際載有的篇目，只有三百零五篇。一般典籍所號稱詩「三百」者，皆爲概數而已。這些詩都是孔子以前就廣泛的流傳在兩周社會的上下階層了。在三百篇詩裏也存有夏衰時詩，如豳風七月」崔東壁指爲周先祖「太王以前之豳舊詩，蓋周公述之以戒成王，而後世因誤爲周公所作耳。」（註八）也有商代的遺詩，崔東壁也指：「商頌當時亦必多，而正考父獨得其十二篇也。」（註九）至孔子編詩、刪詩後商頌實餘：祇剩五篇了，這是三百篇詩內容大概情形。

詩三百篇成書而變爲後世詩經的成書確切年代，應該是在孔子從衞返魯到死的期間完成的，時間在東周敬王三十六年至四十一年，魯哀公十一年至十六年之內完成的。所以孔子才是眞正三百篇第一位集詩傳詩的人，也可以稱他是詩三百篇的宗師，這是無人能反對的史實。孔子也是「人爲傳詩」的開端，史記：「孔子以詩書禮樂教弟子，蓋三千焉，身通六藝者七十有二人」（註一〇）。這是有記載的可靠能傳詩經的就有七十二人。禮記王制云：「春秋教以禮樂，冬夏教以詩書。」在論語上有許多孔子教弟子學詩的傳詩記載，略舉數則以資求徵：

季氏篇：「陳亢問於伯魚曰：『子亦有異聞乎？』對曰：未也。嘗獨立，鯉趨而過庭。曰：學詩

乎？對曰：未也。不學詩無以言。鯉退而學詩。他日又獨立，鯉趨而過庭。曰：學禮乎？對曰：未也。不學禮無以立。鯉退而學禮。聞斯二者。』陳亢退而喜曰：『問一得三：聞詩、聞禮、又聞君子之遠其子也。』」

陽貨篇：「子謂伯魚曰：『女爲周南、召南矣乎？人而不爲周南、召南，其猶正牆面而立也。』」

陽貨篇：「子曰：『小子，何莫學夫詩？詩可以興，可以觀，可以群，可以怨；邇之事父，遠之事君；多識於鳥獸草木之名。』」

陽貨篇：子游做武城宰。「子之武城，聞弦歌之聲，夫子莞爾而笑曰：『割雞焉用牛刀！』子游對曰：『昔者偃也，聞諸夫子曰：君子學道則愛人，小人學道則易使也。』子曰：『二三子，偃之言是也，前言戲之耳！』」子游與子夏同列爲四科之中，以「文學」見稱，孔子特別傳詩於子游子夏。

子路篇：「子曰：『誦詩三百，授之以政，不達，使於四方，不能專對；雖多，亦奚以爲？』」

八佾篇：「子曰：『關雎樂而不淫，哀而不傷。』」

泰伯篇：「子曰：『師摯之始，關雎之亂，洋洋乎，盈耳哉！』」

衞靈公篇：「顏淵問爲邦。子曰：『行夏之時，乘殷之輅，服周之冕，樂則韶舞；放鄭聲，遠佞人；鄭聲淫，佞人殆。』」

子罕篇：「子曰：『吾自衞反魯，然後樂正，雅頌各得其所。』」

八佾篇：「子夏問曰：『巧笑倩曰，美目盼兮，素以爲絢兮，何謂也？』子曰：『繪事後素。』

曰：『禮後乎？』子曰：『起予者商也！始可與言詩已矣！』」子夏後來果爲孔子傳詩於後世的繼承人。嘗傳詩給曾子二子曾元、曾申、曾申又爲後世傳詩的一大宗師。

學而篇：「子貢曰：『貧而無諂，富而無驕，何如？』子曰：『可也。未若貧而樂，富而好禮者也。』子貢曰：『詩云：如切如磋，如琢如磨。其斯之謂與？』子曰：『賜也，始可與言詩已矣！告諸往而知來者。』」子貢習言語科，猶今日的外交家，嘗爲魯出使四方未辱君命。固然爲學詩之效驗了。

爲政篇：「子曰：『詩三百，一言以蔽之，曰：思無邪。』」

綜觀前引孔子傳詩於諸弟子；應爲鐵證不欺，信實可靠的史實。（註一一）

四、漢儒傳詩的說法

㈠**毛詩之說**：漢儒傳經最重師承之說。首言古文毛詩出於子夏說，漢書藝文志云：「又有毛公之學，自謂子夏所傳。」釋文徐整云：「子夏授高行子，高行子授薛蒼子，薛蒼子授帛妙子，帛妙子授河間人大毛公，毛公爲詩訓故以授趙人小毛公，小毛公爲河間獻王博士。」又引一云：「子夏授曾申，申傳魏人李克，克傳魯人孟仲子，孟仲子傳根牟子。根牟子傳趙人孫（荀）卿子，孫卿傳魯人大毛公。」又漢書楚元王交傳云：「浮丘伯受魯詩於荀卿。」

毛詩傳授表

子夏→高行子→薛蒼子→帛妙子→大毛公→小毛公
子夏→曾申→李克→孟仲子→根牟子→荀卿子→大毛公
荀卿子→浮丘伯

毛公以下師承考之群籍可知者概略如下表：

毛公→貫長卿→解延平→徐敖→陳俠
毛公→尹敏
毛公→孔子建→僖
毛公→謝曼卿→衛宏
毛公→鄭衆
毛公→賈逵

在梁啟超的飲冰室文集中，學術類一，學術派別，依韓非子顯篇謂：「孔子卒後，儒分爲八。」說，梁的歸納，漢以前之派別。列表如下；（流派不光大者不列）爲儒學流傳的先期參證

孔子—子游—孟子
孔子—曾子—子思—孟子
孔子—仲弓—荀卿—韓非、李斯
孔子—子夏—公羊高、穀梁赤、田子方——莊子（本南派鉅子……殆紹顏氏不傳之統者哉）
孔子—左邱明

再節錄梁說，有關六藝傳詩流派簡表。載在「一、說經之儒：在昔書籍之流布不易，故欲學者，皆憑口說，非師師相傳，其學無由，故家法最重焉！今請將各經（詩）傳授本師，列表如後：」以求印證。

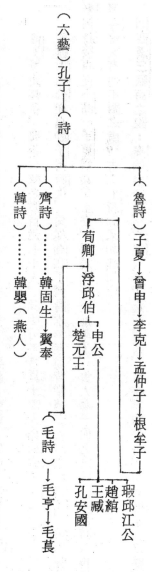

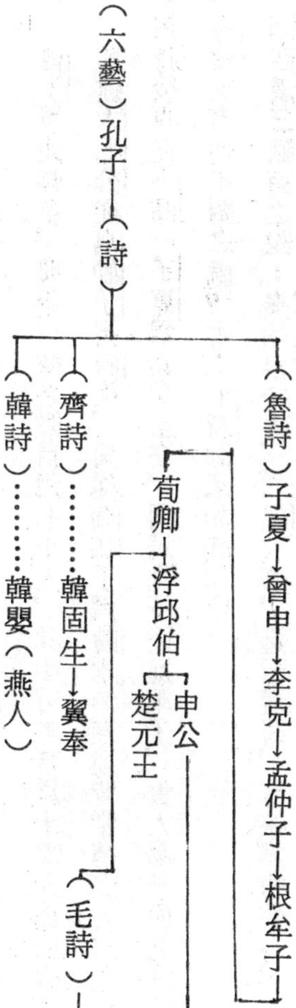

爲求參證瞭解特引證朱子赤著曾子學術思想探討一書中卯、助曾子行道諸弟子簡表如左：

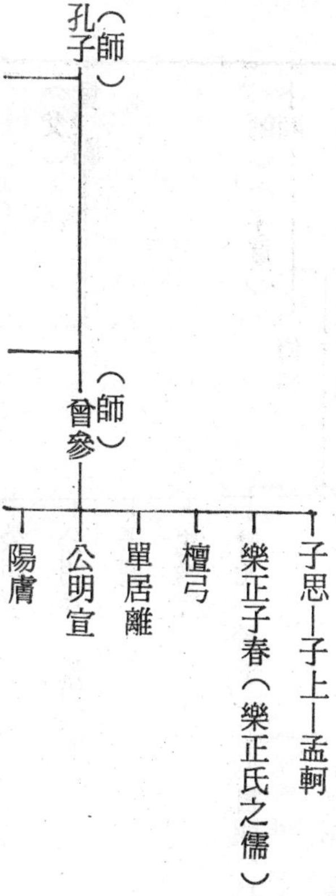

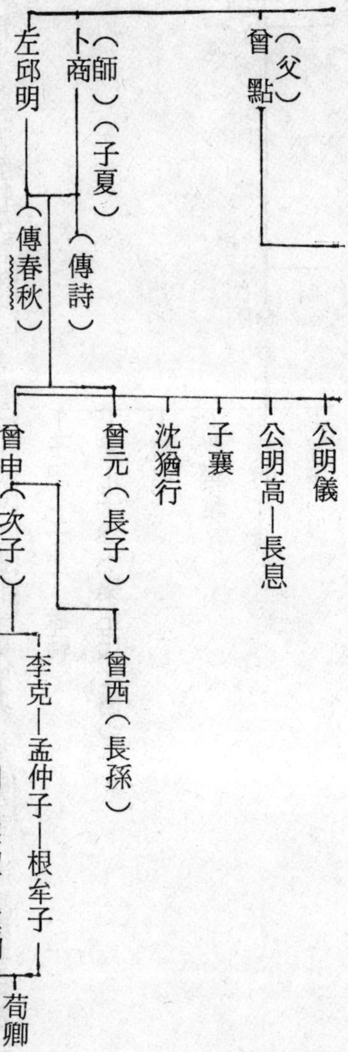

曾子授徒甚多，典籍有載之數目爲七十人，其中可考者爲十二人如前表。

前述大毛公從帛妙子習詩後，又從荀卿子習詩本無甚違背常情之處；正如曾元、曾申兄弟從父曾參習詩後再從卜商（子夏爲其父至交，同爲孔子後進弟子，古人易子而教之誼。）習詩；再從左邱明習春秋又有何不對之處？古文毛詩師承如此而已。

㈡西漢三家詩之說：秦始皇焚書，六經被燬，迄至漢興，廢挾書的禁令，紛紛開獻書之路，有博士所口誦互相校讎而成的經文，那叫做今文。就因爲人人口誦相傳，沒有缺失，這也就是「作品本身的自傳性」而保護了它的存在。漢文帝以後，傳詩的派別出現，有韓、魯、齊三家。燕人韓嬰傳韓詩，魯申培傳魯詩，齊轅固傳齊詩。

漢書藝文志載：「韓詩有韓故三十六卷，內傳四卷，外傳六卷，說四十一卷。魯詩有魯故二十五卷，說二十八卷。齊詩有齊后氏故二十卷，傳三十九卷，孫氏故二十七卷，傳二十八卷，雜記十八卷。」

隋書經籍志載：「韓氏章句二十二卷，漢侯苞韓詩翼要十卷，梁有韓詩譜一卷。」魯詩西晉時已亡；齊詩魏代已亡。韓氏直傳至北宋時始亡；現祇存有韓詩外傳。

西漢三家詩均列於學官，韓詩起於韓嬰，盛於王吉。魯詩始於申培，盛於韋賢。齊詩始於轅固，盛於匡衡。

章如愚氏在山堂詩考製有三家詩傳授圖表如後：

韓詩傳授

韓嬰—博士商—涿韓生—趙子—蔡誼—食子公—栗豐、長孫順（以上前漢）
蔡誼—王吉
韓嬰┄楊仁、召馴、趙曄、薛漢
薛漢—杜撫、澹臺敬伯、韓伯高（以上後漢）

魯詩傳授

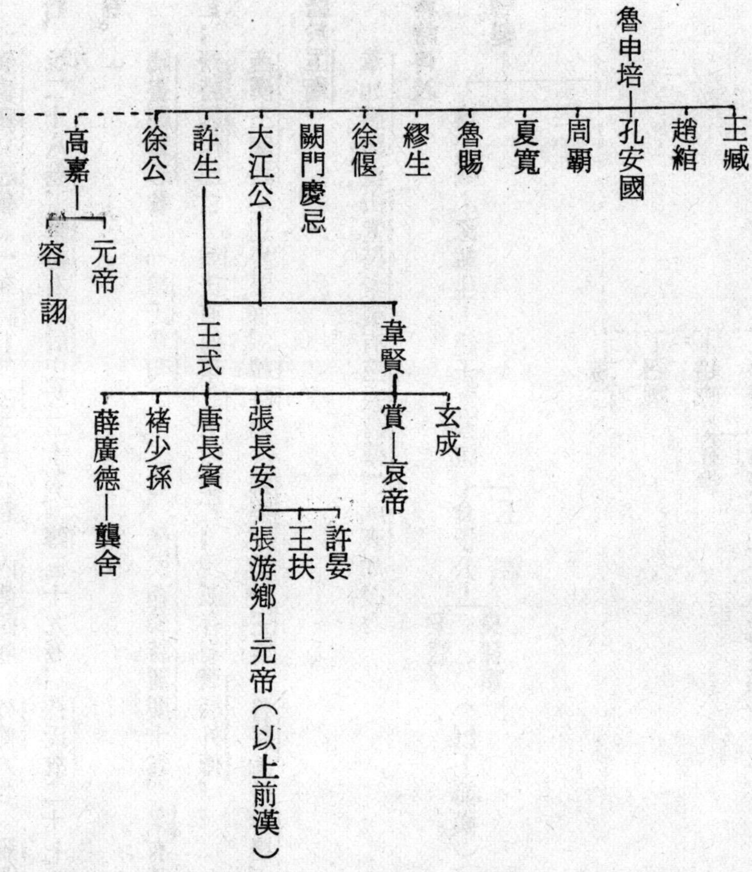
魯申培
王臧
趙綰
孔安國
周覇
夏寬
魯賜
繆生
徐偃
闕門慶忌
大江公
許生
徐公
高嘉
元帝
容
詡
王式
韋賢
玄成
賞
哀帝
張長安
唐長賓
褚少孫
薛廣德
龔舍
許晏
王扶
張游鄉
元帝（以上前漢）

- 右師細君—包咸
- 魏應——千乘王伉（以上後漢）
- 許晃——李業
- 魯恭

齊詩傳授

- 轅固
  - 夏侯始昌—后蒼
    - 白奇
    - 匡衡
      - 師丹
      - 伏理（以上前漢）
      - 滿昌
    - 翼奉
    - 蕭望之
  - 伏黯—恭
  - 任末（以上後漢）
  - 景鸞

㈢毛詩和三家詩的盛衰：鄭樵論毛詩獨盛的緣故：「齊、魯、燕、趙四詩，土音不同，訓詁亦異，故孔穎達曰：『三家之詩，字與毛詩異者，動以百數，及證之他書，三家之學，非徒字異，亦併與文義俱異矣。當武帝時，毛詩始出，自以源流出於子夏。其書貫穿先秦古書。惟河間獻王好古，博見異書，深知其精。時齊、魯、韓三家皆列於學官，獨毛詩不得立。

中興後，謝曼卿、衞宏、賈逵、馬融、鄭衆、鄭康成之徒，皆宗毛詩，學者翕然稱之。今觀其書所釋鴟鴞與金縢合，釋北山烝民與孟子合。釋昊天有成命與國語合。釋碩人、清人、皇矣、黃鳥與左氏合。而序由庚六篇與儀禮合。

當毛公之時，左氏傳未出。孟子、國語、儀禮未甚行。而「毛氏之說，先與之合。不謂之源流子夏可乎？漢興三家盛行，世人未知毛氏之密。其說多從齊、魯、韓氏。迨至魏晉，有左氏、國語、孟子諸書證之，然後學者捨三家而從毛氏。故齊詩亡於魏。魯詩亡於晉。韓詩雖存，無傳之者。」（註一二）

魏源又駁鄭樵之說，言三家實勝毛詩，有云：「齊詩先采蘋而後草蟲，與儀禮合，小雅四始五際次第，與樂章合。魯韓詩說碩人、三子乘舟、載馳、黃鳥，與左氏合。說抑及昊天有成命，與國語合。說騶虞、樂官備與射義合。說凱風、小弁，與孟子合。其不合諸書者安在？而毛詩則動與牴牾，其合諸書又安在？」（註一三）

今人謝无量提出毛詩所以獨傳的三點理由：「㈠三家詩傳世已久，人情厭故喜新，毛詩新出，故能風行一時。㈡鄭君當時大儒，聲望甚著，獨爲毛詩作箋，故學者群起附和。㈢西漢博士習氣最壞，三家詩久立學官，多被牽入緯書雜說，毛詩獨較純正，傳箋又復平實簡要，易於傳習。」（註一四）

五、由詩教到詩經的流傳演變

㈠詩教的興起：最早見於尚書虞書舜典中，明記其教者，共有二則，影響後世極大：

帝曰：「契，百姓不親，五品不遜，汝作司徒敬敷五教，在寬。」

帝曰：「夔，命汝典樂，教胄子。直而溫，寬而栗，剛而無虐，簡而無傲。詩言志，歌永言，聲依永，律和聲；八音克諧，無相奪倫，神人以和。」夔曰：「於！予擊石拊石，百獸率舞。」

從這裏可以看出我國古代教化和倫理、道德、詩歌、音樂，確乎是息息相關連的，也就自然構成為詩教的主體和肇端了。

到兩周封建制度宗法社會的形成，所謂庠序之教，按禮記王制篇的說法：「春秋教以禮樂，冬夏教以詩書。」詩教在學校中就更重要了！如周景王元年魯襄公二十九年（西元前五五四年），吳季札歷聘各國，至魯觀易象與魯春秋，後太史陳詩以觀民風，而季札聽之，以知其國之興衰，正以二者並陳（詩、樂），故可以觀，可以聽。時孔子九歲，可知孔子編輯三百篇詩以前，詩教已大行於周了。所以後來孔子說：「溫柔敦厚詩教也。」又說：「溫柔敦厚而不愚，則深於詩者也。」在兩周時，詩的用場太多，教育、宴會、出使、祭祀、朝見、大射、會盟，無處不是表達詩教的所在。尤其是孔子刪詩而成三百零五篇詩經之後，像春秋戰國的典籍，像國語、左傳、諸子、論語、孝經、孟子、韓非子、呂氏春秋、荀子、大小戴禮記，都在暢所引用，帝王、諸侯、卿大夫、游說之士，均能自由道出詩句，以喻己意而行其政事，而爲應對辭令的依據。詩經就不僅限於學校中的教材而已！秦火焚經之後，唯詩無缺，概西漢形成三家詩，有韓詩、魯詩、齊詩在社會廣泛流傳，漢武帝又將三家正式列於學官。到此不但詩教大興，詩經也得流傳無礙了。

㈡毛詩獨行之後：自漢平帝將毛詩列於學官之後，因有鄭玄大儒的作毛詩箋，衞宏重作詩序，三家詩逐漸沒落不傳，而形成毛詩獨盛及獨佔中國詩學的局面。三國及六朝爲佛學興盛時期，儒家經術無法振興，一般學者祇有沿奉毛傳鄭箋以習詩經。其間有魏王肅，見毛鄭說詩有不同見解，乃作毛詩注、毛詩義駁、毛詩奏事、毛詩問難諸書，用以申毛難鄭。晉孫毓繼作毛詩異同評，陳統又作難毛詩異同評，以專申鄭義，百餘年學人爲毛鄭兩家之說爭辯不停。及唐太宗時始詔群儒修五經正義，孔穎達獨取毛詩鄭箋作疏，而成定論；是爲漢唐訓詁之學的形成。

㈢經學革命時期：宋代學人主張自由研究，反對漢唐訓詁的束縛，對群經均以一己之主見推理，而求古人爲經的本意。有歐陽修作毛詩本義十六卷，聲言：「先儒於經，不能無失，而所得固已多矣；盡其說而理有不通，然後以論正之。」其不輕從古說，重在通理，盡量不用毛、鄭及小序，直探詩人本意。蘇轍作詩集傳，言：「小序反復繁重，非出一人之手，惟發端一言，是毛公作，以下係衞宏集錄。」王得臣、程大昌的議詩序，實自蘇轍發端。程不僅疑詩序，並欲删去國風名目；以南雅頌爲樂詩，諸國爲徒詩。鄭樵著詩辨妄，發前人所未發，北宋可謂經術革命時期。前述諸儒大體均爲毛、鄭的反動功夫。

㈣朱熹開創詩學的新局面：詩經集傳八卷，兩易其稿，初用小序，再稿則取鄭樵說，取消小序，直斷鄭風為淫詩。其說詩雖採當時碩儒的議理，因朱子名高，後之論攻小序毛、鄭學人，必引朱子為依據。惟獨呂祖謙雖與朱子同時，所著呂氏家塾讀詩記，確仍墨守毛鄭。嚴粲的作詩輯，又宗呂氏。古之詩學到北宋全遭破壞，懷疑小序，毛、鄭，卽六義、四始、大小、正變諸古說，皆成問題，於是朱熹乃折衷取捨，稍使議論綏定下來，於是朱注大行其道，毛鄭之學漸衰。元明兩代的詩學，成為朱子集傳獨佔的全盛局面。元延祐間，行科舉法，規定經義須用朱註。許謙、梁寅、梁益、劉瑾、朱公遷劉玉汝諸人說詩，皆宗朱熹。明永樂間，勅胡廣等撰定詩經大全，用來羽翼朱傳，以備當代舉業參考之用。惟有李克芳讀詩私記仍宗毛鄭之學。朱謀瑋之詩故又力主漢學。

㈤詩學的復古：首先漢唐訓詁，流為穿鑿；宋明理學弊在空疎。有清崛起，漢人在政治上失去依據，有志之士皆盡粹於學術之鑽研，於是考據學大興，學派傾向復古，高標漢學，旗幟分明，直與宋學對抗。說詩競尚古義，以乾嘉為甚。閻若璩毛、朱詩說，猶取折衷姿態。陳啟源著毛詩稽古編，訓詁準爾雅，篇義準小序，詮釋經旨準毛鄭，名物多主陸璣，辨正朱子、歐陽修，呂祖謙，嚴粲。攻擊劉瑾、輔廣諸說。漢學根據地漸固，更有錢澄之田間詩學，朱鶴齡詩經通義皆主尊小序。戴震著毛鄭考正，中間偶采朱子說。惟胡承珙毛詩後箋，陳奐毛氏傳疏，專宗毛詩純乎漢學。概整個皇清的經學研究傾向，幾乎完全浸潤在漢學的平疇沃野之中。

六、結　論

詩三百篇流傳的成爲問題焦點，乃民國初肇非孔、非六經流傳舊說的吳虞所引起，聲言：「六經皆出荀子，漢唐以來，所傳之孔學，皆荀學。」這種以偏蓋全，强古從今，以非爲是的謬論，即不攻也會自破，史實的證明，詩三百篇所以能不斷的流傳到今天，從成書到秦火之焚，再經漢儒的復舊，成爲毛詩，以及經學革命到詩學的復古，而成爲顯學，絕非一二人的譏譽而能影響其永久存在價值的。

至於詩三百篇所以能不斷的流傳，主要的因素還是在乎詩的作品本身就具有强大的傳播性能的存在。因爲詩三百零五篇現存的作品本身，都是直覺經驗的表達，是眞善美的化身，都是純粹性靈的產物，人類心理活動狀態的共鳴，也篇篇都是人性的呼喚。

孔子對詩三百零五篇的收集整理到成編，傳給弟子，能廣泛流傳到永遠的理由，還是因爲這些選來的好詩，都具備了語言的藝術，文學的基礎，音樂的題材，倫理的規範，政治的依據，民俗的痕跡，歷史的資料；而直接承當起詩教的運作功能，而有利於中華固有文化的傳播。談到人爲的流傳努力，自然應歸功於所有學人群體衞護學術的不斷研究精神結合了。

【附註】

註一　見現代中國文學史錢基博著：上編頁五九：「吳虞字幼陵，四川成都人；學爲文章於吳伯朅……又奉手問業於廖平。蜀處奧壤，風氣每後於東南；自中外互市，上海製造局「譯刊西書」，間有流布；蜀中老宿，蹈常習故，指其政治輿地兵械格致之學，爲異端，厲禁綦嚴，不啻鴆酒漏脯。虞則不顧鄙笑，搜訪弁藏，博稽深覽，十年如一日；蓋成都言新學之最先者也。以光緒三十一年，游學日本，始抗言非孔。回國後，潛心讀東、西洋法律哲學之書，益明儒家之非；著有李卓吾別傳、家族制度爲專制主義之根據論、儒家大同之義本於老子說、儒家重禮之作用、儒家主張階級制度之害、消極革命之老莊、讀荀子諸篇，旋以所纂宋元學案粹語例言，引李卓吾之說；學部飭四川學政禁止發行，護總督王人文移文逮捕。顧虞持非孔之說益力；入民國，主新群報筆政；內務部電令制止。會陳獨秀主編新青年，以非周孔，廢禮教爲天下號，虞則大喜，貽陳獨秀以明所見之同，且示以著書。獨秀亦大喜，以爲得強佐，刊布其說於新青年；遂以騰譽，歷任國立北京大學及成都大學、四川大學教授，其論學，疑六經，非孔子，非孝非禮。」臺北市明倫出版社發行民國六十年三版。

註二　見現代中國文學史錢基博著，上編頁一六：「吳虞爲王闓運再傳弟子。闓運好爲荒唐之言，無端厓之辭，上說下教，時恣縱而不儻；一轉手而爲蜀學之廖平，粵學之康有爲，再轉手而爲吳虞，決棄一切，喜爲異說而不讓，敢爲高論而不顧，如石轉厓，不墜地不止！同、光間，一時稱大師者三人，曰興化劉熙載、融齋、番禺陳澧蘭甫及王闓運。劉、陳務平實，其學不顯；王獨好振奇，厥道乃光！固由人情之厭舊而喜新，亦適會世運之窮而欲變也。」

註三　見十三經注疏毛詩注疏周南關雎詁訓傳。另詩譜序引虞書曰：「詩言志，歌永言，聲依永，律和聲，然則詩之道，放於此乎？」今所傳毛詩各詩首皆有序，以道詩中大意，惟關雎一篇序文，是概說全經，所以關雎序之全文，謂之大序。葛覃以下各詩之序，謂之小序。

註四　見十三經注疏毛詩注疏，鄭玄詩譜序曰：「大序子夏作，小序子夏毛公合作。」王肅孔子家語注曰：「子夏所序詩，即今毛詩序。」後漢書儒林傳云：「衛宏受學謝曼卿，作詩序。」隋書經籍志云：「詩序子夏所創，毛公及衛宏，又加潤益。」韓愈獨言：「子夏不序詩。」程明道謂：「小序爲國史之舊文，大序爲孔子作。」

註　五　朱熹詩經集傳，衛風木瓜三章注。頁二十八，臺北市臺灣啓明書局發行，採粹芬閣古本影印民國四十一年版。

註　六　朱熹詩經集傳周南芣苢三章注。頁四，臺北市臺灣啓明書局發行。採粹芬閣古本影印民國四十一年版。

註　七　朱光潛著文藝心理學，第一章美感經驗的分析「一」形相的直覺：「美感的經驗」就是直覺的經驗。頁三—四，臺北市開明書店印行，民國二十五初版，三十六年八版。

註　八　崔東壁考信錄。臺北市世界書局印行，民國五十七年再版。

註　九　崔東壁考信錄。臺北市世界書局印行，民國五十七年再版。

註一〇　司馬遷史記孔子世家，頁一六三。臺北市開明書店，民國二十三年鑄版，五十年影印本。

註一一　文引十二則左證皆出論語一書中，爲孔子所自述之辭。當屬可信，故不必雜引其他典籍以求旁證。臺北市世界書局印行。採四部刊要四書集注乙種本論語集注民國四十九年六版。

註一二　取鄭樵著詩辨妄說。

註一三　魏源著詩古微臺北藝文印書館印行，民國五十年版。

註一四　謝旡量著詩經研究，頁四十一。臺北市華聯出版社民國六十一年出版發行。

柒、詩經作者的求徵

一、前言——民間歌謠、詩人創作詩歌，貴族樂舞歌。

「詩」、是「詩經」最早的稱呼，遠在孔子之前就叫做「詩」。在論語中常看到孔子對弟子說：「詩三百」；「『學詩乎。』對曰：『未也。』曰：『不學詩無以言。』鯉退而學詩。……」一類的話了。也由此得知，「詩經」是漢代以後的稱謂。並且它無疑的是中國最古老的一部詩歌總集，更無疑的是經孔子手整理過的一部用爲教學的詩歌教本。這部詩歌總集整理的時間，應當是在東周敬王三十六年至四十一年間所完成的，也就是魯哀公十一年至十六年之內所完成的，相當於西元前四八四年至四七九年時的出版物。不過那時還沒有印刷術就是了！刻在竹簡上，以韋編成册來讀的。孔子六十九歲至七十四歲，由衞返魯後在杏壇講學時的一件偉大成就——古代詩歌整理工作。在論語上記載了這一段話。孔子曰：「吾自衞返魯，然後樂正，雅頌各得其所。」（註一）可以爲證。所以劉師培在國學發微一書中說道：「詩經者，唱歌之課本也。」（註二）司馬遷史記孔子世家曰：「三百五篇，孔子皆弦歌之，以求合韶武雅頌之音。」錢基博也在現代中國文學史中說：「蓋古詩皆被絃歌，詩卽樂也。近世言古音者，如顧炎武、江永以來，並以詩爲古之韻譜，夫詩三百刪自孔子，是卽孔子之韻譜也；以殊時異俗之詩，其韻安能盡合，意孔子就原采之詩，不惟刪去重復，次序其義；而於韻之未安者，亦時有所正；故曰：『樂正，雅頌各得其所』也。史記孔子世家曰：『三百五篇—孔子皆絃歌之，以求合韶武雅頌之音。』則孔子未正樂以前，或不協於絃歌；旣正以後，學者卽據之爲韻譜。故易象、楚辭、秦碑、漢賦用韻與詩三百合，皆本孔子矣！」（註三）這種推論也不無道理。

至於這部古老的詩歌總集，絕對是原來散在民間及貴族代表王公、諸侯、卿大夫、衆士、社交圈中，或朝廷宴饗、宗廟祭祀場合公用的歌謠、詩篇、樂歌、詩歌、舞曲，祝頌歌辭。孔子爲了提升弟子政治、生活教育，纔把這些民謠歌詩頌辭收集起來加以整理，而用成詩敎的。

在這三百零五篇詩歌中，最古老的有公劉自狄遷於豳，經周公陳述以張周先公風化之所由來的詩，作品是豳風七月，當在夏衰之時（公元前一八一八年事），是先公敎民蠶農之事的耕田歌謠。也收集到孔子祖先殷人；祖甲開始「後王祭祀」武丁諸先人的「商頌」五篇。餘則爲兩周的詩歌了。而一般論詩，因未深加考證，把孔子所收集的詩篇，都認爲是從西周初年到春秋時期的作品，都訂爲公元前十二世紀起，到公元前六世紀期間的產物，實在是包括不了的，同時也不夠精確。

詩、三百零五篇的內容，大概來歸納一下，是可以分作三大類：

第一類是民間歌謠：

㈠戀歌：例如：靜女、中谷有蓷、將仲子、溱洧諸篇。

㈡婚姻歌：例如：關雎、桃夭、鵲巢諸篇。

㈢哀歌及頌賀歌：例如：蓼莪、麟之趾、螽斯諸篇。

㈣農歌：例如：七月、甫田、大田、行葦、既醉諸篇。

第二類是詩人創作詩歌：

例如：節南山、正月、十月之交、崧高、烝民諸篇。

第三類是貴族樂舞歌：

㈠宗廟樂舞歌：例如：文王、下武諸篇。

㈡頌神祭禱樂舞歌：例如：思文、雲漢、訪落、諸篇。

㈢宴會樂舞歌：例如：庭燎、鹿鳴、伐木諸篇。

㈣田獵放歌：例如：車攻、吉日諸篇。

㈤戰地筌歌：例如：常武、無衣諸篇。

如果再精密的細分，還不止於此呢。

詩、既然是這麼龐雜的古代詩歌，自然三百篇的創作時代，是先後不齊的，詩歌形式也參差不一的了。再加上傳統的說法，漢代以後的懷疑，詩序又普遍產生不可信賴現象，只少是一部分傳說無法令後人完全相信的關係，所以毛詩大序所標榜的「詩有六義」：賦、比、興、風、雅、頌，也成了問題。本來「賦、比、興」三者是詩的筆法；「風、雅、頌」三者是傳統辨詩時，指其體材而言。後來因爲對毛序的不滿，代有異議，到了清末民初的梁啟超，他特別以從音樂的觀點上說詩，應多分上一類是對的，而成四類，爲：南、風、雅、頌。他說詩經的鼓鐘云：「以雅以南」，雅南對擧，可見南也是一體。他說南是一種合唱的音樂。（註四）

民國十四年胡適在武昌大學演講，題目是談談詩經，因當時劉大杰筆記有錯誤，發表後胡適又修改一遍，再讓顧頡剛發表，時在民國二十年九月十一日。在這篇文章裏，他特別對「南」有了新的實質看法。他說：「詩經在中國文學上的位置，誰也知道。它是世界最古的有價值的文學的一部，這是全世界公認的。詩經有十三國的國風，只沒有楚風。在表面上看來，湖北這個地方，在詩經裏，似乎不能佔一個位置。但近來一般學者的主張，詩經裏面有楚風的，不過沒有把它叫做楚風，叫它做周南、召南罷了。所以我們可以說：周南、召南就是詩經裏面的楚風。

我們說周南、召南就是楚風，這有什麼證據呢？這是有證據的。我們試看看周南、召南，就可以找着許多提及江水、漢水、汝水的地方。像『漢之廣矣』，『江之永矣』，『遵彼汝墳』這類的句子，想大家都是記得的。漢水、江水、汝水流域不是後來所謂『楚』的疆域嗎？所以我們可以說周南、召南大半是詩經裏面的楚風了。」（註五）

到了民國三十一年五月譚正璧發表了中國文學史，在何謂四詩中說：「所謂『四詩』，本是四種詩體的區別。鄭玄周禮注及何休公羊傳注都說：『南方之樂曰（任）。』南、任、古時同音，可以通用。任、卽孕、字，有生長發育之意。南方氣候溫暖，生物易長，故名曰『南』。所以二南是南方的音樂。至風的解釋，毛詩序所謂：『上以風化下，下以風化上』果然不確，就是近人梁啟超所說『只能諷誦而不能歌者』亦不可靠；倒是宋人朱熹說的『所謂風者，多出於里巷歌謠之作』，所謂『男女相與歌詠，各言其情』者也，較爲近似。漢、服虔左傳注云：『牝牡相誘謂之風。』牝牡相誘，不等於『男女相與歌謠，各言其情』嗎？所以風是男女相答之詩。『雅』字說文解字訓作『疋』；又說：『疋，記也。』所以今人章炳麟說：『雅、所以訓疋，也就因爲是記事之詩。』所以雅是古代僅存的史詩。清人阮元說：『頌字卽容字也。……容、養、羕，一聲之轉。……所謂商頌、周頌、魯頌者，若曰〔商之樣子〕、〔周之樣子〕、〔魯之樣子〕而已，無深義也。』照此看來，頌是古代的舞歌，而是後世戲劇的雛形了。」

總之：四詩的區別，全在音樂的關係一點上，其餘不過是『望文生義』的揣測而已。以四詩的次序，照書本所排列，是：南、風、雅、頌；但如一問他們產生年代的先後，那便須倒排過來，成爲頌、雅、風、南。」也許有例外的出現，但以上是按照詩經實質內容，根據客觀虛心的求徵，而要表明這些有價值的推論的存在，俾對詩能具有一種正確而合理的認識，好不被傳統偏差解釋所誤和拘束。

然則詩經裏所收的這三百零五篇的詩，作者都是一些什麼人呢？顧頡剛在「詩經在春秋、戰國間的地位」一文中的「傳說中的詩人與詩本事」中說：「要問詩經上許多詩篇做的人是誰，這個問句可是沒法回答。不必說這些詩篇沒有記事的引子，便看主於記事的左傳，也只說『城者』，『國人』，『輿人』，『鄉人』，沒有指定姓名。」（註六）眞是一針見血，直接了當般的答覆，很坦誠，很直率。也可以說是「不知即不知」了！不失爲史家的本色。又說：「所以我們對於詩經的作者和本事，決不能要求知道得清楚，因爲這些事已經沒有法子可以知道淸楚了。」

因爲詩經裏所收的詩，作者已事久年湮，究竟是些什麼人，已無從考查，使詩大半都變成無名氏的作品，要想從詩中找出正確答案！此詩爲何人所作？最好還是在每篇詩的本身來尋找作者的痕迹，始可找到正確的答案。

㈠從詩中找出什麼時代的作者影子來：例如周頌中的淸廟、維天之命、維淸、天作、我將、雝、賚諸篇都有文王字樣，就可以推定爲周代初期的作品。豳風的破斧有「周公東征」的句子，也可以斷爲周初的作品。大雅中的：大明、文王有聲兩篇，都有武字樣，也可以知道是成王以後所作的詩。小雅中的正月，有「赫赫宗周，褒姒滅之，」這當然是周室東遷以後的作品了。

㈡有姓名的作者；例如大雅中的崧高、烝民諸篇，都有「吉甫作誦」的句子，吉甫卽尹吉甫，是周宣王時赫赫有名的人物。小雅中的巷伯篇中有「寺人孟子，作爲此詩」的句子，根據漢書古今人表，列寺人孟子于周厲王朝。又小雅中的節南山說：「家父作誦。」又如邶風中的燕燕，送別戴嬀，傳係莊姜所作；鄘風中的載馳篇，是歸國後的長吟，傳係許穆公夫人所作。家父、寺人孟子、吉甫、莊姜、許穆公夫人，至少幾人是當時的詩人。

㈢見于他書的作者：例如鴟鴞篇，尚書說是周公所作；載馳、左傳說是許穆公夫人所作；常棣篇，國語說是周公所作，左傳說是召穆公所作；周、召二公，尹吉甫我們知道，至于家父、寺人孟子、許穆公夫人等等，他們的平生，仍然所知有限，而其所知就是詩的作者無疑，絕對不是目不識丁的老百姓，至少是些有天才有文藝素養的人物。

㈣士的作品：兩周的士是貴族的基層幹部，平時習六藝，戰時則被作戰行列中以保衞社稷的安危，當時所稱的武士，就是指戰時的士而言，等於今日戰時在役的軍官，是他們的戰時作品。例如：小雅、采薇：「…采薇采薇，薇亦作止。曰歸曰歸，歲亦莫止；靡室靡家，玁狁之故，不遑啟處，玁狁之故。」小雅四牡：「四牡騑騑，周道倭遲，豈不懷歸？王事靡盬，我心傷悲！」

㈤君子的作品：君子在兩周大體是指在上位者而言，及春秋戰國雖放寬爲善人的尊稱，凡是有才、有德、有位、有行者，均可稱之爲君子。而在詩經中所稱君子，仍然是不離王、公卿大夫一些在上位的人物而言。有時也是詩人對在上位者稱頌的場面話。例如：小雅、南山有臺、桑扈諸篇，所說：「樂只君子」、「邦家之基」、「民之父母」、「萬邦之屏」、「民之攸歸」……也就是指這些在上位而言。在大雅中的文王：「凡周之士，不顯亦世」，這和「濟濟多士」的士，卻不是一般的士，是指在上位的卿相而言。周南的兔罝篇：「赳赳武夫，公侯干城」的武夫也是指卿而言。所以「周之士」「多士」、「武夫」均有君子的實質意義。

二、詩經篇目的全貌新編——按照四詩的順序

以十三經注疏重刊宋本毛詩注疏及粹芬閣藏本景印古本詩經集傳，二書相對照，謹列出其篇目，而按四詩的順序加以重新編排，藉觀詩的合理全貌。

(一)二南

①周南：有：關雎、葛覃、卷耳、樛木、螽斯、桃夭、兔罝、芣苢、漢廣、汝墳、麟之趾，十一篇。

②召南：有：鵲巢、采蘩、草蟲、采蘋、甘棠、行露、羔羊、殷其靁、摽有梅、小星、江有汜、野有死麕、何彼穠矣、騶虞，十四篇。

(二)十三國風

①邶風：有：柏舟、綠衣、燕燕、日月、終風、擊鼓、凱風、雄雉、匏有苦葉、谷風、式微、旄丘、簡兮、泉水、北門、北風、靜女、新臺、二子乘舟，十九篇。

②鄘風：有：柏舟、牆有茨、君子偕老、桑中、鶉之奔奔、定之方中、蝃蝀、相鼠、干旄、載馳，十篇。

③衞風：有：淇奧、考槃、碩人、氓、竹竿、芄蘭、河廣、伯兮、有狐、木瓜，十篇。

④王風：有：黍離、君子于役、君子陽陽、揚之水、中谷有蓷、兔爰、葛藟、采葛、大車、丘中有麻，十篇。

⑤鄭風：有：緇衣、將仲子、大叔于田、清人、羔裘、遵大路、女曰雞鳴、有女同車、山有扶蘇、蘀兮、狡童、褰裳、丰、東門之墠、風雨、子衿、揚之水、出其東門、野有蔓草、溱洧，二十一篇。

⑥齊風：有：雞鳴、還、著、東方之日、東方未明、南山、甫田、盧令、敝笱、載驅、猗嗟，十一篇。

⑦魏風：有：葛屨、汾沮洳、園有桃、陟岵、十畝之閒、伐檀、碩鼠，七篇。

⑧唐風：有：蟋蟀、山有樞、揚之水、椒聊、綢繆、杕杜、羔裘、鴇羽、無衣、有杕之杜、葛生、采苓，十二篇。

⑨秦風：有：車鄰、駟驖、小戎、蒹葭、終南、黃鳥、晨風、無衣、渭陽、權輿，十篇。

⑩陳風：有：宛丘、東門之枌、衡門、東門之池、東門之楊、墓門、防有鵲巢、月出、株林、澤陂，十篇。

⑪檜風：有：羔裘、素冠、隰有萇楚、匪風，四篇。

⑫曹風：有：蜉蝣、候人、鳲鳩、下泉，四篇。

⑬豳風：有：七月、鴟鴞、東山、破斧、伐柯、九罭、狼跋，七篇。

㈢二雅

（上）、小雅

①鹿鳴之什：有：鹿鳴、四牡、皇皇者華、常棣、伐木、天保、采薇、出車、杕杜、南陔，十篇。

②白華之什：有：白華、華黍、魚麗、由庚、南有嘉魚、崇丘、南山有臺、由儀、蓼蕭、湛露，十篇。

③彤弓之什：有：彤弓、菁菁者莪、六月、采芑、車攻、吉日、鴻鴈、庭燎、沔水、鶴鳴，十篇。

④祈父之什：有：祈父、白駒、黃鳥、我行其野、斯干、無羊、節南山、正月、十月之交、雨無正，十篇。

⑤小旻之什：有：小旻、小宛、小弁、巧言、何人斯、巷伯、谷風、蓼莪、大東、四月，十篇。

⑥北山之什：有：北山、無將大車、小明、鼓鐘、楚茨、信南山、甫田、大田、瞻彼洛矣、裳裳者華，十篇。

⑦桑扈之什：有：桑扈、鴛鴦、頍弁、車舝、青蠅、賓之初筵、魚藻、采菽、角弓、菀柳，十篇。

⑧都人士之什：有：都人士、采綠、黍苗、隰桑、白華、緜蠻、瓠葉、漸漸之石、苕之華、何

草不黃，十篇。

(下)、大雅

①文王之什：有：文王、大明、緜、棫樸、旱麓、思齊、皇矣、靈臺、下武、文王有聲，十篇。

②生民之什：有：生民、行葦、既醉、鳧鷖、假樂、公劉、泂酌、卷阿、民勞、板，十篇。

③蕩之什：有：蕩、抑、桑柔、雲漢、崧高、烝民、韓奕、江漢、常武、瞻卬、召旻，十一篇。

(四)三頌

(上)、周頌

①清廟之什：有：清廟、維天之命、維清、烈文、天作、昊天有成命、我將、時邁、執競、思文，十篇。

②臣工之什：有：臣工、噫嘻、振鷺、豐年、有瞽、潛、雝、載見、有客、武，十篇。

③閔予小子之什：有：閔予小子、訪落、敬之、小毖、載芟、良耜、絲衣、酌、桓、賚、般、十一篇。

(中)、魯頌：有：駉、有駜、泮水、閟宮，四篇。

(下)、商頌：有：那、烈祖、玄鳥、長發、殷武，五篇。

三、詩作者的求徵

詩的「作者」，有明文記載的，當推毛詩小序所敍爲多；然後來儒生、學者多數懷疑小序的作者，致衆訟紛紜，莫宗一是，並兼小序和原詩本意也更有誤解不符合的地方，屢屢出現；所以使詩的作者就成了一團迷，就算小序不論何人所作及爲可靠，其所指詩的「作者」也不過是詩經的十分之一稍强而已，有些詩「作者」根本就沒傳下來，小序也缺通載。

毛詩小序，爲何人所作，傳說不一；漢人的說法，固多同小序，即宋人推翻漢說，也不敢非議小序；所以然者，因自來傳說，多以小序爲子夏所作─或以爲毛公所作─緣故。但後漢書分明有「衞宏作詩序，善得風人『美刺』之旨」的話，則詩序爲衞宏所作或曰可稱無疑，而宋代諸儒經師也都不予承認並加反駁。筆者已有篇章加以求徵，在此不另多述。而眞正每篇詩的作者，大部分在詩的本身可以看得出來的，只多是不知詩人的名字而已；若眞是好的作品，也不會絲毫貶低他的價値的。也不會減少絲毫詩人的心聲所嚮，以及所產生詩的共鳴作用。正如後世失傳作者的著名詩歌，一樣爲後學喜愛和傳誦不已的。在此無可奈何的狀況下，要求徵詩的「作者」，只能依照小序所指有名的「作者」來印證說明，其不知者，過分令人懷疑的「作者」就叫他存疑了。

㈠邶風：綠衣、燕燕、日月、終風、四篇是衞莊姜作品。式微、旄丘二篇是黎侯之臣的作品。泉水一篇是衞女的作品。

(二)邶風：柏舟一篇是共姜的作品。載馳一篇是許穆公夫人的作品。

(三)衞風：竹竿一篇是衞女的作品。河廣一篇是宋襄公母親的作品

(四)秦風：渭陽一篇是秦康公的作品。

(五)豳風：七月、鴟鴞二篇傳說是周公的作品（但七月應爲夏衰的古詩）。

(六)小雅：節南山一篇是周家父的作品，何人斯一篇是蘇公的作品。頍弁一篇是諸公的作品。賓之初筵一篇是衞武公的作品。

(七)大雅：公劉、泂酌、卷阿三篇是召康公的作品。民勞、蕩、常武三篇是召穆公的作品。板、瞻卬、召旻三篇是凡伯的作品。抑一篇是衞武公的作品。桑柔一篇是芮伯的作品。雲漢一篇是仍叔的作品。崧高、烝民、韓奕、江漢四篇是尹吉甫的作品。

(八)魯頌：駉一篇是史克的作品。

此外還有許多篇，詩序以爲是「國人」、「大夫」、「士大夫」、「君子」的作品。

本來詩序的說法也充滿疑慮和矛盾，或者有的是誤會，有的是臆度，是難以令人相信的，根本缺乏說服力和可靠性的。以燕燕一詩來講，詩序以爲是「衞莊姜送歸妾也。」本是一首濃厚深情的依依不捨的送別詩，若是男女兩性之間的分離或者盡情合理，同性之間說來有些不像。詩中的款款溫情，令人落淚。如「瞻望弗及，涕泣如雨。」「瞻望弗及，佇立以泣。」「瞻望弗及，實勞我心。」怎會

是位夫人送歸妾呢？不但語氣不對，同性之間感情再好，也不可能到了這種肝腸寸斷的地步，更嫌虛僞了！若男女送別就沒有漏洞可補了！及至詩序提出的「刺幽王」、「刺忽」、「刺朝」、「刺文公」諸多無名氏寫的詩，便更產生無邊的誤會，眞會使人深入五里雲霧之中了！如信南山：「信彼南山，維禹甸之，畇畇原隰，曾孫田之。我疆我理，南東其畝。……祭以清酒，從以騂牡；享于祖考，執其鸞刀，以啟其毛，取其血膋。是烝是享，苾苾芬芬，祀事孔明；先祖是皇，報以介福，萬壽無疆。」這首詩明明白白在村社祭祀祖宗神明的莊皇樂歌，而詩序偏說是：「刺幽王也，不能修成王之業，疆理天下，以奉禹功，故君子思古焉。」眞是風馬牛不相及了！再如豳風七月、鴟鴞二篇詩，豳風根本就不是周公所作的詩，要說周公陳述七月的詩以傳公劉的教化則可，前章已有專文辨證了，在此不重敍述，實際豳風七月當爲大王以前豳的舊詩。詩序也說是周公所作。而鴟鴞一詩，因史記有「東土以集，周公歸報成王，乃爲詩貽王，命之曰鴟鴞。」情有所近，語意淒苦，像一位憂讒畏譏的老成謀國的人物所作，可以認定爲周公的作品。大約詩序把民歌附會成詩人創作的十之五六，將無名氏作品硬說成某某所作者十之四五。所以唐宋以後的經師學者就不能不棄詩序而直從詩本身去硏究詩經了。

四、結語——以無名作者爲主體的古代詩歌總集

綜觀前述各節的求徵，詩經中的作者問題，有在詩中表明作者姓名的詩，如「吉甫作誦」，「寺

人孟子，作爲此詩」，「家父作誦」一類就是有作者姓名的詩。也有見於他書指明詩的作者姓名的詩篇；其餘就是民間的民謠無名作品，或貴族王公卿大夫士的作品而未記名者。以及古代遺留下來的農歌、頌祭歌辭了！

所以說詩經的作者，有卿，有士，也可能有大夫，也有平民，更有男詩人，女詩人，也有有姓名的作者，也有沒有姓名的作者。以不同的身分，不同的環境，不同的遭遇，不同的時間、不同的刺激、不同的反應，所表達出形形色色的美麗不朽詩篇，使三百篇蔚爲奇觀，在中國文學史上有無上的價值。

【附註】

註一　朱熹注四部刊要，四書集注乙種本，論語集注卷五，頁三十八，子罕第九。臺北市世界書局民國四十六年六版。

註二　劉師培著國學發微於民國五十九年十月初版。

註三　錢基博江蘇無錫人，所著於一九三二年刊行。現代中國文學史上編頁一四。臺北市明倫出版社發行民國六十年三版。

註四　梁啓超等著中國文學研究：梁文釋四詩名義。臺北市明倫出版社發行，民國六十年三版。

註五　古史辨第三冊下編胡適著談談詩經一文，頁五七六，臺北市明倫出版社發行，民國五十九年臺一初版。根據樸社初版重印本。

註六　古史辨第三冊下編顧頡剛撰詩經在春秋戰國間地位，一、傳說中詩人與詩本事。頁三一四，臺北市明倫出版社發行，民國五十九年臺一版。根據樸社初版重印本。

捌、詩序異議的求徵

一、引　言

自古國人學者學詩，皆因詩序和詩的經文同傳，詩序又均繫於三百零五篇的篇首，用以說明該篇詩的作詩宗旨。以導引探索該篇經文大義。然學者愈加深究，竟往往愈感到詩經經文的本身表達意識，和詩序的意向，竟每每互相矛盾，或者完全用意相反，實在令人感到無限困惑。

再用心觀察往昔對詩經有深入研究的學人，更毅然提出反對意見，作予以合理的駁斥，甚而如朱熹夫子在編著詩經集傳時，竟斷然刪掉詩序，而耑以經文爲探討主體；因此後世對詩經的研究便更加熾烈，理解也愈深入，這當然是一種好現象；於是歷代學者，對詩序的異議也愈來愈多，是非曲直也愈發有釐訂的必要，以期使詩三百零五篇經義大明，進而使詩能反樸歸眞，而提高詩在學術上、歷史文化上、文學史上的崇高地位和價值。兼利後生的學習爲皈依，不再讓詩序成爲學詩的障碍物，俾眞正能讓中國的詩教大行於社會每個角落，和每一時代中，民風也將日臻於溫良篤厚，豈非詩經研究上的一大成就嗎？

二、詩經大、小序的分野

詩經的大、小序的形成討論課題，由來已久；歷代大家輩出，議論紛紜，虛心研判，則諸家學說均有其長短，也都是些具有强烈的主觀見解，使其說法止於見仁見智而已，固然無法做爲定論，其爭論也永無休寧。

然未嘗有人離關睢的序爲二者。逮及朱熹作詩經集傳，深以爲關睢序，其間有統論詩的綱領部分理論，乃直指稱爲大序。應當引以冠在經首，便於學者的參考運用。遂截然劃分：由「詩者志之所之也……至詩之至也」而止，謂之大序。自「關睢后妃之德也……至關睢之義也。」及三百零四篇各篇篇首所繫的序，謂之小序。因此研究詩經的人，無論贊成詩序的存留，或贊成刪除詩序的人，都能對大、小序有了一個明確的概念，非常可取；然朱子在詩經集傳一書中，卻不再刊出大、小序了。

大序的原文如下：

「詩者志之所之也，在心爲志，發言爲詩；情動於中而形於言，言之不足，故嗟嘆之，嗟嘆之不足，故永歌之，永歌之不足，不知手之舞之，足之蹈之也。

情發於聲，聲成文，謂之音。治世之音，安以樂，其政和。亂世之音，怨以怒，其政乖。亡國之音，哀以思，其民困。故正得失，動天地，感鬼神莫近於詩；先王以是經夫婦，成孝敬，厚人倫，美教化，移風俗。

故詩有六義焉：一曰風、二曰賦、三曰比、四曰興、五曰雅、六曰頌。上以風化下，下以風刺上；主文而譎諫，言之者無罪，聞之者足以戒，故曰風。至于王道衰，禮義廢，政教失，國異政，家殊俗；而變風、變雅作矣！國史明乎得失之迹，傷人倫之廢，哀刑政之苛；吟詠情性以風其上。達於事變，而懷其舊俗者也。故變風發乎情，止乎禮義，發乎情，民之性也；止乎禮義，先王之澤也。

雅者正也，言王政之所由廢興也。政有小大，故有小雅焉，有大雅焉。頌者，美盛德之形容，以其成功，告於神明者也。是謂四始，詩之至也。」

小序的原文有關關雎篇者如下：

「關雎后妃之德也。風之始也，所以風天下，而正夫婦也。故用之鄉人焉，用之邦國焉。風，風也。教也。風以動之，敎以化之。……然則關雎麟趾之化，王者之風，故繫之周公，南言化自北而南也。鵲巢、騶虞之德，諸侯之風也。先王之所以敎，故繫之召公。周南、召南，正始之道，王化之基。是以關雎樂得淑女以配君子，愛在進賢，不淫其色，哀窈窕，思賢才，而無傷善之心焉，是關雎之義也。」葛覃以下限於篇幅皆不贅引，自察可知其詳。

三、歷代名家對詩序的認識

為節省版面及保學說原狀計，本節註脚均簡繫各段之後以便參證。

㈠唐陸德明云：「舊說云起后妃之德也，至用之邦國焉。名關雎序，謂之小序。自風、風也訖末，名爲大序。沈重云：宋鄭詩譜意，大序是子夏作，小序是子夏毛公合作，卜商意有不盡，毛更足成之。或云：小序是東海衞敬仲所作。今謂此序止是關雎之序，總論詩之綱領，無大小之異。」（見陸德明經典釋文毛詩音義上）

㈡唐成伯瑜云：「學者以爲大序皆是子夏所作，未能無惑？如關雎之序首尾相結，冠束二南，故梁昭明亦云：『大序是子夏全制，編入文什，其餘衆篇之小序，子夏惟裁初白耳。葛覃、后妃之本也。鴻雁美宣王也。如此之類是也。其下皆是大毛公自以詩中之意，而繫其詞也（見毛詩指說小序辨）。』」

㈢宋程頤云：「詩大序，其文似繫辭，其義非子夏所能言也。分明是聖人作此以教學者，蓋夫子慮後之不知詩也，故序關雎以示之。學詩而不求序，猶欲入室而不由戶也。小序何人所作？但看大序即可見序中分明言國史明乎得失之迹；如非國史，則何以知其所美所刺之人？使當時無小序，雖聖人亦辨不得。國史得詩必載其事，然後其義可知，今小序之首是也。其下則說詩者之詞也。」程頤主張（見二程語錄卷十五）

㈣宋鄭樵云：「武帝時毛詩始出，自以源流出於子夏，今觀其書，所釋：鴟鴞與金縢合釋；北山、烝民與孟子合釋，昊天有成命與國語合釋；碩人、清人、皇矣、黃鳥與左氏合；而序由庚六篇與儀禮合。當毛公之時，左氏傳未出，孟子、國語、儀禮未甚行，而毛氏之說，先與之合，不謂之源流子夏可乎？漢興三家盛行，毛最後出，世人未知毛氏之密，其說多從齊、魯、韓氏，迨至魏晉，有左氏、國語、孟子諸書證之，然後學者捨三家而從毛氏；從韓氏之說，則二南、商頌，皆非治世音；從毛氏之說，則禮記、左氏無往而不合，此所以毛詩獨存於世也。或謂小序作於衞宏是也。謂大序作於聖人非也。命篇大序，蓋出於當時採詩太史之所題，而題下之序，則衞宏從謝曼卿受師說而爲之也。蓋詩之大序，非一世一人之所能爲採詩之官，本其得於何地？審其出於何人？究其主於何事？且有實狀，然後致之大師，上之國史。是以取發端二字以命題，故謂大序。是當採詩大史之所題詩之下序，序所作爲之意，其辭顯者其序簡；其辭隱者其序備；其善惡之徵者，序必明著其迹；而不可以言殫者，則亦闕其目而已。故謂下序是宏誦師說而爲之。或曰序之辭非宏所能爲；使宏鑿空爲之，雖孔子亦不能；使宏誦師說爲之，則雖宏有餘矣。意者歷代講師之說至宏而悉加詮次焉！今觀宏之序，有專取諸書之文至數句者；有雜取諸家之說，而辭不堅決者，有委曲婉轉，附經以成其義者。牽合爲文，取譏於世，此不可不辨也。」（見鄭樵詩辨妄）

㈤宋程大昌云：「謂詩序爲子夏者，毛公、鄭康成、梁昭明輩也。謂子夏有不序詩之道三。疑其爲漢儒附託者，韓愈是也。范蔚宗之傳衞宏曰：九江謝曼卿善毛詩，宏從受學，作毛詩序，善得風雅之旨，今傳於世，則今序爲宏所作，何疑哉？然詩之古序，非宏也，古序之與宏序，今混，幷無別，然有可考者，凡詩發序兩語，如關雎后妃之德也，世人之謂小序者，古序也。兩語以外，續而申之，世爲大序者，宏語也。鄭康成之釋南陔曰：子夏序詩，篇義合編，遭戰國至秦，而南陔六詩亡，毛公作傳，各引其序，冠之篇首，故詩雖亡而義猶在。今六序兩語之下，明言有義亡辭。知其爲秦火之後，見序而不見詩者所爲也。毛公於詩，第爲之傳，不爲之序，則其中釋序義，非宏而孰爲之也。（見程大昌詩論）

(六)宋范處義云：「人以爲詩之美刺，與春秋相表裏，而詩之美刺，實繫於序，蓋小序一言，國史記作詩者之本義也。小序之下，皆大序也。亦國史之所述，兼有聖人之遺言，可考而知，文中子曰：『聖人述書，帝王之制備；述詩，興衰之由顯；述春秋，邪正之迹明；聖人於春秋，既因魯史之舊，而明其邪正之迹，於書，又各冠序於篇首，而備帝王之制；於詩，苟不據序之所存，亦何自而見其興衰之由，而知其美刺之當否哉？」

今觀春秋之褒貶與詩序相應，詩序所書，皆無曲筆，宜爲聖人之所取也。又考論語：周有大賚，此夫子記周之政也。而與賚之序同。緇衣曰：『長民者，衣服不貳，從容有常。記禮者稱子曰：以實之。』而與都人士之序同。孔叢子記夫子之讀詩曰：於周南、召南見周道所以盛也。於柏舟，見匹夫執志之不可易也。於淇澳，見學之可爲君子也。於考槃見遁世之士，而不悶也。於木瓜，見苞苴之禮行也。於緇衣，見好賢之心至也。於雞鳴，見君子之不忘其敬也。於伐檀，見賢者之先事後食也。於蟋蟀，見陶唐儉德之大也。於下泉，見亂世之思明君也。於七月，見豳公所以造周也。於東山，見周公先公而後私也。於狼跋，見周公之遠志，所以爲聖也。於鹿鳴，見君臣之有禮也。於彤弓，見有功之必報也。於無羊，見善政之有應也。於節南山，見忠臣之憂世也。於蓼莪，見孝子之思養也。於楚茨，見孝子之思祭也。於裳裳者華，見賢者世保其祿也。於采菽，見明王所以敬諸侯也。其言皆與今序同其義，由是言之，使詩序作於夫子之前，則是爲聖人之所錄。作於夫子之後，則是取諸夫子之遺言也。庸可廢也。（見詩補卷三十）

㈦宋呂祖謙讀詩記云：「桑中溱、洧諸篇，幾於勸矣。夫子取之何也？曰：仲尼謂：「詩三百，一言以蔽之，思無邪。」詩人以無邪之思作之。學者以無邪之思觀之。閔惜懲創之意，隱然自見於言外矣。或曰：樂記所謂「桑閒濮上之音」，安知非即此篇乎？曰：詩、雅樂也。祭祀朝聘之所用也。「桑閒濮上之音」，鄭衞之樂也，世俗之所用也。雅、鄭不同部，其來尙矣，寧有編鄭衞樂曲於雅音中之理乎？桑中、溱、洧諸篇，作於周道之衰，其聲雖已降於煩促，而猶止於中聲。荀卿獨能知之。其詞雖近於諷一勸百，然猶止於禮義；大序獨能知之。仲尼錄之於經，所以謹世變之始也。借使仲尼之前，雅、鄭果嘗厖雜，自衞返魯正樂之時，所當正者，無大於此矣！論語答顏子之問，乃孔子治天下之大綱也。於鄭聲亟欲放之，豈有刪詩示萬世，反收鄭聲以備六藝乎？」（見呂祖謙讀詩記；另有朱子評東萊詩記朱子語類卷八。可供參酌也）

㈧元馬端臨云：「詩、書之序，自史傳不能明其爲何人所作，先儒多疑之。至朱文公之解經，於詩國風諸篇之序，詆斥尤多，以愚觀之，雅頌之序可廢，而十五國風之序，不可廢也。雅頌之作，其意易明，則序者之辭可略。至於風之爲體，比興之詞，多於序述風諭之意，浮於指斥，有聯章累句而無一言序作之之意者，而序者乃曰爲某事也。苟非其傳授有源，孰能意料當時指意之所歸乎？

夫芣苢之序，以爲后妃之美也，而其時語，不過形容采掇芣苢之情狀而已。黍離之序，以爲閔周室之顚覆也。而其詩語不過慨歎禾黍之苗穗而已。叔于田之二詩，序以爲刺莊公也，而其詩語則愛叔段之辭耳。揚之水椒聊二詩，序以爲刺晉昭公也，而其詩語則愛桓叔之辭耳。此詩之賴序以明者也。鴇羽陟岵之詩，序以爲征役者不堪命而作也。四牡采薇之詩，序以爲勞使臣遣戍役而作也。四詩之旨辭同意異，若捨序以求之，則文王之臣民亦怨其上，而四牡、采薇不得爲正雅矣！卽是觀之，則桑中、溱、洧何嫌其爲刺奔，而必以爲奔者所自作，使聖經爲錄淫辭之具乎？且詩之可删，孰有大於淫者。今以詩傳考之，其指爲男女淫泆奔誘，而自作詩以序共事者，凡二十有四淫詩之繁多如此，夫子猶存之，則不知所删何等一篇也。又以爲序者之意，必以爲詩無一篇不爲刺時而作，有害於溫柔敦厚之敎。

愚謂欲使其避諷訕之名，而自處於淫謔之地，則夫身爲淫亂而復自作詩以贊之，反得爲溫柔敦厚乎？或曰春秋所記，無非亂臣賊子之事，不如是無以見當時事變之實，而垂鑒於後世，故不得已而存之。愚以爲史以記事，有治不能無亂，固不容錄文武而棄幽厲也。至於文辭，則其淫哇不經者，直爲削之而已。而夫子猶存之，則必其意不出於此，而序者之說是也。或曰序求詩意於辭之外，文公求詩意於辭之內，子何以定其是非乎？曰知詩人之意者，莫如孔孟，是以有『無邪』之訓焉！則以其辭之不能不鄙乎邪也。使篇篇如文王、大明，則奚邪之可閑乎？是以有害意之戒焉！則以其辭之不能不戾其意也。使章章如清廟、臣工，則奚意之難明乎？以是觀之，則知刺奔果出於作詩者之本意，而夫子所不刪者，決非淫泆之人所自賦也。如木瓜、采葛、遵大路、風雨、褰裳、子衿、揚之水諸篇，雖疑其辭欠莊重；然首尾無一字及婦人，而謂之淫邪可乎？或又曰二南、雅頌，祭祀朝聘之所用也；鄭衞桑濮里巷狹邪之所作也，夫子於鄭衞蓋深絕其聲於樂以爲法，今欲諱其鄭衞、桑濮之實，而文以雅樂之名，將薦之於何等之鬼神？用之於何等之賓客乎？

愚以爲左傳言季札來聘，請觀周樂，而所歌者：邶、鄘、衞、鄭，皆在焉，則諸詩固雅樂矣！使其爲里巷狹邪所用，則周樂安得有之，而魯之樂工，亦安能歌異國之淫邪詩乎？至於古人歌詩合樂之意，蓋有不可曉者。夫關雎、鵲巢，后妃夫人之詩也，而鄉飲酒、燕禮歌之。采蘋、采蘩，夫人大夫妻主祭之詩也，而射禮歌之。肆夏繁遏渠，宗廟配天之詩也，而天子享元侯時歌之。文王、大明、緜，文王興周之詩也，而兩君相見歌之。以是觀之，其歌詩之用，與作詩之意，蓋有判然不相合，不可强通也。

左傳載列國聘享賦詩，固多斷章取義，然其大不倫者，亦以來譏誚。如：鄭伯有賦鶉之奔奔。楚令尹子圍賦大明。及穆叔不拜肆夏，甯武子不拜彤弓之類是也。然鄭伯如晉，子展賦將仲子，鄭伯享趙孟子太叔，賦野有蔓草。鄭六卿餞韓宣子，子齹賦野有蔓草，子太叔賦褰裳，子游賦風雨，子旗賦有女同車，子柳賦籜兮。此六詩皆文公所斥，以爲淫奔之人所作也。然所賦皆見善於叔向、趙武、韓起，不聞被譏，乃知鄭、衞之詩，未嘗不施之燕享；而此六詩之旨意訓詁，當如序者之說也。」（見文獻通考經籍詩序）

(九)宋王應麟云：「諸儒說詩，一以毛、鄭爲宗，未有參考三家者，獨朱文公集傳，閎意眇指，卓然千載之上，言關雎則取匡衡，柏舟婦人之詩，則取劉向，笙詩有聲無辭，則取儀禮；上天甚神，則取戰國策；何以恤我，則取左氏傳，抑戒自儆，昊天有成命，道成王之德，則取國語；陟降庭止，則取漢書注。賓之初筵飲酒悔過，則取韓詩序；不可休思，是用不就，彼岨者岐，皆從韓詩；禹敷下土方，又證諸楚詞，一洗末師專己守殘之陋。」（見王應麟詩考）、（另著有詩地理考）

(十)宋黃震云：「晦庵先生因鄭公之說，盡去美刺，探求古始，雖東萊不能無疑，然指桑中、溱、洧爲鄭衞之音，則其辭曉然，諸儒安得回護，而謂之雅音。謂甫田、大田諸篇，皆非刺詩，自今讀之，皆藹然治世之音，謂成王不敢康之，成王爲周成王，則其說實出於國語；亦文義之曉然者。其餘改易，固不可一一盡知。若其發理之精微，措辭之簡潔，讀之使人瞭然，孰有加於晦庵之詩傳者哉？」（見黃氏日鈔；另有古今記要黃氏爲案朱學派）

(十一)明王煒云：「朱子集傳，其訓詁多用毛、鄭，而叶韻則本吳才老之說。其釋諸經自謂於詩獨無遺憾，當時東萊呂氏有讀詩記，最爲精密，朱子實兼取之。」（見王忠文公集評詩集傳語）

(十二)明何楷云：「權訓詁，則鄭、孔之功，決不可誣；明義理，則朱子之言，深得其要。」（見何

（楷世本詩經古義）

四、朱熹對詩序的主張（以下各條皆取之詩經集傳及朱子語類，並採清儒詩經傳說彙編所集縮者。）

㈠讀詩之法，只是熟讀涵泳，自然和氣從胸中流出，不待安排措置，務自立說，只恁平讀著意思自足。

㈡學者觀詩，先須讀得正文，記得注解，成誦精熟，注中訓釋文意，事物名義，發明經旨相穿紐處，一一認得，如己作出來底一般，方能翫味反覆，向上有透處。

㈢詩本是恁地說話，一章言了，次章又從而歎詠之。雖別無義理，而意味深長，不可於名物上尋義理。後人往往見其言如此平淡，只管添上義理，卻窒塞了他。

㈣古人一篇詩，必有一篇意思，且要理會得這箇。如柏舟之詩，只說到「靜言思之，不能奮飛。」綠衣之詩，說「我思古人，實獲我心」。此可謂止乎禮義。所謂可以怨，便是喜怒哀樂發而皆中節處。

㈤今欲觀詩，不若且置小序及舊說，只將原詩虛心熟讀，徐徐翫味，見箇詩人本意，卻從此推尋將去，方有感發。若被舊說局定，便看不出，今雖說不用舊說，終被他先入在內，不期依舊從它法。

某向作詩解文字，初用小序，至解不行處，亦曲爲之說，後來覺得不安。第二次解者，雖存小序，間爲辨破，然終是不見詩人本意，後來方知，只盡去小序，便自可通。於是盡滌舊說，詩意方活。

㈥孔子之稱『思無邪』也，以爲詩三百篇，勸善懲惡，其要歸無不出於正，非以作詩之人所思皆無邪也。今必曰彼以無邪之思，鋪陳淫亂之事，而閔惜懲創之意，自見於言外，則曷若曰：彼雖以有邪之思作之，而我以無邪之思讀之，則彼之自狀其醜者，乃所以爲吾警懼懲創之資邪。若夫雅鄭若干篇，自衞返魯以來，未之有改；至於桑中小序之文，與樂記合，則是詩之爲桑閒，不爲無據，今必曰三百篇皆雅，則邪正錯誤，非復孔子之舊矣。

夫二南正風房中之樂也，鄉樂也。二雅之正，朝廷之樂也。商、周之頌，宗廟之樂也，見於序義，傳記皆有可考。至於變雅，則固已無施於事，而變風又特里巷之歌謠，其領在樂官者，以爲可以識時變，觀土風耳。今必曰三百篇皆祭祀朝聘之所用，則未知桑中溱、洧之屬，當以薦何等之鬼神，接何等之賓客邪？

古者大師陳詩以觀民風，固不問美惡，而悉存以訓也。然其與先王雅頌之正，施用亦異；則固不嫌於厖雜矣。今於雅頌之實，察之既不詳，於厖雜之名，畏之又太甚，顧乃文以風刺之美說，強而置諸雅頌之列，是乃反爲厖雜之甚，而不自知也。其以二詩爲猶止於中聲者。太史公所謂孔子皆弦歌之，以求合於韶武之音，其誤蓋亦如此。然古樂既亡，無所考正，吾獨以其理與詞推之，有以知其必不然耳，又以爲近於勸百諷一，而止乎禮義，則又信大序之過者，夫子虛、上林猶有所謂諷也；漢廣知不可而不求。大車有所畏而不敢，猶有所謂禮義之止也。若桑中溱、洧，則吾不知其何詞之諷，而何禮義之止乎？

(七)小序大無義理，是後人湊合而成；多就詩中採摭言語，不能發明大旨。見有『漢之廣矣』之句，以爲德廣所及。見『命彼後車』之言，以爲不能飲食，敎載行葦之序。見『牛羊勿踐』，謂仁及草木。見『戚戚兄弟』，謂親睦九族。見『黃耇台背』，謂養老。見『以祈黃耇』，謂乞言。見『介爾景福』，謂成其福祿。隨文生義無復倫理。卷耳之序，以求賢審官，知臣下之勤勞，爲后妃之志，固不倫矣！況詩中所謂『嗟我懷人』，其言親暱太甚，寧后妃所得施於使臣者哉？桃夭之詩，謂婚姻以時。國無鰥民，爲后妃所致。不知文王刑家及國，其化固如此，豈專后妃所能致邪？其他變風諸詩，未必是刺者，皆以爲刺。未必是言此人，必傅會以爲此人。桑中之詩，止是淫者相戲之詞，豈有刺人之惡，反自陷於流蕩之中。子衿，詞意輕儇，豈刺學校之詞？有女同車等，皆以爲刺忽而作。鄭忽不娶齊女，亦是好底意思；見後來失國，便將許多詩，盡爲刺忽而作。考之於忽，所謂淫暴之類，皆無其實；至目爲狡童，豈詩人愛君之意？況其失國，正坐柔懦，何狹之有？幽厲之刺，亦有不然。甫田諸篇，凡詩中無詆譏之意者，皆以爲傷今思古而作。其他謬誤，不可勝說。後世但見詩序冠於篇首，不敢議其非，至解說不通，多爲飾辭以曲護之，其誤後學多矣！大序卻好，或謂補湊而成，亦有此理。

(八)大率古人作詩，其閒亦自有感物道情，吟詠情性，幾時盡是譏刺他人，只緣序者立例，篇篇作美刺說，將詩人意思，盡穿鑿壞了！

五、鄭振鐸對詩序美刺標準不同的比較反駁

今人鄭振鐸在民國十二年一月十日小說月報第十四卷第一號刊物上，發表了一篇「讀毛詩序」文章，旨在反駁毛詩序和詩三百零五篇原文內涵的美刺標準不同，是用非常相類似的詩篇，集在一起比較對照，而產生了完全相反的美或刺的詩序，而發現採用了明顯的不同標準，於是體會到詩序的說辭是不可靠的傳抄編輯而成的陳腐雜說。很有學術探討的價值，後來被轉載在古史辨第三册下編，爲文態度也非常客觀有據。特摘其例表分列於次：

㈠舉小雅楚茨和大雅鳧鷖兩首祭祀的詩歌作比

「楚茨」和「鳧鷖」的辭意都很雍容堂皇，毫無不同之處。而因楚茨不幸是在小雅裏，更不幸而被作詩序的人，硬派作幽王時的詩，於是遂被說成：「刺幽王也。政煩賦重，田萊多荒，饑饉降喪，民卒流亡，祭祀不饗，故君子思古焉！」至於鳧鷖則因他是在大雅裏，於是詩序便美之曰：「守成也。太平之君子能持盈守成，神祇祖考安樂之也。」楚茨詩裏有那一句是說「祭祀不饗」的？像「絜爾牛羊，以往烝嘗」和鳧鷖的詩中「爾酒既淸，爾殽既馨」有什麼不同？又「報以介福，萬壽無疆」和「福祿來成」「福祿來爲」又有什麼分別？爲什麼「楚茨」便是刺，「鳧鷖」便是美？

小雅　楚茨	大雅　鳧鷖
濟濟蹌蹌，絜爾牛羊， 以往烝嘗。 或剝或亨，或肆或將。 祝祭於祊，祀事孔明。 先祖是皇，神保是饗。 孝孫有慶，報以介福。 萬壽無疆。	鳧鷖在涇，公尸來燕來寧。 爾酒既清，爾殽既馨。 公尸燕飲，福祿來成。 鳧鷖在沙，公尸來燕來宜。 爾酒既多，爾殽既嘉。 公尸燕飲，福祿來爲。
楚茨，刺幽王也，政煩賦重，田萊多　饑饉降喪，民卒流亡，祭祀不饗，故君子思古焉。	鳧鷖，守成也。太平之君子能持盈守成，神祇祖考，安樂之也。

(二)舉周南關雎、陳風月出、陳風澤陂三首情詩作比：

「關雎」是描寫男子思慕女子，至於「寤寐求之」「輾轉反側」的；「月出」是描寫男子在月下徘徊，至望月懷念愛人，乃至「舒窈糾兮，勞心悄兮」的；「澤陂」所寫的更是悲慘，他思念所愛的人，到了「寤寐無爲，涕泗滂沱」，「輾轉伏枕」了。按詩序的說法就驚人了，原來「關雎」是美「后妃之德」的，是「樂得淑女以配君子，憂在進賢，不淫其色；哀窈窕，思賢才，而無傷善之心焉」的；「月出」却是「刺好色」，是「在位不好德而說美色焉」；「澤陂」却是「刺時」是「言靈公君臣淫於其國，男女相悅，憂思感傷焉」的。三首情詩的意思完全相同，而弦外之音卻差得那麼遠？爲什麼「寤寐思服，輾轉反側」；在「關雎」詩中就有好的寓意；「寤寐無爲，輾轉伏枕」，在「澤陂」詩中，便成了「刺時」，「靈公君臣淫於其國……」的壞意思呢？這是不可思議的事了！

周南關雎	陳風月出	陳風澤陂
關關雎鳩，在河之洲。窈窕淑女，君子好逑。參差荇菜，左右流之。窈窕淑女，寤寐求之。求之不得，寤寐思服。悠哉悠哉，輾轉反側！	月出皎兮，佼人僚兮，舒窈糾兮，勞心悄兮！月出皓兮，佼人懰兮，舒懮受兮，勞心慅兮！月出照兮，佼人燎兮，舒夭紹兮，勞心懆兮！	彼澤之陂，有蒲與荷。有美一人，傷如之何！寤寐無爲，涕泗滂沱！彼澤之陂，有蒲菡萏。有美一人，碩大且儼。寤寐無爲，輾轉伏枕！
關雎，后妃之德也，風之始也，所以風天下而正夫婦也。……是以關雎樂得淑女以配君子，憂在進賢，不淫其色；哀窈窕，思賢才，而無傷善之心焉。	月出，刺好色也。在位不好德而說美色焉。	澤陂，刺時也。言靈公君臣淫於其國，男女相說，憂思感傷焉。

(三)另舉八首情詩辭意相似而詩序的標準大異其趣

這八首情詩是召南草蟲、王風采葛、鄭風風雨、秦風晨風、小雅菁菁者莪、小雅裳裳者華、小雅都人、小雅隰桑。詩的意念相似，都是描寫女子和意中人「未見既見」的兩種矛盾期待心態的詩句。而不料詩序於草蟲詩中的「未見君子，憂心忡忡；亦既見止，亦既覯止，我心則降」數句，則釋之爲：「大夫妻能以禮自防」。於晨風詩中，與「未見君子，憂心忡忡」同樣語氣乃至文字的「未見君子，憂心如醉」二句，則釋之爲「刺康公也。忘穆公之業，始棄其賢臣焉。」於菁菁者莪詩中，「既見君子，我心則喜」則釋之爲「樂育材也。」於裳裳者華，與隰桑二詩，和上面那兩句語氣，乃至文字都相同的「我覯之子，我心寫兮」與「既見君子，其樂如何」？則俱釋之爲「棄賢者之類」，「小人在位，君子在野，思見君子盡心以事之。」爲什麼辭意與文字都相同的詩句，美、刺之義乃如此不同呢？尤可笑的是：采葛之「一日不見，如三月兮」，絲毫無讒間蔽明之意，而序却釋之曰「懼讒也。」都人士之「彼都人士，臺笠緇撮」諸語，不過是形容所不見之人之辭，爲「我不見兮，我心不悅」作襯托，而詩序却注重於彼，以此詩爲「周人刺衣服無常。」風雨一詩，明明白白的說：「既見君子，云胡不喜」，而詩序却故意轉了好幾個大彎，把他釋成：「思君子也。亂世則思君子，不改其度焉。」這眞是從那裏說起！難道做詩序是連詩文也不看一看，便閉了眼睛去瞎做的麼？我想了半天，也想不出他的道理來。後來一看召南、鄭風、幽王、秦風等字，才豁然大悟：原來做詩序的人果然是不細看詩文的！果然是隨意亂說的！他因爲草蟲是在召南裏，所以便以爲是美，風雨是在鄭風裏，所以不得不硬派他一個刺；隰桑、裳裳者華，因爲已派定是幽王時詩，所以便也不得不以他爲刺詩。其他如關雎之爲美，月出、澤陂之爲刺，也是如此。關雎幸而爲在周南，遂被附會成「后妃之德也」；月出、澤陂不幸而在陳風，遂不得不被說成刺好色，刺淫亂了。這種美刺眞是矛盾到極點了！

鄭振鐸說到這裏，很堅定下了論斷：「詩序的精神在美刺；而不料他的美刺却是如此的無標準，如此的互相矛盾，如此的不顧詩文，隨意亂說！他的立足點，已根本動搖了！」因此詩序不可靠的成分居多了！

召南草蟲	喓喓草蟲，趯趯阜螽，未見君子，憂心忡忡。亦既見止，亦既覯止。我心則降！
王風采葛	彼采葛兮，一日不見，如三月兮！彼采艾兮，一日不見，如三歲兮！
鄭風風雨	風雨淒淒，雞鳴喈喈。既見君子，云胡不夷！風雨如晦，雞鳴不已。既見君子，云胡不喜！
秦風晨風	山有苞棣，隰有樹檖。未見君子，憂心如醉。如何如何，忘我實多！
小雅菁菁者莪	菁菁者莪，在彼中沚，既見君子，我心則喜。汎汎楊舟，載沈載浮，既見君子，我心則休！
小雅裳裳者華	裳裳者華，其葉湑兮。我覯之子，我心寫兮！我心寫兮。是以有譽處兮！
小雅都人士	彼都人士，臺笠緇撮。彼君子女，綢直如髮。我不見兮，我心不說！
小雅隰桑	隰桑有阿，其葉有難。既見君子，其樂如何！心乎愛矣，遐不謂矣！中心藏之，何日妄之！

草蟲、大夫妻能以禮自防也。	采葛懼讒也。	風雨思君子也。亂世則思君子不改其度焉。	晨風刺康公也。忘穆公之業，始棄其賢臣焉。	菁菁者莪，樂育材也。君子能長育人材，則天下盡樂之矣。	裳裳者華，刺幽王也。古之仕者世祿，小人在位，則讒諂並集，棄賢者之類，絕功臣之世焉。	都人士，周人刺衣服無常也。古者長民衣服不貳，從容有常，以齊其民，則民德歸壹，傷今不復見古人也。	隰桑刺幽王也。小人在位，君子在野；思見君子，盡心以事之。

六、董作賓以詩本義為主體的邶風靜女篇「荑」的討論

詩序既然錯誤百出，為古今學人詬病，已經喪失了它或多或少的參考價值，在研究詩學時，起碼

它已不能站在主要的指導地位了！依據古今的學人主張，多半以「詩」本義爲主體來研究詩經了。

在民國十五年左右，許多文史大家，在報章、雜誌以及定期、不定期的刋物上，不斷掀起以「詩」爲主體的討論詩經熱浪，怒濤澎湃般的文藝思潮激盪着，文藝的研究發展也不斷的在推動着。按古史辨記載研究詩經的人物有：胡適、錢玄同、周作人、顧頡剛、朱鴻壽、劉澤民、張壽林、鄭振鐸、何定生、陳槃、俞平伯、王伯祥、張履珍、謝祖瓊、劉大白、郭全和、魏建功、劉復、董作賓、杜子勁、張天廬、鍾敬文、朱自清等人，對詩經研究可謂高潮迭起，盛極一時，實在令人感動。嗣後也在中國學術上給留下了很大的影響力量來。

爲了說明民初這些討論詩經的人物們的揚棄詩序結果，特舉出邶風靜女篇的論戰來代表，做爲印證。參與此次論戰的人們有：顧頡剛論文三篇；張履珍一篇；謝祖瓊一篇；劉大白四篇（其中四談靜女是十八年作品）；郭全和、魏建功、劉復各一篇；董作賓一篇；杜子勁二篇是寫在十六年和二十年，比較晚些，也可供參考。

其九人中的討論，由十五年二月十一日顧頡剛的：瞎子斷扁的一例—靜女開戰，至十五年七月七日的劉大白三談靜女止，用了將近五箇月的時間。其間異說迭出，問題的重心都在，一、揚棄詩序傳統的說法「靜女刺時也，衞君無道，夫人無德。」九人是一致的揚棄。二、認定靜女是一首美好的情詩，九人是一致的。三、每人也都試驗作了白話詩的翻譯，當然見解有出入，譯文也有好壞。四、詩的本事究竟是誰等誰？女的等男的，抑或男的等女的。五、「彤管」究竟是什麼？六、「荑」究竟是什麼？七、「彤管」和「荑」是不是一樣東西？終歸令人有意想不到的討論成果，其中以董作賓寫的「邶風靜女篇『荑』的討論」一篇最爲中肯可信，也最爲突出，更開了一條以考據方法研究詩學內容的新路線；

首先把靜女原詩寫在下面以便琢磨：

靜女其姝，俟我於城隅；愛而不見，搔首踟躕！

靜女其孌，貽我彤管，彤管有煒，説懌女美。

自牧歸荑，洵美且異；匪女之為美，美人之貽。

董作賓先生在文中首先同意劉大白先生把「彤管」和「荑」解成一物的觀念。這是「靜女」一詩的轉捩點，也可稱爲是古今研究靜女詩的樞紐。董敍了兒時看到小孩沿街賣「茅芽」吃的故事。也指明了「茅芽」的樣子，並且是像水果一樣好吃的東西。他對「茅芽」的一段 寫：「紅紅的筒兒，約有三寸長短；一頭尖處有一兩個綠的葉尖向外綻着；一頭平平的是近根的地方，有點白色；全身是葉托（？）包裹成的一支管兒，紫紅而且帶綠的顏色，外面附着不少的茸毛。剝開裏面時，却是嫩白光滑如毛如棉的絮兒，這是柔脆而甜的東西；小孩子們是最喜歡吃的。」這種解釋非常具體，也很能令人滿意。又舉了茅芽生長的地方和兒歌作證。

董先生又說：「荑、就是茅芽；也就是茅芽中的穰兒。毛傳：『荑、茅之始生也。』御覽引風俗通義：『詩曰：（手如柔荑）。荑者、茅始熟中穰也，卽白且滑。』這很可以證明茅芽的中穰就是『

荑』。荑外面裏的嫩紅色的葉托，自然就是『彤管』了。」又說：「在這裏發現出『荑』是好吃的東西，並且得到了彤管與荑是一物的具體證明，總不算是穿鑿附會罷！」此外又依經典本草所載特爲「茅」作了一個茅氏家譜，譜表，來證明它的族屬和功用，就愈覺科學了。

茅氏「家譜」

種類	別名	形性	功用	所見書
白茅		短小。三、四月開白花成穗，結細實。其根甚長，白軟如筋而有節；味甘。俗呼「茅絲」。	可以苫蓋，及供祭祀苞苴之用。	本草
		多年生草。高一二尺，苗如鍼，俗名茅鍼。葉細長而尖。春間先葉開花。簇生莖頂，有白毛密生，長寸許。其根味甜。	花可爲引火之「火絨」，根可入藥，（賓按，此云茅鍼，卽荑。）	辭源
青茅	三脊茅 苞茅	江淮之間一茅而三，脊，是爲菁茅。	所以爲藉。	史記封禪書
	香茅 璚茅	生湖南、江、淮間。葉三脊，氣香。	可以包藉及縮酒。	本草
菅茅		只生山上。似白茅而長。入秋抽莖開花成穗，如荻花。實尖黑，粘衣刺人。根短硬如細竹而無節，微甘。	（賓按、此種南陽呼黃筆草，可苫茅屋。下列青茅疑與此同。	本草

青茅芭茅		多年生草。山地自生。高三尺許。葉細長而尖花作長穗狀，似芒草而花穗較少。	莖葉乾後可爲黃色染料。	辭源
青茅芭茅	芒	叢生。葉大如蒲，長六、七尺。有二種，即芒也。爾雅作莣，今俗謂之芭茅。	可爲籬笆。	本草
黃茅	黃菅	似菅茅而莖上開葉。莖下有白粉。根頭有黃毛，古名黃菅。	可爲索陶。	本草
黃茅		多年生草。葉狹長。莖下有白粉。秋開白花成穗。根短細而硬。其端有黃毛故名。	（賓按白居易詩：「官舍黃茅屋」，是此種亦可苫蓋。）	辭源
黃茅	菅	似茅而滑澤無毛。根下五寸中有白粉者。柔韌宜爲索。漚乃大善。	漚以爲索。	詩東門之池陸璣疏
仙茅		生西域。其葉似茅。久服輕身，故名。	服食。	本草
焦茅	靈茅	背明國有焦茅。高五丈，燃之成灰，以水灌之，復成茅。謂之靈茅。	（賓以爲仙茅、焦茅近於荒誕。）	拾遺記

董氏討論完了靜女詩的內容後，又附了五篇譯文，其中一篇是他自己譯的；其它四篇是他學生翻譯的從略。

董作賓的詩靜女譯文：

靜默默那個美女，
約我在城角等着。（？）
可憎的意中人，怎麼還不來！
急得我踱來踱去，抓耳撓腮。
× × ×
靜默而柔婉的美女來了，
她送我一些紅色的管兒；
紅管閃閃有輝，
越使我喜歡她的美。
× × ×
從野地帶回這些茅芽，
實在又好又希奇；
茅芽啊！
並不是你真能這樣好，
—因為是她送我的。

（愚以爲應該按原詩來譯：是女的等男的才對，譯起來也順也合理。）

愚以爲若將靜女譯文按清張之洞的訓詁學序的：「中文之訓詁猶西文之翻譯」的理論，首重「信達、雅三原則」，來修正一下董先生的翻譯，以純新詩的方式來表達，就更覺圓滿，於是不揣冒昧的也作一篇靜女的翻譯：

—一位美人兒—

一位美麗又大方的女孩，
在城牆角落的靜處等我。
她看心愛的人不來，
急的抓耳撓腮，在不斷徘徊。

× × ×

這美麗又文靜的女孩太好了！
她送給我一束紅茅管；
這紅茅管冒着紅光，
讓我從心眼兒裏喜歡這美麗的女孩。

× × ×

這些茅芽是她從牧場拔來的，
實在是非常的漂亮了！
不僅女孩漂亮就算了！
因茅芽是美人兒送給我的那才美哪！

七、結論

研究詩經的人誰都知道，從漢興以來，說詩的就有齊、魯、韓三家；而後出現了毛氏之學。北海相鄭玄爲毛氏作箋，毛詩遂得專行於世。齊詩亡於魏，魯詩亡於西晉，韓詩也隨亡逸，僅外傳得傳於後世。因毛詩的傳世，另有王肅也說毛詩，卻和鄭玄箋說法不同。此後又有孫毓作毛詩異同評一書，評毛、鄭、王的異同。卽世人通曉的「非鄭黨王」的論調。陳統又作難孫氏毛詩評以駁孫說。逮及唐代韓愈雖提倡古文，但獨對毛詩序又起疑義，於是影響到北宋、南宋諸亙子的群起攻議毛詩，尤其對毛詩序簡直攻擊到無地自容了！在本文二、「歷代名家對詩序的認識」中已詳敍一過，但其間鄭樵的詩辨妄、王質的詩總聞、朱熹的詩集傳、程大昌的詩論、王柏的詩疑，大議毛詩及毛詩序！毛詩已喪失了原有的權威了。雖尙餘周孚、呂祖謙諸人對毛詩的竭力維護，也無再恢復其漢、唐時期的學術地位了！元明時宋朱熹詩集傳和四書集註都成了取士的標準，凡是硏究詩經的人都棄毛氏而從朱熹了！

到清代閻若璩作毛朱詩說，毛奇齡作白鷺洲主客談詩，陳啟源作毛詩稽古編，陳奐作毛詩集疏及其他名流之作，齊起非難朱熹之說，這不僅是反動，而也是考據之學的勃興。多半是要從朱熹的集傳，再恢復到漢學毛鄭的傳箋旗幟下說詩。而也有段玉裁作毛詩故訓傳，孫燾作毛詩說，且再排斥鄭玄毛詩箋，更復古到毛詩故訓的舊貌。因爲是考據學的風氣高漲，又有魏源作詩古微，陳喬樅作三家詩遺說考，龔橙作詩本誼，皮錫瑞作詩經通論，王先謙作詩三家集疏，一反毛詩故訓傳而恢復三家詩之舊；在此之際又有異軍突起，那就是姚際恆的詩經通論，崔述的讀風隅識，方玉潤的詩經原始，盡脫三家、毛、鄭，同情朱熹態度一以己意說詩，這詩學的滄桑多變，衆訟紛紜，永無寧靜之時。在出主入奴，從毛攻朱，從三攻毛，或從朱以攻毛鄭，毛詩序都是永遠是問題焦點，被攻擊對相。又多半脫離不了注疏範圍，也大多都在運用曲說附會，巧立異說以翹舌而已，其實早已遠離開「詩三百零五篇」的經文本義了！

平心而論，所謂毛詩大、小序根本就不是什麼一個人的作品，可以說是采詩之地得來的民間傳說，或太師、國史所收集的一些雜亂無章的官方記事；或有據無據的舊日傳聞，書於「詩」前以方便詩篇流傳時了解的一種詩話說辭而已。這種說辭流傳面很廣，流傳開來的時間相信它也是很早，遠在孔子之前就有了！並且也有些牽强附會的故事也隨着時代和詩篇的傳播而被不斷增添了說解；有些是眞話，有些是假造的傳說。驗諸經典史傳先秦諸子專門著述有據的說辭，就是眞實可信的；當然雖說是無據的說法，和詩篇本義相合的也是可靠的；但有些說法在典籍上無載，而在出土的地下史料文字器物上可以驗證的也允稱可信；祇有那些類似道聽途說，無憑無據，又和詩篇內容齟齬，互相矛盾的說辭，就是不可採信的誤傳，或是早期衞宏整理詩序以前傳詩說詩的人隨便滲進去的謬說。隋書經籍志有：「先儒相承，謂毛詩序子夏所創，毛公及衞敬仲又加潤益的說法。」程頤才有對詩大序的臆測；因「其文似繫辭，其義非子夏所能言也。分明是聖人作此以教學者，蓋夫子慮後之不知詩也，故序關雎以示之。」觀點是對的，但若按論語：夫子「述而不作，信而好古的傳道傳史精神來體會，可以肯定詩大序應是孔子口述前人的理論眞傳，子夏在夫子逝後，照本宣科的成分居多，於傳詩同時，再傳了大序的學理，文辭仍然是經過修飾的，絕對不是孔子一字不漏的原文，是有可能性。小序的主句應是出自太師、國史諸人之手筆，因爲詩小序的主題，「美」、「刺」的僵化不改、不變、不易已完全成爲陳腔濫調，好像百世不易的諡法，不能通變的文句，也可以認定是該出自太師、國史諸人的呆板職業術語。除了全句以外都是說詩的人增添的。

由此觀之，「詩」的大、小序，有的是有參考價值的，但如和詩篇本義相背謬時，便自然喪失掉它的參考價值了！因爲時代的詩學研究精神，是已走向以「詩」本義作主體的研究傾向，唯有在此表明「詩」的大小序已不再是牽引三百零五篇盲目狂奔的形式！所以瞭解詩序形成的眞象後，研究詩經纔能確實讓詩經「反樸歸眞」呢。在研究態度上，纔能永遠保持客觀而不做調人。一個眞正有學術修養的人。也絕對不能說因爲詩序不是一個人作的，就會說詩序沒有在詩經研究上的價值存在。當然也不能强說詩序是子夏作的，毛亨作的，衞宏作的，雖然傳統毛鄭都說詩序是子夏作的，范曄後漢書又說詩序是衞宏作的，但也全都沒有積極的證據可以提供出來。

附今人相關重要參考論文文目：一、鄭振鐸讀毛詩序。二、顧頡剛毛詩序之背景與旨趣。三、林祁乾詩序作者考。四、王禮卿詩序辨。五、姚榮松詩序管窺。六、戴君仁毛詩小序的重估價。七、林政華論詩傳折衷乃呂學者所編。八、董作賓邶風靜女篇「荑」的討論。

玖、總結論

詩經八大關鍵問題異議，經過反復求徵的結果，得知中國的詩教實肇啟於舜、禹之世。舜因禹有平水土之懋績，能察百姓疾苦所需，使宅百揆，命爲司空。使棄爲后稷，按時播種百穀，以救阻黎民之饑。使契爲司徒，敬敷五常之教，以寬裕倫理。使皐陶爲士師，明訂五刑，以裁治寇賊姦宄，導民向善。使垂爲共工，運用巧思，順治百工之器。使益爲虞官，掌理山澤草木禽獸，俾民受益。再使夔典樂，教子弟以直溫寬栗，行剛簡不虐傲的詩教。並提示以「詩言志，歌永言，聲依永，律和聲，八音克諧，無相奪倫，神人以和」的理想。於是詩教宗旨乃定。

據此禹乃倡導詩教，以德惟善政，政在養民，六府三事，惟修惟和；九功惟敘，戒之董之，勸之勿壞。其重點落在三事的正德、利用、厚生上。這種建議爲舜所欣然接納。因而使詩教實質義意已涵蓋了：德、禮、詩、歌、聲、律、樂、舞。八者已臻詩教於和諧的境界。

這種以厚生哲理所形成的詩教，殊不知卻爲后稷、公劉極其自然的，默默在不斷實踐躬行，而更傳之子子孫孫；在夏衰之世，公劉自狄遷豳（公元前一八一八年以前）始有代表詩教最成功的作品，豳風、七月之詩篇的出現。此後在殷高宗武丁中興之後（公元前一三二四年以後），再有商頌代表的商詩出現。

及至文、武周公之世，「周雖舊邦，其命維新。」周公定禮制，承舜禹所倡詩教，奉行后稷、公劉之教化，繼續殷商之禮法，採長補短，自求多福；斯有周禮所謂九德之歌，九韶之舞。效夏法設遒人采詩，官師相規，以振文教。周人采詩之說首見國語周語者：「天子聽政，使公卿至於列士獻詩，瞽獻曲，瞍賦、矇誦……。」再見左傳襄公十四年傳者：「自王以下，各有父兄子弟以補察其政，史爲書，瞽爲詩；故夏書曰：遒人以木鐸徇于路，官師相規；正月孟春於是乎有之諫失常也。」其它夏書胤征篇、禮記王制篇的天子五年一巡守……覲諸侯，問百年者就見之，命太師陳詩以觀民風。以及漢書、藝文志、食貨志均有所載，是採詩之說爲可信，不容後儒及後學懷疑。尤其是以十五國風詩歌產地的地理分佈來印證，若非由當時中央政府以王命采集而來，實非任何人力量所能收藏得到的。

而這些從西周到東周所收藏到的詩篇，是無法確定它的篇數多少來。直到漢武帝時太史公司馬遷，嘗在齊、魯之都講學，得以觀察孔子的遺風，眞正是北涉汶泗的人，他在史記孔子世家裏載有孔子「刪詩正樂」的史事，是：「古者詩三千餘篇，及至孔子，去其重，取可施於禮義，上采契、后稷，中述殷周之盛，至幽、厲之缺，始於衽席。故曰：關雎之亂，以爲風始；鹿鳴爲小雅始；文王爲大雅始；清廟爲頌始。三百五篇，孔子皆弦歌之，以求合韶武、雅頌之音，禮樂自此可得而述，以備王道，成六藝。孔子以詩、書、禮、樂教弟子，蓋三千焉，身通六藝者七十有二人，如顏濁鄒之徒，頗受業者甚衆。」三千篇是約略的概數，代表非常繁多的意思。而爲孔子所整理和刪簡成爲三百零五篇。經過博引詳考，再印證以地下史料，史公所言可信；崔述的讀風偶拾，嘗懷疑孔子未嘗刪詩，但旋又爲他自己的洙泗考信錄晚年作品所否定，崔述的辨刪詩之說一文結論是「……故今於刪詩之說悉不敢載。」眞是自相矛盾。至於附會崔述說者更不待論了！

豳風七月爲夏詩的說法，最先提出來的應該是司馬遷，在孔子世家中他說：「古者詩三千餘篇，及至孔子，去其重，取可施於禮義，上采契、后稷，中述殷周之盛，至幽、厲之缺，始於袵席。」是孔子已將后稷、公劉之敎的豳風七月收在三百五篇中了！後世經師誤釋作周公所作，直到清代崔東壁遺書豐鎬考信錄卷之四？引衞宏毛詩序云：「七月陳王業也；周公遭變故，陳后稷先公風化之所由，致王業之艱難也。」鄭氏言周公居東之作；朱熹謂作於成王初立之時。崔氏說鴟鴞以下皆爲周公時所作，此篇若又出於周公，則是七篇皆與豳無涉，何以名之爲豳？曰述豳俗也。然「流火、授衣、亨葵、剝棗，」在在皆然，以民間通行之事，而獨謂之豳俗，豳何在焉？且玩此詩醇古樸茂，與成康時皆不類。崔氏曰：「竊嘗譬之，讀大雅如登廊廟之上，貂蟬滿座，進退秩然，煌煌大觀也。讀七月，如入桃源之中，衣冠樸古，天眞爛漫，熙熙乎太古也。然則此詩當爲大王以前之『豳舊詩』，當不止此，此篇因周公識之傳之而獨存。猶商頌當時亦必多，而正考父獨得其十二篇也。至於鴟鴞以下，則以其詩皆爲周公而作，而音節亦近豳，故附之於豳風之後，而此一篇則豳之正風也。故今不載之於周公之篇。」而梁啟超則斷定豳風七月一篇，是夏代的作品。因爲在這篇裏，透露了周民族自豳遷岐的民間氣氛；而且詩中所言七月、九月等全用夏正。這種極其自然的在詩中流露出來的狀況，使用夏曆的表示，絕對不是周代的詩歌。

我覺得按詩豳風七月的「田畯至喜」，「獻羔祭酒」，「朋酒斯饗，曰殺羔羊」，「躋彼公堂，稱彼兕觥」四事，即已知七月已非周詩。因周制無「田畯」之官，周禮春官籥章：「擊土鼓以樂田畯」。鄭司農注：「田畯，古之先民教田者。」正義曰：「田神」。豳風傳曰：「田大夫。」畯字殷卜辭作　前、四、二八、　後、下、四、七、　四、六八、　所以本詩當為夏衰時所形成，周先公在夏時所置傳統之田大夫，教民稼穡者。後三事，亦不合周禮之鄉飲酒等禮節所訂之形式，皆為夏衰時豳地周先公先民之禮俗而已。按夏制，夏有序有校。鄉校曰公堂，國學則曰學。可資為證。此外尚書更有足夠的佐證及厚生哲理均資說明七月為夏代古詩無疑。

至於商頌為商詩說，自古本無異議，禮記樂記已有多方印證，更有董作賓先生運用卜辭地下資料的考證，由於帝辛（紂）嗜殺，好田臘，祖甲的破壞禮制，改成湯之法，使商殷禮制祭法有新舊之別，又因帝辛（紂）無道使殷的賢臣、樂師歸周，殷之亡使殷民間的詩歌已不復存在，所謂「商音」也就是「商詩」也就是「商頌」獨存而已。清儒經學家集體指明商頌為「商詩」。更有胡厚宣在殷代𢀛方考文中證得長發為「商詩」。唯有民國初年俞平伯不信商頌為商詩，在古史辨上發表似是而非的異議，指為「宋詩」並言為周人所作。顧頡剛更給附加袒護之辭，而造成聲勢，直到今日學人也不乏附和的論調。然郭紹虞指稱正考父要想事宋襄公非活到一百五、六十歲不可，這就等於直接推翻了俞、顧二人的異議了！

爲求進一步的考信，不得不借重殷商卜辭的地下史料，以駁斥兪、顧二氏的謬論，兪氏對商頌指爲宋詩的次要推想，就是指着商頌、殷武篇中所提到的「荆楚、氐、羌、景山」四事來「指鹿爲馬」，硬說商時沒有荆楚這個國家，也沒有伐楚的記載，或伐氐、羌的記載，並詭稱以景山之木來建宋都。殊不知伐荆楚及氐、羌的事，從卜辭中可以考出，更在竹書紀年上有明確的記載，伐景山之木以造宋都，純屬無稽。所以商頌五篇，就是碩果僅存的詩經裏的商詩。更以東、西周文字，殷商文字同時譯成詩篇，以求徵五篇商頌的可靠公算如何？其中東、西周文字是可以達到完全轉譯程度，然後再以殷、商文字來轉譯，結果佔全文的百分之七十二個字的百分比率。商頌爲商詩的可靠性是可以獲得肯定的事實。（可參考㈥結語和統計）。

詩三百篇流傳問題的發生，始於民初的一干非孔人物，也有些人是但疑六經而不非孔；而吳虞者流則既非孔，又疑經，一面打倒孔家店，一面推翻司馬遷，目毛傳鄭箋孔疏皆爲不可信，到了最後成爲狂妄的反對傳統經史了！當然詩三百篇的流傳問題也就產生了！

就實質而論，三百篇所以能不斷的流傳，主要的因素，還是在乎作品本身的詩就具有强大的傳播性能存在，篇篇都是人心理上的直覺經驗的表達，是眞善美的化身，都是純粹性靈的產物，人類心理活動狀態的共鳴，人性的呼喚。其次就是孔子對詩三百篇的收集整理刪削到編成，再傳給弟子，而形成優美的詩經專輯；這些選來的好詩，都俱備了語言的藝術，文學的基礎，音樂的題材，倫理的規範，政治的依據，民俗的痕跡，歷史的資料；而直接承當起詩教的運作功能，而有利於中華固有文化的傳播。

談到人爲的流傳努力，自然應歸功於歷代所有學人愛詩群體，衞護詩教詩學的不斷研究精神結合了。

然則詩經作者問題始終是學詩者的疑惑，經過專題求徵的結論，是以無名作者爲主體的古代詩歌總集。在詩中有表明作者姓名的詩，如「吉甫作誦」；「寺人孟子，作爲此詩」；「家父作誦」一類詩篇，也有見於他書指明詩的作者姓名而有所據的詩篇，就是有作者姓名的詩。其餘就是民間的民謠，無名作品；或貴族王公卿大夫士的作品而未記名者，以及古代遺留下來的農歌，頌祭歌辭了！所以詩經的作者，有卿、有士，也可能有大夫，也有平民，更有男詩人，女詩人，也有有姓名的作者，也有沒姓名的作者。以不同的身分，不同的環境，不同的着遇，不同的時間，不同的刺激，不同的反應，所表達出形形色色的美麗不朽詩篇，使三百篇蔚爲奇觀，而在中國文學史上卻有無上的價值。

最後論到詩序的異議，經過求徵結果；詩序由來最古和詩經並傳於後世的，最初傳稱詩序的作者，爲子夏。後來又有隋書經籍志的傳爲：「先儒相承，謂毛詩序子夏所創，毛公及衞敬仲又加潤益。」的說法。到了唐代韓愈提倡古文運動，但獨對毛詩序又起疑義，於是影響到北宋，南宋諸巨子的群起攻議毛詩，尤其對毛詩序簡直攻擊到無地自容了！朱熹之後，他的詩經集傳一出，研究詩經的人都棄毛詩序及毛詩而從朱熹的詩經集傳了！

平心而論，所謂毛詩大、小序，根本就不是什麼一個人的作品，可以說是采詩者（遒人）從當時采詩之地得來的有關該詩篇的民間傳說，或太師、國史所收集的一些雜亂無章的官方記事，或是有據，無據的舊日傳聞，書於詩前以方便詩篇流傳時達到瞭解的一種詩話說辭。這種說辭流傳面很廣，時間也很早；甚至遠在孔子以前就有了，並且也有些牽强附會的隨時傳播而不斷增添的說辭，有些是眞話，有些是假造的傳說；或者是衞宏整理詩序以前傳詩人滲進去的詭說。

宋程頤對詩大序的蠡測：「其文似繫辭，其義非子夏所能言也。分明是聖人作此以教學者，蓋夫子慮後之不知詩也。故序關雎以示之。」若依「述而不作，信而好古」的傳史精神來體會，可以肯定詩大序應是孔子口述前人的理論眞傳，子夏在夫子逝後，照本宣科的成分居多；於傳詩同時再傳了大序的學理，文辭是修飾過的，絕對不是孔子一字不漏的原文是有可能的。小序的主句應是出自太師、國史諸人的手筆，因詩小序的主題，「美」、「刺」的僵化不改、不變已完全成爲陳腔濫調，百世不易的文句，也該認定是出自太師、國史的呆板職業術語，出了主句以外都是傳詩的人所增添的。因此毛詩的大、小序，有的是有參考價值的，但如和詩篇本義相背謬時，便自然喪失掉它的參考價值了！尤其是時代的詩學研究精神驅使，是已走向以詩本義作主體的研究傾向，惟有在此表明毛詩大、小序，已不再是牽引三百零五篇盲目狂奔的形式，所以瞭解詩序形成的眞象後，研究詩經纔能確實讓詩經反樸歸眞呢！

參考書目

皇清經解　　藝文印書館印行

音論　顧炎武 著　藝文印書館印行

詩本音　顧炎武 著　藝文印書館印行

日知錄　顧炎武 著　藝文印書館印行

毛詩稽古編　陳啟源 著　藝文印書館印行

經問　毛奇齡 著　藝文印書館印行

詩說　惠周惕 著　藝文印書館印行

湛園札記　姜宸英 著　藝文印書館印行

經義雜記　臧　琳 著　藝文印書館印行

羣經補義　江　永 著　藝文印書館印行

觀象授時　秦蕙田 著　藝文印書館印行

經史問答　全祖望 著　藝文印書館印行

質疑　杭世駿　著　藝文印書館印行
古文尚書考　惠　棟　著　藝文印書館印行
九經古義　惠　棟　著　藝文印書館印行
鍾山札記　盧文弨　著　藝文印書館印行
龍城札記　盧文弨　著　藝文印書館印行
十駕齋養新錄　錢大昕　著　藝文印書館印行
十駕齋養新餘錄　錢大昕　著　藝文印書館印行
讀書脞錄　孫志祖　著　藝文印書館印行
讀書脞錄續編　孫志祖　著　藝文印書館印行
毛鄭詩考　戴　震　著　藝文印書館印行
詩經補注　戴　震　著　藝文印書館印行
東原集　戴　震　著　藝文印書館印行
古文尚書撰異　段玉裁　著　藝文印書館印行
毛詩故訓傳　段玉裁　著　藝文印書館印行
詩經小學　段玉裁　著　藝文印書館印行
說文解字注　段玉裁　著　藝文印書館印行

六書音均表　段玉祖　著　藝文印書館印行
經韻樓記　段玉裁　著　藝文印書館印行
廣雅疏證　王念孫　著　藝文印書館印行
讀書襍志　王念孫　著　藝文印書館印行
經學卮言　王念孫　著　藝文印書館印行
溉亭述古錄　錢　塘　著　藝文印書館印行
羣經識小　李　惇　著　藝文印書館印行
經讀考異　武　億　著　藝文印書館印行
尙書今古文注疏　孫星衍　著　藝文印書館印行
經義知新錄　汪　中　著　藝文印書館印行
毛詩校勘記　阮　元　著　藝文印書館印行
積古齋鐘鼎彝器款識　阮　元　著　藝文印書館印行
揅經室集　阮　元　著　藝文印書館印行
毛詩補疏　焦　循　著　藝文印書館印行
經義述聞　王引之　著　藝文印書館印行
經傳釋詞　王引之　著　藝文印書館印行

五經異義疏證　陳壽祺　著　藝文印書館印行
左海經辨　陳壽祺　著　藝文印書館印行
毛詩紬義　李黼平　著　藝文印書館印行
經傳攷證　朱　彬　著　藝文印書館印行
經義叢鈔　嚴　杰補編　藝文印書館印行
皇清經解續編　藝文印書館印行
九經誤字　顧炎武　著　藝文印書館印行
詩經稗疏　王夫之　著　藝文印書館印行
續詩傳鳥名　毛奇齡　著　藝文印書館印行
白鷺洲主客說詩　毛奇齡　著　藝文印書館印行
郊社禘祫問　毛奇齡　著　藝文印書館印行
尚書古文疏證　閻若璩　著　藝文印書館印行
禘說　惠　棟　著　藝文印書館印行
詩聲類　孔廣森　著　藝文印書館印行
詩聲分例　孔廣森　著　藝文印書館印行
經傳小記　劉台拱　著　藝文印書館印行

讀逸周書雜志　王念孫　著　藝文印書館印行
羣經義證　武　億　著　藝文印書館印行
毛詩考證　莊述祖　著　藝文印書館印行
周頌口義　莊述祖　著　藝文印書館印行
五經小學述　莊述祖　著　藝文印書館印行
詩書古訓　阮　元　著　藝文印書館印行
尚書古文集解　劉逢祿　著　藝文印書館印行
毛詩傳箋通釋　馬瑞辰　著　藝文印書館印行
毛詩後箋　胡承珙　著　藝文印書館印行
詩經異文釋　李富孫　著　藝文印書館印行
禘祫答問　胡培翬　著　藝文印書館印行
實事求是齋經說　朱大韶　著　藝文印書館印行
十三經詁答問　馮登府　著　藝文印書館印行
毛詩傳疏　陳　奐　著　藝文印書館印行
釋毛詩音　陳　奐　著　藝文印書館印行
毛詩說　陳　奐　著　藝文印書館印行

毛詩傳義類　陳　奐　著　藝文印書館印行
鄭氏箋攷徵　陳　奐　著　藝文印書館印行
尚書餘論　丁　晏　著　藝文印書館印行
詩譜考正　丁　晏　著　藝文印書館印行
齊詩翼氏學　迮鶴壽　著　藝文印書館印行
東塾讀書記　陳　澧　著　藝文印書館印行
開有益齋經說　朱緒曾　著　藝文印書館印行
詩地理徵　朱右曾　著　藝文印書館印行
三家詩遺說者　陳喬樅　著　藝文印書館印行
毛詩鄭箋改字說　陳喬樅　著　藝文印書館印行
四家詩異文考　陳喬樅　著　藝文印書館印行
齊詩翼氏學疏證　陳喬樅　著　藝文印書館印行
書古微　魏　源　著　藝文印書館印行
詩古微　魏　源　著　藝文印書館印行
達齋叢說　俞　樾　著　藝文印書館印行
詩名物證古　俞　樾　著　藝文印書館印行

羣經平議　俞樾著　藝文印書館印行
古書疑義舉例　俞樾著　藝文印書館印行
毛詩譜　胡元儀著　藝文印書館印行
通志堂經解　大通書局印行
毛詩指說　成伯瑜著　大通書局印行
毛詩本義　歐陽修著　大通書局印行
附鄭氏詩詩譜　歐陽修著　大通書局印行
毛詩集解　李樗　黃櫄著　大通書局印行
毛詩名物解　蔡元度著　大通書局印行
詩說　張耒著　大通書局印行
詩疑　朱柏著　大通書局印行
詩傳遺說　朱鑑著　大通書局印行
逸齋詩補傳　（宋）佚名著　大通書局印行
毛詩名物鈔　許謙著　大通書局印行
詩經疑問　朱倬著　大通書局印行
毛詩解頤　朱善著　大通書局印行

經典釋文　陸德明　著　大通書局印行

七經小傳　劉敞　著　大通書局印行

六經奧論　鄭樵　著　大通書局印行

六經正誤　毛居正　著　大通書局印行

經說　熊朋來　著　大通書局印行

十一經問對　何異孫　著　大通書局印行

五經蠡測　蔣悌生　著　大通書局印行

十三經注疏詩經重栞宋本　毛詩注疏　藝文印書館印行

詩經集傳粹芬閣藏本　朱熹集傳　台灣啟明書局景印

書經集傳粹芬閣藏本　朱熹集傳　台灣啟明書局景印

禮記集說粹芬閣藏本　朱熹集說　台灣啟明書局景印

十三經注疏尚書重栞宋本　尚書注疏　藝文印書館印行

十三經注疏禮記重栞宋本　禮記注疏　藝文印書館印行

十三經注疏左傳重栞宋本　左傳注疏　藝文印書館印行

十三經注疏公羊重栞宋本　公羊注疏　藝文印書館印行

十三經注疏穀梁重栞宋本　穀梁注疏　藝文印書館印行

四書集注四部刋要本　朱熹集注　世界書局印行
歷代帝王年表　齊召南　撰　世界書局印行
中國歷史參考圖譜　田培林主編　藝文印書館印行
詩經傳說彙纂國立台灣大學藏本　鐘鼎文化出版公司版
毛詩品物圖攷　岡元鳳　著　廣文書局印行
本草綱目上下　李時珍　撰　天一書社印行
先秦諸子繫年上下　錢　穆　著　香港大學出版社出版
考信錄上下　崔東壁　著　世界書局印行
中國哲學史　香港成元書局出版
中國哲學講話　李石岑　著　啟明書局出版
古史辨　顧頡剛編著　明倫出版社印行
諸子集成　四部刋要　楊家駱主編　世界書局印行
漢魏叢書秘籍卅八種　明、陳榮刻本　新興書局發行
僞書通考　張心澂編著　明倫出版社印行
挿圖本中國文學史　鄭振鐸　著　樸社出版
中國文學史　鄭振鐸　著　商務印書館印行

中國文學流變史　鄭賓于　著　北新書局印行
中國大文學史　謝無量　著　中華書局印行
中國文學史　劉麟生　著　世界書局印行
中國文學史　譚正璧　著　光明書局印行
中國文學史　劉大白　著　大江書局印行
中國文學史　胡雲翼　著　北新書局印行
白話文學史　胡　適　著　商務印書館印行
中國文學史簡編　陸侃如、馮沅君　合著　開明書店印行
中國俗文學史　西　諦原著　明倫出版社印行
現代中國文學史　錢基博　著　明倫出版社印行
中國文學批評史　郭紹虞　著　明倫出版社印行
中國文學研究新編　文　基原著　明倫出版社印行
中國詩史　逸　名　著　自行印行
中國文學發展史（上、下）　劉大捷　著　台灣中華書局印行
中國文學概論　兒島獻吉郎　著　啟明書局印行
中國文學史　新欣編輯委員會　新欣出版社印行

中國文學史　易君左　著　華聯出版社印行
白屋說詩　劉大白　著　啟明書局出版
詩經學　胡樸安　著　商務印書館印行
詩經研究　謝无量　著　商務印書館印行
三百篇演論　蔣善國　著　商務印書館印行
詩經之女性的研究　謝晉青　著　商務印書館印行
詩經之厄運與幸運　顧頡剛　著　商務印書館印行
毛詩楚辭考　兒島獻吉郎　隋樹森　著　商務印書館印行
詩序解　陳延傑　著　開明書局印行
中國文學論集　鄭振鐸　著　開明書局印行
經籍纂詁　臧鏞堂總纂　明倫出版社印行
歷代經籍考上古至宋光宗　元馬端臨　撰　新興書局印行
歷代經籍考宋寧宗至明末　清高宗敕　撰　新興書局印行
歷代經籍考清初至清乾隆　清高宗敕　撰　新興書局印行
歷代經籍考清乾隆至清末　劉錦藻　撰　新興書局印行
闕里文獻考上下　國立中央圖書館藏本　鐘鼎文化公司出版

二十五史　開明書店鑄版印行
二十五史補編　開明書店鑄版印行
吳越春秋　漢趙曄撰　世界書局印行
竹書紀年八種　中國學術名著　世界書局印行
百衲本朱子語類　宋黎靖德編　漢京文化事業公司印行
朱子大全四部備要據　明胡氏刻本　台灣中華書局印行
國語韋氏解上下　韋昭撰　世界書局印行
戰國策高氏注上、中、下　高誘撰　世界書局印行
水經注　酈道元撰　世界書局印行
洛陽伽藍記　楊衒之撰　廣文書局印行
史記菁華錄附朱自清讀法指導　清姚祖恩編著　聯經出版事業公司印行
原抄本顧亭林日知錄　顧炎武撰　明倫出版社印行
山海經集解　國學名著　廣益書局刊行
搜神記　晉干寶撰　洪氏出版社印行
中國全史上、下　王桐齡著　啟明書局印行
中國通史上、下　呂思勉著　開明書局印行

國史大綱上、下　錢　穆　著　商務印書館發行
中國通史綱要上、下　余又蓀　著　東南印務出版社印行
中國通史上、下　傅樂成　著　大中國圖書公司印行
中國通史上、下　羅香林　著　正中書局印行
中國通史　趙鐵寒　著　國防部總政治部印行
中國遠古史述要　任映滄編述　中國政治書刊出版社刋行
中國史大綱　黃大受　著　大中國圖書公司印行
中國通史　金兆豐　著　台灣中華書局印行
大陸雜誌合訂本編輯委員會編　大陸雜誌社發行
中國文學研究　梁啟超等著　明倫出版社印行
詩經地理考　任遵時　著　三民書局經銷
詩經動植物圖鑑叢書上、下　晉陸機、清徐雪樵撰
日人、淵在寬、江村如圭、岡元鳳纂述　大化書局印行
詩比興箋　清陳　沆　撰　廣文書局印行
讀詩札記　民廿三年版　俞平伯　著　人文書店印行
詩經研究　謝无量　著　華聯出版社印行

詩經研究方法論　李辰冬　著　水牛出版社印行
詩經通釋「修訂版、合訂本」　李辰冬　著　水牛出版社印行
詩經論戰　張易克　撰　張喆學術研究室印行
詩經白話新解　洪子良編纂　西北出版社印行
詩經今注　高　亨　注　里仁書局印行
詩經詮釋（屈萬里先生全集⑤）　屈萬里　著　聯經出版事業公司印行
詩經研究論集　熊公哲等著　黎明文化事業公司出版
詩經欣賞與研究(一)(二)(三)(四)　糜文開 裴普賢合著　三民書局印行
詩經評註讀本上、下　裴普賢編著　三民書局印行
詩經音樂文學之研究　白惇仁　著　唯勤出版社印行
孔子聖蹟圖譜　禹甸文化事業公司印行
孔子學術思想述要　朱子赤　著　擎天印刷公司印行
曾子學術思想探討　朱子赤　著　大興印書局印行
中國學術思想專論（基本論）　朱子赤　著　黃埔出版社印行
孔子二千五百年特刊　華僑委員會印行
孔子　黎東方　著　（掉皮不詳書局名）

中國學術思想大綱　林　尹　著　新興書局
說文解字注　段玉裁　撰　藝文印書館印行
中國訓詁學史　胡樸安　著　商務印書館印行
中國文字學史上、下　胡樸安　著　商務印書館印行
書目答問補正　張之洞答問　新興書局印行
漢代學術史略　顧頡剛　著　東方書社發行
修辭學發凡　臺灣開明書店發行
文藝心理學　民廿五年版　朱光潛　著　臺灣開明書店發行
詩　論　朱光潛　著　臺灣開明書店發行
美學原理　朱光潛　著　正中書局印行
詩　論　朱光潛　著　正中書局印行
文心雕龍注　劉　勰原著　維明書局印行
武經七書宋刋本　孫　武原著　商務印書館印行
竹簡兵法　本　社編印　河洛圖書出版社印行
孫子十家注　孫　武　著　世界書局印行
說文解字詁林　丁福保　著　商務印書館印行

金石大字典㈠㈡㈢　汪仁壽 張謇等纂　大通書局印行

古篆文大字典　段維毅　編　興學出版社印行

歷代篆刻字海「原三圭社版」　服部畊石編　榮文出版社印行

正草隸篆大字典　中國文字研究社編　春明書店印行

中國書法大字典　心越禪師傳　大東書局印行

殷墟卜辭綜類　文學博士島邦男編　大通書局印行

甲骨文編上、下　孫海波　編　藝文印書館印行

甲骨文錄　孫海波　編　藝文印書館印行

續甲骨文編元、亨、利、貞　金祥恆　編　臺灣大學、中國東亞學術研究計劃委員會 哈佛燕京學社印行

歷代書法字彙「作者不詳珍本書」　逸名書店編輯部印行

漢語古文字字形表　本社編輯部　文史哲出版社印行

甲骨學商史論叢初集上、下　胡厚宣　著　大東書局印行

甲骨學商史論叢續集全　胡厚宣　著　大東書局印行

中國文字　全十二卷　國立臺灣大學文學院古文字學研究室編印

甲骨文字集釋全十四卷　李孝定編述　中央研究院歷史語言研究所專刊之五十

董作賓先生全集甲、乙編　董作賓　著　藝文印書館印行

漢學研究通訊各卷各期共十二巨冊　漢學研究資料及服務中心印行

中國音樂史　王光祈　著　臺灣中華書局印行

孔　子　杜呈祥　著　協志工業振興會印行

敦煌秘籍留眞新編　上下卷　民國三十六年版國立臺灣大學印行

飲冰室文集　上下　梁啟超　新興書局發行

中國文學史選例　胡　適　著　臺灣商務印書館印行

胡適文存　胡　適　著　臺灣商務印書館印行

戴東原的哲學　自校本　胡　適　著　臺灣商務印書館印行

治學方法論　胡　適　著　遠東圖書公司印行

胡適選集　文星叢刊全十三冊　胡　適　著　文星書局印行

胡適書簡　胡　適　著　時代文化出版社印行

四十自述　胡　適　著　世界文摘出版社印行

嘗試集　胡　適　著　世界文摘出版社印行

胡適之先生詩歌手迹　胡　適　著　臺灣商務印書館發行